엑소더스
코리아

Exodus SKorea

저출산 · 고령화로 본 한국의 미래상

엑소더스 코리아

2050년, 대한민국
이렇게 변한다!

엄경영 · 이효석 · 정현진 · 하채림 지음

틸출은 이미 시작되었는지도 모른다. 2008년 대박을 터뜨렸던 홈쇼핑 이민상품을 떠올려보라. 조기유학은 매 2년마다 두 배씩 증가하고 있다. 전 세계에서 미국에 두 번째로 많은 유학생을 보내는 나라가 한국이다. 자녀를 외국에 보내거나, 국제 자격증을 따거나, 해외 취업 사이트를 들락거리는 이유는 떠나기 위해 보험을 들어두고자 함이 아닌가. 10대들을 대상으로 한 조사에서 한국은 살고 싶지 않은 땅이다. 한국에 있을 때에는 '미국에 들어간다'고 말하고 외국에 있을 때에는 '한국으로 나간다'고 말한다. 언어에서조차 한국은 떠나는 장소인 '엑소더스 코리아'이다.

집사재

| 머 리 말 |

-한국의 미래, 엑소더스 코리아-

피터 G. 피터슨(Peter G. Peterson) 뉴욕 연방준비은행 회장이 리콴유 (李光曜) 전 싱가포르 총리에게 물었다.

"저출산·고령화 추세가 이대로 계속된다면 노인부양을 위한 재정 부담이 빠르게 늘어납니다. 미래사회에서 세금을 내야 할 젊은이들은 어떻게 대응할까요?"

리 전 총리는 이렇게 대답했다.

"젊은이들이 폭동을 일으키지 않는다면 이민을 떠나겠지요."

리콴유의 예언이 맞다. 미래, 경제, 문화, 안보, 희망 따위는 인구 없 이 이루어질 수 없다. 인구만이 유일한 경쟁력을 갖춘 한국에서는 더 욱 그렇다. '강소국'은 국경에 표지판 하나 달랑 서 있을 뿐인 유럽에 서나 가능한 비전이다. 한반도 주변을 돌아보라. 인구와 자원으로 무 장한 강대국들이다. 중국은 13억 명의 인구대국으로 이미 아시아 경 제를 지배하고 있다. 러시아는 매장량조차 파악할 수 없는 지하자원 과 1억5,000만 명의 인구를 갖고 있다. 일본은 전 세계 GDP의 9분의 1 이상을 생산하고 있으며 섬나라이지만 인구가 1억3,000만 명을 헤아린다.

우리나라는 어떤가. 총인구는 5,000만 명을 넘지 못하고 2020년을 정점으로 감소한다. 2050년에는 4,250만 명, 2100년에는 1,600만 명이 된다. 그뿐만이 아니다. 인구 감소보다 더 큰 문제가 있다. 젊은 인구가 갑작스럽게 줄어든다는 점이다. 그리고 고령 인구는 아주 빠르게 늘어난다. 14세까지 유소년 인구는 2005년 19.1%에서 2050년 9.0%로 반 토막이 된다. 2050년 95세 이상 고령 인구는 44만 명으로 2005년의 44배나 된다.

젊은 인구는 줄고 고령인구는 늘어나는 인구변화는 역사 이래로 처음이다. 인구변화가 어떤 디스토피아를 초래할지 지금은 누구도 알지 못한다. 어렴풋이 짐작만 할 뿐이다. 미리 가 본 2050년 대한민국은 감당할 수 없는 세금과 파산직전의 연금, 인력 부족과 높은 실업률, 득세하는 노인과 좌절하는 청년, 반영구적 삶과 조기 사망 등 갖가지 모순이 뒤엉켜 있다. 젊은이들은 한반도를 탈출하기 위하여 이민행렬을 이룬다. 합법적으로 이민을 가지 못한 무리들은 국경을 몰래 넘거나 폭동을 꿈꾸게 된다.

부유하고 능력 있는 사람들이 먼저 떠난다. 이윽고 궁핍하고 배우지 못한 사람들도 합세한다. 서서히 물이 빠지듯 시작하여 큰 물줄기를 이룬다. 마치 구약성경에 나오는 유대민족의 엑소더스(Exodus), 즉 이집트 탈출을 연상시킨다. 한국판 엑소더스가 바로 우리가 보는 2050년 대한민국의 모습이다.

탈출은 이미 시작되었는지도 모른다. 2003년 대박을 터뜨렸던 홈쇼핑 이민상품을 떠올려보라. 조기유학은 매 2년마다 두 배씩 증가하고 있다. 전 세계에서 미국에 두 번째로 많은 유학생을 보내는 나라가 한국이다. 자녀를 외국에 보내거나, 국제 자격증을 따거나, 해외 취업 사이트를 들락거리는 이유는 떠나기 위해 보험을 들어두고자 함이 아닌가. 10대들을 대상으로 한 조사에서 한국은 살고 싶지 않은 땅이다. 한국에 있을 때에는 '미국에 들어간다'고 말하고 외국에 있을 때에는 '한국으로 나간다'고 말한다. 언어에서조차 한국은 떠나는 장소이다. '엑소더스 코리아'이다.

어두운 미래라 할지라도 언제든지 가능성은 열려 있다. 너무 늦기 전까지는. 바꿀 수 있다는 희망이 있다. 엑소더스 코리아는 하기 나름에 따라서 바이(Buy) 코리아가 될 수도 있다. 인구통계는 정확하게 예측할 수도 있지만 갑작스럽게 정반대의 결과로 나타나기도 한다. 미국의 경험으로 볼 때에도 인구변화는 학자들의 전망을 몇 차례 뒤집었다. 피터 드러커(Peter F. Drucker)의 지적을 살펴보자.

1920년대 중반 이후 미국은 인구 유지수준 이하로 출산율이 급락했다. 1930년대 후반, 루스벨트 대통령 소속의 미국 인구위원회─미국에서 가장 뛰어난 인구학자들과 통계학자들로 구성된 위원회─는 미국의 인구가 1945년 정점을 이루고 그 후에는 감소할 것으로 자신만만하게 예측했다. 그러나 1940년대 말 폭발적인 출산율 증가로 인해그 예측은 틀렸음이 밝혀졌다. 1947~1957년 사이 미국은 놀라운 '베이비붐'을 경험했다. 첫 번째 베이비부머들이 성인이 되었을 때 두 번째 베이비붐이 기대되었으나 출산율은 크게 하락했다. 1961~1975년사이 출산율은 3.7에서 1.8로 떨어졌다. 두 번의 출산율 저하 모두 경제사정이 좋은 때, 그러니까 이론상으로는 사람들이 아이들을 많이낳는다고 알려진 시기에 일어났다.[1]

한국의 미래도 미국처럼 되지 말라는 법은 없다. 다만 아무런 노력도 기울이지 않고 기다려서는 갑작스러운 횡재도 없다.

　리콴유는 이렇게 미래를 내다봤다. "자유방임 출산정책은 2040년이 되기 전에 사라진다."[2] 사실 동아시아에 자유방임 출산이라는 것이 언제 있었던가. 중국도, 한국도, 싱가포르도 산아제한 정책을 펼쳤다. 결과는 너무 빠르게 나타났다. 출산율은 갑작스럽게 변할 수 있다. 출산율을 높이는 일과 함께 인구변화에 적응할 수 있는 방법을 찾는 것도 필요하다.

　이 책의 제목은 유대민족의 이집트 탈출기(脫出記)인 출애굽기, 즉 '엑소더스(Exodus)'에서 따왔다.[3] 제1부 '엑소더스'는 인구 유출의 현상으로부터 시작된다. 제2부 '혼돈의 21세기'에서는 탈출의 근본적인 원인과 21세기 한국의 혼란을 분석한다. 마지막 제3부 '새로운 희망을 찾아서'에서는 한국 대탈출을 막을 수 있는 대안을 제시하고자 한다.

　트로이의 공주 카산드라는 트로이성이 함락된다는 불길한 예언을 한 뒤, 비웃음과 미움을 받으며 감옥에 갇힌다. 예언자 카산드라로서는 정확한 예언을 하고도 멸시와 저주를 받으니 억울하기 이를 데 없었으리라. 그러나 예언자로서 자신을 과시하기 위해 나라가 망하기를 바랐을 리는 없다. 카산드라의 예언을 무시한 트로이는 목마를 타고 들어온 그리스 연합군에 함락되고 말았다. 자신이 소속된 공동체의 미래가 비관적이라고 말하는 사람이라면, 누구나 고대 예언자와 같은 딜레마에 봉착한다.

비관적 예언을 사회가 수용한다면 비관적 미래가 오지 않도록 막을 수 있다. 환경파괴로 인한 재앙을 지속적으로 경고한 결과, 환경친화적 정책이 도입되고 결국 환경론자들의 예견이 현실이 되지 않은 것이 좋은 예다. 이를테면 '자살적 예고(Suicidal Forecast)' 다. 예언자는 바보였다는 비웃음을 사더라도, 트로이를 구하게 되는 셈이다. 21세기 중반에 엑소더스 코리아가 현실이 되지 않는 데 작은 밑거름이라도 된다면 이 책의 목적은 달성됐다고 감히 말할 수 있다.

2006년 1월

1) 피터 드러커, 『Next Society』, 한국경제신문, 2002.
2) 「Here Today, Gone Tomorrow」, Foreign Policy Sep~Oct. 2005.
3) 엑소더스(Exodus)는 유대민족이 모세의 인도 아래 이집트를 탈출하여 '젖과 꿀이 흐
르는 가나안 땅'에 이르는 과정 또는 그것을 기록한 구약성서 출애굽기를 이르는 말
이다. 제2차 세계대전 발생 후 전세계에 흩어져 있던 유대인들이 시오니즘을 기치로
팔레스타인 지역에 국가를 건설하는 내용의 〈엑소더스〉(감독 오토 플레밍거, 주연 폴
뉴먼)라는 영화가 1960년에 개봉되기도 했다. 이 책을 준비하는 동안 두뇌유출에 대
한 보도가 이어지면서 이 용어가 국내에서도 대규모 인력 유출을 뜻하는 말로 사용되
기 시작했다.

저출산 · 고령화는 한국의 최대 도전

21세기 한국의 가장 큰 도전은 저출산 · 고령화이다. 생산가능인구가 줄고 저축과 소비가 감소한다. 인구는 급격하게 줄고 약소국으로 전락한다. 이대로 가면 다음 세기에는 나라가 망할 위기에 처할지도 모른다.

2004년 합계출산율은 1.16으로 세계 최저수준이다. 저출산은 양육 및 교육비가 높아서 발생하는 것만은 아니다. 고차방정식으로도 풀기 어려운 문화적인 코드가 숨어 있다. 2050년이 되면 우리나라는 세계에서 노인 비율이 가장 높다. 고령화는 개인적으로는 축복이다. 그러나 대응을 잘못하면 재난을 맞게 된다.

이 책은 단순히 저출산 · 고령화 현상을 넘어 본질에 접근하고 있다. 젊은 저자들은 한국의 미래에 대한 근본적인 의문을 던진다. 이대로 가면 한반도는 대탈출에 직면하게 된다. 두려운 일이 아닐 수 없다. 오피니언 리더, 기업체 임직원, 미래를 설계해야 하는 젊은이에게 일독을 권하고 싶다.

전(前)보건복지부장관 김근태

이제는 미래를 준비할 때

　우리나라에 미래는 있는가. 정부와 기업, 그리고 시민사회는 미래를 준비하고 있는가. 앨빈 토플러는 과거를 이해하는 것만으로 부족하며 현재를 이해하는 것만으로도 충분치 않다고 말했다. '현재(現在)'는 곧 과거가 되기 때문이다. 사람은 변화의 방향과 속도를 예상할 수 있도록 배워야 한다. 지식인, 경제인, 국가 지도자들은 더욱더 그렇다.

　현대사회는 매우 빠르게 변화하고 있다. 확실성과 연속성은 이미 오래전에 종말을 고(告)했다. 다음 시대로 이행하는 '이후의 시대'가 열리고 있다. 민주주의 이후의 민주주의, 자본주의 이후의 자본주의……

　한국의 저출산·고령화는 새로운 시대의 새로운 문화이다. 따라서 미래를 알지 못하면 저출산·고령화의 해답도 찾을 수 없다. 이 책에는 이후의 흐름을 알 수 있는 단초들이 곳곳에 널려 있다.

전(前)환경부장관 윤여준

| 차 례 |

제3부 새로운 희망을 찾아서

제1부 엑소더스

제1장

<<

한반도 대탈출

한반도 대탈출, 실패한 상상이길

21세기 한반도 대탈출! 2050년 인천국제공항 출국장. 가족단위 여행객들로 연일 북새통을 이룬다. 가족 전체가 떠나는 사람들은 대부분 해외로 나가는 이민자들이다. 2020년경부터 급증하기 시작한 이민 행렬은 시간이 흐를수록 불어나고 있다. 이들은 이민 비자를 신청한 후 보통 5~6년씩 기다려 왔다. 지금 그 순간에도 도심의 미국, 캐나다, 호주, 중국, 인도, 일본 비자대행 업체에는 이민 비자 신청이 폭주한다.

서울의 명동, 종로, 강남, 여의도의 고층빌딩들은 절반이나 비어 있다. 부산이나 대구, 인천 공단의 굴뚝에서는 더 이상 연기가 피어오르지 않는다. 고속도로와 고속철도, 지방공항과 주요 국제 항구들도 한산하다. 20~30년 전만 해도 주말이나 명절에는 도로가 꽉꽉 막혔다고 한다. 그런 모습을 찾아보려면 교과서를 뒤적거리거나 한국도로공사에 설치된 교통역사관에 가야 한다. 지금은 도심이건 어디건 교통

정체가 아예 없다. 교통사고나 일어나야 도로가 좀 막힐까 싶은 정도다. 거리와 공원의 급식소는 점심식사를 기다리는 긴 줄이 끝이 보이지 않을 정도로 늘어서 있다. 노인뿐만 아니라 젊은이들도 군데군데 섞여 있다. 심지어 어린이를 데리고 나온 가족도 간혹 눈에 띈다.

대한민국의 2050년 풍경은 무엇일까. 팔순 어르신 얼굴에 드리워진 체념의 그림자, 찬바람 부는 만추(晚秋)의 텅 빈 벌판, 썰물이 지나간 갯벌, 파시(波市)가 철수한 포구, 한때 영광을 구가하던 퇴락한 산업도시는 진한 슬픔이 배어나오게 한다. 외롭고 쓸쓸하며 을씨년스럽기까지 하다. 상상하기도 싫은 일이지만 우리나라의 미래는 두려울 정도로 어둡다. 불길한 징후는 많다. 합계출산율은 세계 최저 수준이다. 아이가 가장 적게 태어난다는 뜻이다. 2050년 유소년 인구비율은 전체 인구 중 9%로 세계에서 가장 낮다. 또 세계에서 가장 빠르게 늙어간다. 2050년 노인인구는 37.3%로 세계 최고를 기록한다. 일하는 사람은 줄어들고 부양받아야 할 사람은 급격하게 늘어간다. 이전(以前) 세대가 밀어두었던 연금부채도 갚아야 한다. 게다가 인구감소라는 우환이 덮친다. 인구가 줄면서 도로, 철도, 공항, 항만은 텅텅 빈다. 소비는 침체되고 경제는 추락한다. 세금이 천정부지로 치솟는다. 여유 있는 부유층과 유능한 젊은이들이 한국을 떠난다. 합법적으로 떠날 수 없는 가난한 계층은 잘 사는 중국으로 떠나기 위하여 백두산 국경을 넘는다.

지금은 소설이나 먼 나라의 이야기로 들릴 수 있다. 하지만 머지않아 현실이 될 수도 있다. 아니 이미 현실인지도 모른다. 홈쇼핑 이민 상품이 돌풍을 일으키고 국적포기도 잇따르고 있다. 정부는 이민을 받아들이면 된다고 말한다. 그러나 지금 한국은 '바이(Bye) 코리아' 열풍이 몰아치고 있다. 주요 선진국으로 두뇌유출이 계속되고 있다. 한국인도 떠나는 나라에 도대체 어느 국민이 온다고 하겠는가.

미래사회는 국가와 민족의 개념이 약화된다. 국가와 민족을 이어주는 역사나 유산, 연대의식도 희미해지게 된다. 나라와 나라 사이의 통행도 지금보다 훨씬 자유롭다. '하이퍼노마드(Hyper Nomade)' 들의 세계가 펼쳐진다. 무거운 세금을 물어가며 누가 살기 어려운 한국에 머물겠는가. 자크 아탈리(Jacques Attali)는 미래사회에서 하이퍼노마드들은 조국을 떠나 싼 세금과 질 좋은 공공서비스를 제공하는 곳을 찾아 갈 것이라고 예언했다.[1] 이미 유럽의 자산가들은 세계에서 세금이 가장 비싼 구대륙을 떠나고 있다.

한반도를 완전히 떠나지 않는 중간형태도 나타날 수 있다. 일부는 가상 이민을 선택한다. 가상 이민자들은 한국에 살면서 외국 기업이나 인력업체에 고용되어 일한다. 이미 상당수 인도 IT 기술자들이 미국 기업으로부터 일감을 받는다. 그들은 네트워크를 통해 업무를 지시·점검받으며 결과를 전송한다. 가상 이민자들 가운데 능력을 인정받은 기술자들은 진짜 이민의 기회를 얻기도 한다. 어떤 이들은 외국의 집에서 수백 킬로미터 혹은 수천 킬로미터 떨어진 한국의 사무실까지 출근한다. 샘 힐(Sam Hill)은 이를 극단적인 원거리 근무(extreme teleworking)라고 했으며 이러한 추세는 점점 더 커질 것이라고 전망했다. 극단적인 원거리 근무는 벤처 자본가, 투자은행가, 예술가, 작가, 배우로부터 시작되었다. 이들은 한 달에 한 번 또는 두 번 출근한다. 또는 1년에 한두 번 출근으로 충분할 수 있다. 발달된 미래의 통신수단을 사용하면 불편할 게 없기 때문이다. 세계 어느 곳이든 쉽게 이동할 수 있고 멋진 삶을 즐길 수 있는 샌디에이고나 파크시티 같은 도시는 극단적인 원거리 근무의 중심지이다.[2] 그런 도시들이 세금처리 서비스까지 해주면 한국의 부유층이 강남을 고집하겠는가. 미국의 샌디에이고, 중국의 계림, 일본의 삿뽀르, 필리핀이나 베트남의 휴양지도 한국 부유층의 주거지로 떠오를지 모른다.

미래사회에서 가장 유망한 직종이 무엇이냐는 질문에 쉽게 떠오르는 것은 엑소더스 분야이다. 권하고 싶을 정도로 활황이 예상되기도 한다. 이민, 여행, 관광, 유학, 국적포기와 획득, 외국 취업알선 따위의 직업은 역사적으로 최고의 호황기를 맞이하게 된다. 이민 알선업체들의 사무실은 한반도를 떠나고자 하는 사람들로 북적인다. 외국에 직업을 알선해주는 직종도 수십 년간 호황기로 접어든다. 이민과 외국 취업 알선업체는 지금의 부동산중개사 사무실처럼 거리 곳곳에 들어서게 된다. 반대로 부동산과 토지 매매를 담당해왔던 중개 사무실은 줄줄이 도산한다. 그나마 임대사업만이 간신히 명맥을 유지한다. 그것도 대도시를 중심으로.

인구로 재편되는 국제질서에서 한국 길을 잃다!

세계는 지금 온통 중국의 부상(浮上)으로 시끌벅적하다. 세계 초강대국 미국에 유일한 도전자로 떠오른 중국에 대한 세계의 시각은 대체로 환영과 우려로 나뉜다. 국제질서가 미국 일극 체제를 벗어나 다극체제로 전환을 기대할 수 있다는 점에서 환영의 시각이 있다. 새로운 강대국이 어떤 모습을 드러내게 될지 예측불가능하다는 점에서 우려의 눈길 또한 적지 않다. 구매력 기준으로 볼 때 중국의 경제는 2017년쯤 미국을 앞지를 것으로 보인다. 인도는 2026년쯤 일본을 훨씬 앞선 3대 경제대국으로 떠오르게 된다. 25개 회원국으로 이루어진 유럽연합(EU)은 2006년 세계 GDP 비중 31%에서 2026년 24%로 떨어질 전망이다. 구매력으로 환산해보면 전 세계에서 차지하는 비중이 21%에서 16%로 감소한다.[3] 중국과 인도는 새로운 강대국으로 등장하고 유럽과 일본은 완연한 하락추세로 접어드는 것이 미래 국제질서의 한 흐름이다.

미래 국제질서의 변화는 인구구조의 변화와 밀접하게 관련되어 있다. 중국과 인도의 힘은 인구에서 나온다. 2030년 두 나라의 인구는 각각 14억5,000만 명으로 세계 인구의 3분의 1을 차지할 전망이다. 유럽쇠퇴는 낮은 출산율과 인구구조의 고령화 때문이다. 급격하게 늘어나고 있는 복지재정은 경제성장의 장애가 되고 있다. 일본의 위기도 인구에서 비롯된다. 일본은 2005년부터 인구감소가 시작됐다. 1억 3,000만 명에 육박하던 인구규모는 2050년 약 1억 명 수준으로 왜소해진다. 또한 이때가 되면 일본은 노년부양비도 세계에서 가장 높아진다.

우리나라로 눈을 돌려보자. 2005년 총인구는 4,829만4,000명으로 1970년에 비해 1.5배 증가했다. 인구 증가세는 미미하게나마 계속되다가 2020년을 정점으로 감소세로 돌아서게 된다. 2050년에는 4,234만8,000명으로 줄게 되고 매년 1% 이상의 인구가 감소하게 될 전망이

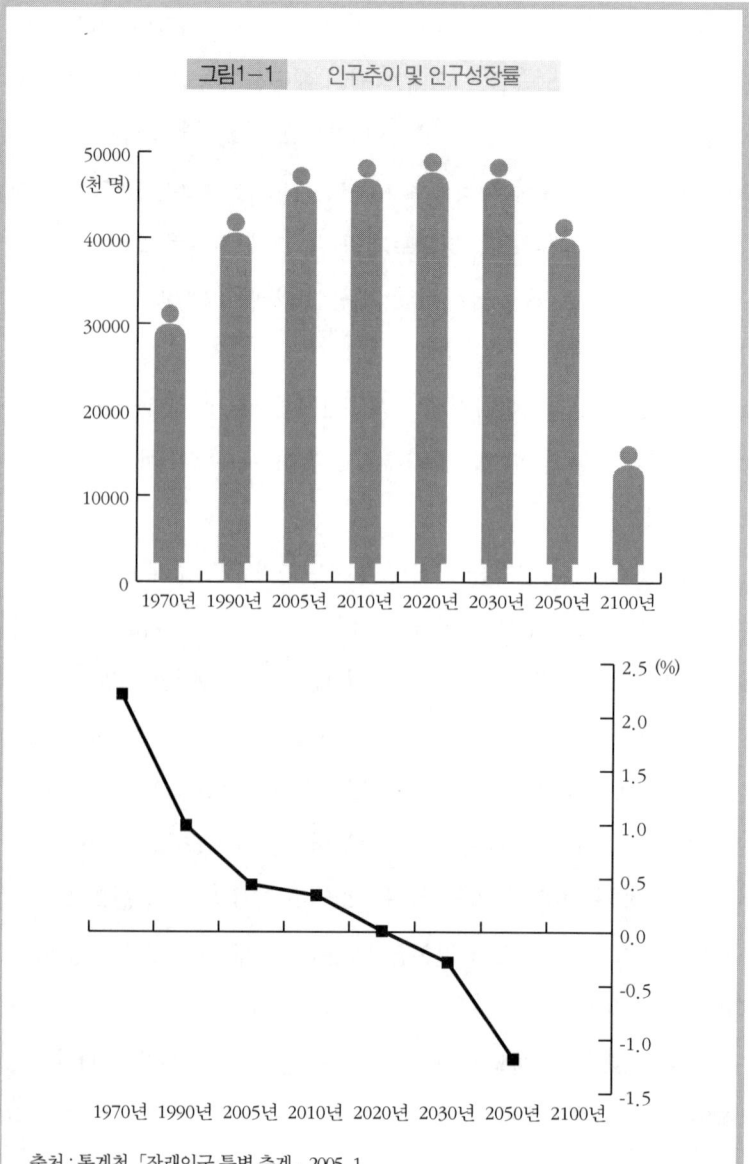

그림1-1 인구추이 및 인구성장률

출처 : 통계청, 「장래인구 특별 추계」, 2005. 1.
2100년 데이터는 보건사회연구원이 합계출산율이 1.9로 지속된다고 가정한 추계(2003)로
부터 얻은 값이다.

다. 2100년에는 1,600만 명의 인구 소국으로 전락한다. 인구가 감소하면 경제력이 작아지고 국력이 약화된다. 인구는 감소하지만 노년부양비[4]는 빠르게 늘어난다. 노년부양비가 커지면 커질수록 복지재정과 조세부담이 늘어난다. 2005년 노년부양비는 12.6%로 전 세계 평균과 비슷하며 선진국의 절반 수준에 그치고 있다. 하지만 2050년이 되면 69.4%로 일본에 이은 세계 제2위가 된다. 2005년에서 2050년까지 일본의 노년부양비는 2.5배 늘어나지만 우리나라는 5.5배나 확대된다. 그만큼 고령화의 충격이 크다는 얘기다. 인구대국 중국과 떠오르는 인도, 그리고 자원 부국(富國) 러시아 사이에서 한국의 존재는 점점 사라진다. 인구로 재편되는 국제질서에서 한국은 길을 잃는다.

위험한 공모, 모든 부담은 미래세대로

현 세대는 모든 부담을 미래세대로 떠넘기고 있다. 그것은 미래를 애써 외면한 채 당장의 현실만을 모면하기 위한 위험한 공모(共謀)다. 이 공모에는 정부와 여야정치권, 일부 언론이 굳건한 연대를 이루어 참여하고 있다. 물론 이해관계가 걸려 있는 국민들도 공모의 한 축이다. 공모의 맨 윗자리는 불합리한 공적연금제도가 자리하고 있다. 공적연금제도는 정부가 운영하거나 지급을 보장하는 연금으로, 기금이 바닥날 경우 재정을 통해서 보조해준다. 국민연금, 공무원연금, 사학연금, 군인연금이 그것이다.

우리나라는 4대 공적연금의 미적립 연금부채(Unfunded Actuarial

Liability, UAL)가 330조 원에 이르고 있다. 미적립 연금부채는 '보험료는 덜 내고 연금은 더 받는 연금제도'에서 발생하는 책임준비금과 실제 적립기금의 차이다. 책임준비금은 연금수급자 및 가입자의 퇴직시 지급해야 되는 예상채무액을 의미한다. 연금제도를 완전적립방식으로 운영하면 부채는 전혀 없다. 가입자가 낸 보험료만큼 나중에 연금으로 받아가기 때문이다. 공무원연금의 미적립 부채는 154조2,000억 원으로 GDP의 22.5%에 해당한다. 국민연금은 146조9,510억 원으로 GDP의 18.8%를 차지한다. 군인연금과 사학연금도 수십조 원에 달한다. 국민연금은 거의 모든 국민이 가입자이기 때문에 연금부채가 크게 늘어난다. 2010년에는 591조 원, 2030년에는 2,643조 원, 2050년에는 5,260조 원이 된다.[5]

부채는 누군가는 꼭 갚아야 한다. 현 세대는 부채를 해결하려는 노력을 게을리한다. 연금제도가 지금처럼 유지되어야 그들에게 이익이 되기 때문이다. 정부도 국민의 지지를 잃지 않기 위하여 계속 미루게 되거나 곪아터진 다음에야 해결에 나서게 된다. 연금부채가 증가하는 이유는 연금제도의 설계가 잘못되어 있기 때문이다. 4대 공적연금은 모두 '보험료는 덜 내고 연금은 더 받는 구조'로 만들어진 제도다. 유럽도 대부분 우리나라와 비슷하다. 이는 노인들에게 높은 급여수준을 보장하고 소득재분배를 실현하기 위한 방법이다. 이러한 연금제도의 종착역은 어디인가. 유럽을 보면 짐작해볼 수 있다. 유럽의 인구고령화는 연금제도의 지속가능성을 위협하고 있다. 유럽은 상당한 예산을 공적연금에 지원하고 있다. 이러다보니 재정규모가 증가하고 있으며 많은 재정적자가 발생한다. 공적연금제도는 경제에 부정적인 영향을 미치고 있다. 국민저축률은 낮아지고 잠재성장률이 하락하고 있다. 과다한 보험료 부담은 기업에게 고용을 어렵게 하고 있다. 또한 불필요한 조기퇴직을 유도하는 등 노동시장을 왜곡시키기도 한다. 우리나라도 공적연금을 이대로 방치한다면 유럽이 실패한 길을 뒤따르게 되는 셈이다.

표1-1   공적연금의 책임준비금제도 운영실태

(단위 : 억 원)

구 분	공무원연금	군인연금	사학연금	국민연금
책임준비금	1,569,000	172,907	164,730	2,777,610
적립액	27,276	4,448	51,066	1,308,100
미적립액	1,542,000	168,459	113,664	1,469,510
GDP대비 미적립 비율[6]	22.5	2.4	1.6	18.8

출처 : 감사원, 「공적연금제도 및 재정운영실태」(2004. 6) 및 한국개발연구원, 『재정위험의 관리와 중장기 재정지출구조 개선』(2004. 12)에서 재구성.

1) 자크 아탈리, 『호모 노마드』, 웅진출판, 2005. 아탈리에 의하면 미래의 인류는 역사에서 잠시나마 우위를 점했던 정주성(定住性)을 버리고 다시 유목민으로 돌아가게 될 것이라고 한다. 양극화로 인해 뚜렷하게 나누어진 부유층과 극빈층은 다른 형태의 유목민이 된다. 아탈리는 전자를 새로운 경험과 자유를 찾아 여행하는 상류층인 '하이퍼 노마드(Hyper nomade)', 생계유지를 위해 어쩔 수 없이 이동해야만 하는 후자를 '인프라 노마드(Infro noamde)'라고 명명했다.

2) 샘 힐, 『60 TREND 60 CHANCE』, 한국경제신문, 2004.

3) Economist, 『World in 2006』, 2005. 11.

4) 노년부양비는 사회의 노인부양능력을 측정하기 위한 것으로 65세 이상 노인인구를 15~64세 생산가능인구로 나누어서 구한다.

5) 한국개발연구원, 『인구구조 고령화의 경제적 영향과 대응과제(II)』, 2004.

6) 공무원, 군인, 사학연금은 2002년 말 기준이며 국민연금은 2004년 기준이다. 2002년 GDP는 6,842,640억 원이며, 2004년 GDP 7,784,450억 원이다.

제2장

<<

고령화와 아틀라스의 비극

고령화와 아틀라스의 비극

지난 20세기부터 발생하기 시작한 노인인구의 전례 없는 증가는 인류에게 '인구 고령화'라는 거대한 과제를 던져놓았다. 이러한 인구 고령화는 아직은 넘실대는 파도 밑에 실체를 감추고 있지만 제대로 대응하지 못한다면 파산에 이를 만큼 위협적인 현상이다. 인구통계학적 변화에는 엄청난 경제, 사회적 비용이 따르게 마련이다. 하지만 고령화는 피할 수 있는 것도 아니다. 인구 고령화는 역사 속에서 느닷없이 튀어나온 사건이 아니라 풍요로움과 개인주의, 그리고 세계 인구의 절대 다수가 환영해 마지않는 지속적인 진보를 향해 나아가는 과정에서 발생한, 향후 발생할 수밖에 없는 필연적인 부산물이기 때문이다.

유럽 대부분의 국가들은 저출산─저사망에 따른 심각한 인구 고령화 현상을 겪고 있다. 또한 많은 인구 학자들은 유럽 이외의 선진국과 개발도상국들도 조만간 고출산─고사망(전통적인 표준)에서 저출산─

저사망(현대적인 표준)으로 옮겨간다고 진단하고 있다. 이미 이런 현상을 설명하는 용어까지 등장했다. 인구 학자들은 이 현상을 '새로운 인구학적 전이'라고 부른다. 미국의 인구 학자 제이 올샌스키(Jay Olshansky)는 "인류가 인구의 연령구조를 변경하는 것은 지금이 처음"이라고 지적한 바 있다.[1]

영국의 경제학자 토머스 맬서스(Thomas Malthus)는 1798년 『인구론』에서 "식량은 산술급수적으로 늘어나는 데 반해 인구는 기하급수적으로 증가한다"고 주장했다. 그는 인구증가가 인류에게 치명적인 위기를 몰고 올 것이라고 경고했다. 미국의 생물학자 폴 에를리히(Paul Ehrlich)는 1968년 『인구폭탄』에서 "세계는 20세기 말 인구증가 때문에 식량과 자원을 놓고 무서운 전쟁을 벌일 것"이라고 예언했다. 1960년대까지 거의 모든 인구 통계학자들이 천재지변을 능가하는 '인구폭탄'이 지구를 덮칠 것이라고 전망했다. 21세기 중반이 되면 세계인구가 250억 명에 이를 것이라고 예측했다. 그러나 지금 대부분의 인구 통계학자들은 세계인구가 최대로 늘어나더라도 100억 명을 넘지 않을 것이라고 전망한다.

인구폭탄은 그럼에도 불구하고 여전히 유효하다. 다만 인구증가에 의한 위험이 아니라 노인의 증가에 의한 위험으로 폭탄의 종류가 바뀌었을 뿐이다. 고령화가 얼마나 많은 부담을 유발하는지에 대해서 세계는 아직 그 실체를 정확하게 알지 못한다. 코피 아난(Kofi Annan) UN 사무총장은 "인구 고령화의 급속한 진전은 시한폭탄이 되고 있다"고 경고하기도 했다. 폴 윌리스(Paul Wallace)는 고령화의 충격을 지진(earthquake)에 비유하여 '연진(age-quake)'이라고 표현했다. 그는

"베이비붐 세대가 퇴직하는 2020년경 서방 경제는 고령화 충격으로 근본부터 흔들릴 것인데, 그 강도가 리히터 지진계로 9에 이를 것"이라고 예언했다. 철학자이자 민속학자인 클로드 레비 스트로스(Claude Lévi-strauss)는 고독한 예언가의 권위로 이런 말을 했다. "인구 통계학적 재앙과 비교하면 공산권의 붕괴 따위는 아무것도 아니다."[2]

핵폭탄이나 수소폭탄은 가공할 무기이지만 예측이 가능하다. 심지어 지진이나 해일도 어느 정도는 미리 탐지할 수 있다. 수많은 경험을 통해 그것의 위험성과 예방대책을 어느 정도는 알고 있다. 이에 비해 고령화 폭탄은 인류가 한 번도 경험해보지 못한 전혀 새로운 위험이다. 몇몇 선진국에서 고령화로 인한 위기를 겪고 있지만 그것은 이제 서막이 열리고 있을 뿐이다.

그리스 신화에는 아틀라스(Atlas)라는 거인 신이 있다. 그는 거인이지만 피곤에 지친 신이다. 그리스인들은 태초 우주가 카오스

지구를 떠받치고 있는 아틀라스 신의 조각

(Chaos)³⁾로 구성되어 있다고 생각했다. 카오스에서 탄생한 최초의 존재는 '대지의 여신' 인 가이아(Gaia)와 '하늘의 신' 인 우라노스(Ouranos)이다. 우라노스와 가이아의 거인 자손으로 티탄(Titan)족이 있었는데 대표적인 신이 아틀라스였다. 아틀라스는 다른 티탄족들과 연합하여 제우스가 이끄는 신들을 상대로 싸웠다. 결국 아틀라스는 패배했으며 그에게 주어진 형벌이 하늘(뒤에 지구로 바뀜)을 떠받치는 것이었다. 그림이나 사진에 등장하는 아틀라스는 한쪽 어깨위에 떨어지려고 하는 커다란 지구를 올려놓고, 다른 한쪽 팔로 지구를 지탱하고 있는 '피곤에 지친 거인' 으로 묘사되고 있다.[4]

미래사회의 젊은이들은 아틀라스처럼 모두 거인이 되어 고령화로 인해 걷잡을 수없이 늘어난 국가재정을 힘겹게 떠받쳐야 될지도 모른다. 미래세대는 고령화 때문에 발생하는 재정부담을 고스란히 떠안아야 하기 때문이다. 우리나라의 고령화속도는 널리 알려진 바와 같이 세계에서 가장 빠르다. 2050년부터 전체 인구 중 노인 비중 또한 세계 최고 수준에 오를 것으로 예상되고 있다. 미국 노인학협회 존 헨드릭스(John Hendrix) 회장은 "한국의 고령화 현상은 미국보다 5배나 빠르다" 며 "가히 혁명적(almost revolutionary)" 이라고 평가하기도 했다.[5] 이제 우리나라는 세계에서 가장 빨리 늙어가는 나라이며, 앞으로 세계에서 노인이 가장 많은 나라가 될 것이다. 이런 나라에서 세금을 납부해야 하는 젊은 세대는 세계에서 가장 많은 부담을 떠안게 될 것 또한 분명하다. 이것은 필연적으로 도래할 수밖에 없는 '확실한 미래' 이다. 이를 회피하기 위해서는 개인적으로 탈세범이 되거나 세금이 낮은 나라를 찾아 떠도는 이민자가 되는 길 이외는 방법이 없다. 개인은 그렇다고 하더라도 국가나 민족으로 보면 그마저 시도할 수 없다. 이를 두고 외길 수순이라고 해야 할까.

2050년 노인 비중 세계 1위에 올라

UN 인구 전망에 따르면 2005년 선진국 65세 이상 노인인구 비율은 15.3%로 이미 고령사회에 접어들었다. 또 2030년이 되면 노인인구 비율이 22.7%로 초고령사회로 이행하게 된다. 전 세계적으로 볼 때도 2050년이 되면 노인인구 비율이 16.1%로 지구촌 전체가 고령사회가 된다. UN은 인구전망에서 2050년 인구 고령화가 가장 심각한 국가로 한국, 일본, 이탈리아, 프랑스, 중국 등이 될 것이라고 밝히고 있다.

우리나라의 인구구조는 아직은 젊은 축에 든다. 2005년 노인인구 비중이 9.1%로 선진국 평균인 15.3%에 미치지 못한다. 일본, 이탈리아 등과 비교하면 절반 수준에 그치고 있다. 그러나 2030년이 되면 확 달라진다. 노인인구가 24.1%로 일본보다는 낮지만 프랑스와 비슷하게 되고 미국을 앞지르게 된다. 2050년이 되면 세계1위에 오른다. 우리나라는 37.3%로 일본과 이탈리아마저 따돌린다. 프랑스, 중국, 미국 등은 이미 적수도 아니다. 더욱 심각한 것은 2050년 이후에도 고령화가 계속된다는 점이다. 2050년 유소년인구 비중은 단 9.0%로 인구구조의 경쟁상대인 일본과 이탈리아의 13%보다 훨씬 낮다. 이 정도면 인구 고령화 분야에서 세계 1위 독주체제를 굳히게 된다.

우리나라의 고령화속도가 세계에서 가장 빠르다는 사실은 널리 알

려진 사실이다. 그러나 시간이 흐를수록 고령화속도는 더욱 빨라지고
있다. 2005년 1월 통계청은 인구 특별 추계를 통해 노인인구 비율이
2000년 고령화사회(7% 이상)에서 2018년 고령사회(14% 이상)로 도달
하는 데 걸리는 기간이 18년이라고 발표했다. 고령사회에서 2026년
초고령사회(20% 이상)가 되는 기간은 8년밖에 걸리지 않는 등 다른 선
진국에 비해 매우 빠른 속도로 고령사회에 진입할 것으로 전망되고
있다. 이러한 결과는 2001년 통계청 장래인구추계[6]와 비교해볼 때 고
령사회에 도달하는 데 걸리는 기간이 1년이나 단축되었다. 이처럼 고

표2-1   주요 국가 인구구조 및 부양비

(단위 : %, 인구 100명당)

국가	인 구 구 조									총부양비		
	2005			2030			2050			2005	2030	2050
	0~14	15~64	65+	0~14	15~64	65+	0~14	15~64	65+			
전세계	28.2	64.5	7.4	23.0	65.2	11.8	20.2	63.7	16.1	55	54	57
선진국	17.0	67.7	15.3	15.4	62.1	22.5	15.6	58.4	25.9	48	61	71
개도국	30.7	63.7	5.5	24.4	65.7	9.9	20.9	64.5	14.6	57	52	55
한국	19.1	71.8	9.1	11.2	64.7	24.1	9.0	53.7	37.3	39	55	86
일본	14.0	66.3	19.7	12.3	57.5	30.1	13.4	50.7	35.9	51	74	97
미국	20.8	66.9	12.3	18.1	62.6	19.2	17.3	62.1	20.6	49	60	61
이탈리아	14.0	66.0	20.0	11.9	59.0	29.1	13.1	51.3	35.5	52	69	95
프랑스	18.2	65.2	16.6	16.1	59.6	24.2	15.7	57.1	27.1	53	68	75
중국	21.4	71.0	7.6	16.9	66.8	16.3	15.7	60.7	23.6	41	50	65
인도	32.1	62.7	5.3	22.6	68.1	9.3	18.3	66.8	14.8	59	47	50

출처 : UN, 「World Population Prospect ; The 2004 Revision」, 2005.

령화속도가 빨라지고 있는 이유는 추계 당시보다 합계출산율이 계속 낮아지고 있기 때문이다.

고령화는 단순히 노인이 늘어난다는 것에 그치지 않는다. 65세 이상 노인들 사이에서도 연령대별 불균형이 발생한다. 모든 연령층에서 수명이 연장되면 최고 연령층이 가장 빠른 속도로 늘어나게 된다. 1970년 65세 이상 노인인구는 99만1,000명에서 2050년 1,579만3,000명으로 16배 늘어나게 되지만 80세 이상 노인인구는 1970년 10만 1,000명에서 2050년 585만9,000명으로 58배나 증가할 것으로 전망되고 있다. 전체 인구에서 차지하는 비중도 65세 이상이 1970년 3.1%에서 2050년 37.3%로 12배 늘어나게 되지만 80세 이상은 1970년 0.3%에서 2050년 13.8%로 46배나 증가한다.

'고령 인구의 고령화'는 고령화에 대한 경제적 부담을 몇 곱절로 가중시킨다. 나이가 들수록 장애와 의존도, 건강비용 등 거의 모든 부문에서의 비용도 함께 증가하기 때문이다. 해가 갈수록 쇠약해지는 건강으로 인해 조제 의약품과 입원, 건강검진, 수술, 이식, 회복, 물리치료 건수가 크게 증가할 뿐만 아니라 일상생활에서도 도움을 받아야 할 필요성이 크게 늘어난다. 미국의 경우 후기 노인들(85세 이상)이 소비하는 개인당 건강비용은 젊은 노인(65~74세)의 약 3배에 달한다. 건강보험에서도 특정한 항목으로 들어가면 차이가 더 벌어진다. 병원에 지급하는 비용은 2배지만 요양시설에 지급되는 비용은 20배가 넘는다.

우리나라의 경우에도 노인진료비가 매우 빠르게 늘어나고 있다. 1994년 5,511억 원이던 노인진료비는 2004년 5조1,364억 원으로 거의

10배나 늘어났다.[7] 같은 기간 노인인구는 45%(5.5 → 7.9%) 늘어나는
데 그쳤지만 전체 진료비 중 노인진료비 비율은 215%(11.3 → 22.8%)나
폭증했다. 노인의 증가가 뜀박질 수준인데 비해 노인진료비의 증가는
나는 수준인 셈이다. 이러한 노인진료비 증가세는 앞으로도 더욱 가
속화할 전망이다. 노인 비중이 10.9%가 되는 2010년에는 노인진료비
가 11조1,705억 원으로 팽창하는데 전체 진료비 중 28.1%를 점유하게
될 것으로 추정된다. 우리나라는 65세 이상 노인과 75세 이상 노인들
의 연간 진료비 차이가 두드러지게 나타나고 있지 않다. 그러나 앞으
로 고령 노인들의 진료비는 늘어날 가능성이 많다. 소득이 증가하면
보건의료에 지출하는 비용이 꾸준하게 증가하는 경향이 있기 때문이
다. 또한 노인요양보험 등 고령 노인의 이용이 많을 것으로 보이는 새
로운 제도도 영향을 미치게 된다. 노인진료비의 증가에 따른 비용은
건강보험료를 인상하거나, 정부재정으로 충당해야 한다. 도입이 추진
되고 있는 노인요양보험과 같은 새로운 제도는 새로운 보험료나 세금
을 거둬 충당해야 한다. 이는 모두 미래세대가 부담하게 된다.

표2-2 고령 인구의 고령화속도 추이

(단위 : 천 명, %)

구분	1970(A)	1980	1990	2000	2005	2010	2020	2030	2050(B)	B/A
65세 이상	991	1,456	2,195	3,395	4,383	5,354	7,821	11,899	15,793	16배
구성비	3.1	3.8	5.1	7.2	9.1	10.9	15.7	24.1	37.3	12배
80세 이상	101	178	302	483	678	969	1,877	2,711	5,859	58배
구성비	0.3	0.5	0.7	1.0	1.4	2.0	3.8	5.5	13.8	46배

출처 : 통계청, 「장래인구 특별 추계」, 2005. 1.

경제성장률 1%대로 추락

고령화는 당장 15~64세 생산가능인구를 감소시키고, 노인부양비율의 증가를 초래한다. 생산가능인구의 감소와 노인부양비율의 증가는 총저축의 감소와 전체인구의 평균 소비를 증가시킨다. 이렇게 되면 국내에서 조달할 수 있는 투자재원도 감소한다. 장기적으로 성장 잠재력이 낮아질 것이며 소비증가도 둔화된다. 생산가능인구가 줄어들면 이들이 납부하는 조세수입도 줄어들게 마련이다. 반대로 연금, 사회보장 및 의료비 지출이 늘어나면서 재정수지에 부담을 가중시키게 된다. 정부의 노인복지예산도 계속 증가하여 재정수지를 더욱 압박한다. 생산가능인구의 감소는 노동공급을 축소시키고 생산을 감소시켜 경제성장 둔화의 직접적인 요인으로 작용한다. 이는 곧 1인당 GDP가 정체되거나 소폭 증가하는데 그칠 것이라는 사실을 의미한다.

국제통화기금(IMF)은 1인당 GDP는 생산가능인구가 1% 증가할 때마다 0.08%씩 덩달아 증가하지만 노인인구가 1% 증가할 때마다 0.041%씩 감소하는 것으로 분석하고 있다. 경제협력개발기구(OECD)는 추가적인 개혁이 없는 한 고령화가 진행되고 있는 OECD 국가와 고령화에 크게 영향을 받지 않는 미국과의 1인당 GDP격차는 앞으로 더욱 확대될 것으로 전망했다. 2005년 미국과 OECD 국가의 GDP는 '100 : 72~75' 수준이지만 2050년이 되면 '100 : 65' 수준으로 더욱 확대된다는 점이다.[8] 유럽은 인구구조의 고령화 때문에 미국을 따라잡겠다는 오랜 숙원을 이룰 수 없게 될 전망이다. GDP 성장률은 전 세계적으로 고령화 속도에 따라 다르게 나타난다. 우선 일본이 선진국 중 가장 큰 타격을 받게 될 것이다. 일본의 GDP 성장률은 2000∼2050년 기간 동안 연평균 1.04%에 머물러 주요 선진국 중에서 가장 낮다. 다음은 유럽으로 프랑스 1.62%, 영국 1.69% 등을 기록한다. 미국은 2.28%로 상당히 높은 성장률을 유지하게 된다. 아시아 개발도상국가들과 남미는 미국보다 높은 성장률을 유지할 것으로 보인다. 중동 및 중앙아시아, 아프리카 여러 나라들은 생산가능인구가 안정적이어서 고령화에 영향을 받지 않고 높은 GDP 성장률을 유지할 것으로 전망되고 있다.

세계가 그렇다면 우리나라는 어떻게 될까. 경제성장에 중요한 변수로 작용하는 생산가능인구의 감소가 눈앞에 다가와 있다. 생산가능인구는 2005년 3,467만1,000명으로 총인구에서 71.8%를 차지하고 있다. 그러나 2016년 3,649만6,000명을 정점으로 줄어들게 된다. 2030년 3,189만2,000명, 2050년 2,275만5,000명으로 급격하게 줄어들 전망이다. 생산가능인구의 고령화도 심각하게 진행된다. 나이가 많은 50∼64세 연령층은 2005년에서 2050년 사이에 거의 두 배나 늘어난다. 경제활동이 가장 왕성한 25∼49세 연령층은 2005년 59.6%에서 2050년 45.2%로 줄어들게 된다. 상대적으로 젊은 연령층인 15∼24세 인구는 2005년 19.9%에서 2050년 14.2%로 줄어든다.

지금까지 우리나라의 경제성장은 인구증가, 수명연장, 경제활동 참가율 향상 등 노동공급에 크게 의존해온 것이 사실이다. 그러나 앞으로 인구로 인한 성장은 기대할 수 없게 된다. 더 이상의 '공짜 점심'은 없는 것이다. 주요 경제연구 기관들은 인구고령화 현상에 따른 생산가능인구의 축소 등으로 성장잠재력이 추세적으로 저하되고 있다고 지적한다. 한국개발연구원(KDI)은 노동공급 등의 둔화로 잠재성장률이 2003~2007년 기간 중 4.8~5.4% 수준, 2008~2012년 기간 중 4.5~5.1% 수준을 보일 것으로 전망했다.[9] 삼성경제연구소는 고령화 등 인구요인만으로도 잠재성장률이 2020년 4%, 2030년 3% 수준으로 낮아질 수 있음을 경고했다. 또한 공적연금 등 고령화에 따른 사회부담을 고려하면 성장률의 추가하락도 예상된다고 덧붙였다.[10] 한국은

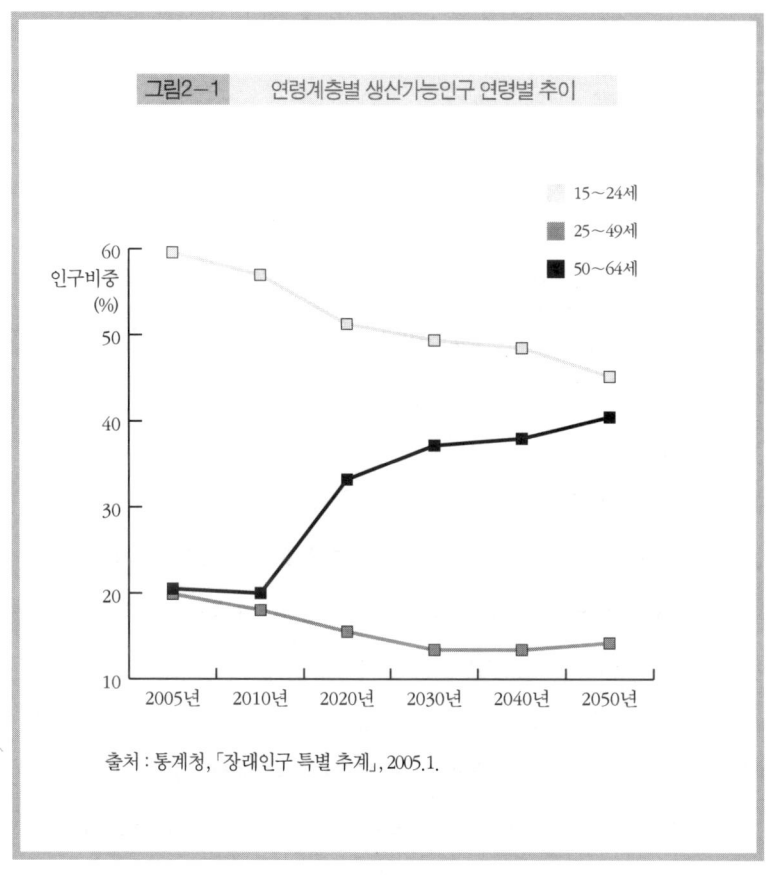

그림2-1   연령계층별 생산가능인구 연령별 추이

출처 : 통계청, 「장래인구 특별 추계」, 2005.1.

행의 전망은 더욱 어둡다. 2006~2010년 기간 동안 연평균 성장률은 4.12%를 기록하겠지만 2041~2050년에는 1.45%로 추락한다. 이는 인구 고령화가 급속한 성장 둔화의 주요 원인으로 작용하고 있음을 보여준다.[11] 지난날 한국이 구가하던 한강의 기적과 초고속성장은 이미 '역사'가 돼 버렸다.

고령화, 국가재정 목 죈다!

세계 각국은 인구 고령화 때문에 몸살을 앓고 있다. 주요 선진국은 정부 재정의 지속가능성이 훼손될 정도로 매우 심각한 상태다. 이들 국가들은 인구구조가 고령화되어 있고, 광범위한 복지정책을 시행하고 있으며, 후한 은퇴연금을 약속하고 있기 때문이다. 선진국들은 연금, 보험, 의료비 지출이 급증하면서 총부채[12]가 눈덩이처럼 불어나고 있다. 일반적으로 총부채가 증가하면 원금과 이자를 상환해야 하기 때문에 재정지출을 늘려야 한다. 재정지출을 늘리려면 세금을 더 거둬들이거나 채권을 발행해야 한다. 이는 곧 국민저축을 감소시키고 경제성장이나 경상수지에 부정적인을 영향을 미칠 수밖에 없다.

2005년부터 인구감소가 시작된 일본은 노인 비중이 19.7%로 세계 최고를 기록하고 있다. 중앙정부와 지방정부는 의료보험과 국민연금 지원금 때문에 부채가 쌓이고 있다. 2003년 일본의 총부채는 GDP의 157.3%로 세계 최고이다. 2차 대전 후 가장 역동적인 사회로 평가받았던 화려한 경제대국은 활력을 잃었다. 노인들은 불확실한 미래 때

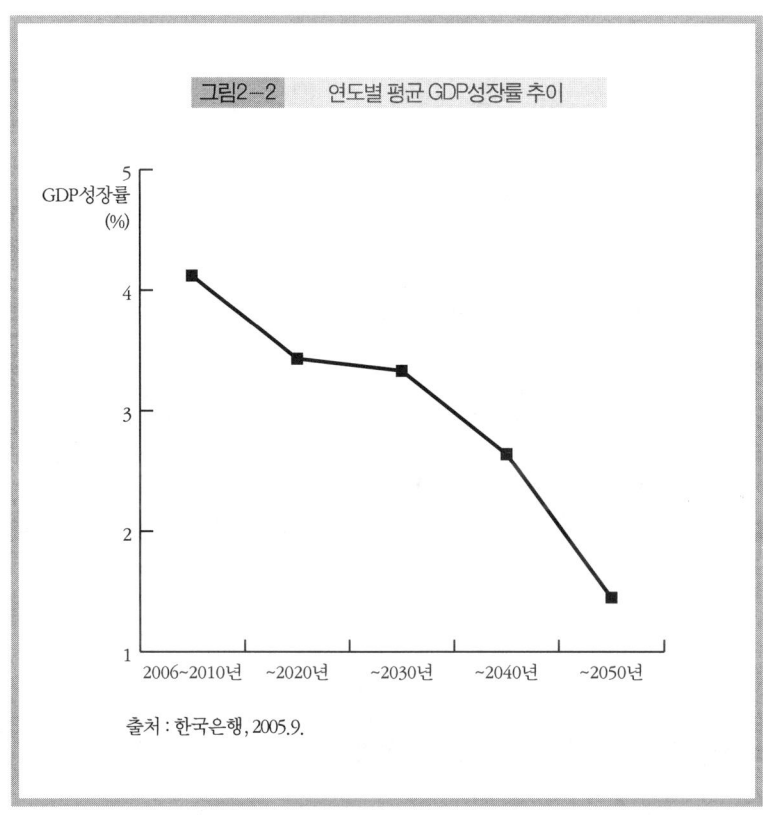

그림2-2　연도별 평균 GDP성장률 추이

GDP성장률
(%)

| 2006~2010년 | ~2020년 | ~2030년 | ~2040년 | ~2050년 |

출처 : 한국은행, 2005.9.

문에 소비를 줄이고 있다. 이 때문에 1990년대 중반부터 시작된 경기 침체의 터널을 최근에야 겨우 벗어나고 있는 중이다.

　이탈리아는 세계에서 가장 후한 연금제도를 가진 나라로 널리 알려져 있다. 퇴직자들은 40년 가입기준 마지막 취업기간 5년 동안 받은 세전 임금의 80%에 해당하는 현금 급여를 받는다. GDP로 환산하면 15%가 넘는다. "이탈리아는 유럽 최고의 연금 체계와 최악의 가정 부양 체계를 가지고 있다. 부유한 노인들은 가난한 젊은이의 노동력에 의존한다. 아무도 가정을 일구려 하지 않는 것은 무리가 아니다." 플로렌스 대학에서 인구학을 가르치는 마시모 리브-바치(Massimo Liv-Bacci)의 표현이다.[13] 이탈리아는 2030년이 되면 연금 비용으로만 근로자 임금의 50% 이상을 필요로 하게 될 전망이다. 2003년 이탈리아의 총부채는 116.7%로 일본에 이어 두 번째이다.

미국의 가장 큰 고민은 건강비용의 폭발적인 증가이다. 미국은 2003년 국민의료비로 GDP의 15%를 지출했다. 같은 해 OECD 평균이 9.2%였으며 미국 다음으로 많은 의료비를 지출하고 있는 나라는 스위스와 독일이었는데 각각 11.5%와 11.1%였다. 노인들은 전체 수입의 22%를 보험료와 의료비로 지출하고 있다. 그럼에도 불구하고 전 국민의 15.6%인 4,500만 명이 의료 사각지대에 방치되어 있고 매년 200만 명이 의료비 부담 때문에 가계파산을 겪고 있다. 영아사망률도 1,000명당 7명으로 OECD 국가 중 최하위권에 머물고 있다. 2000년 세계보건기구가 발표한 보건의료 성취도 역시 조사대상 13개 국가 중 12위에 그쳤다.[14]

우리나라는 어떤가. 2005년 기준으로 총부채는 GDP 대비 30.4%로 아직은 안심할 만한 수준이라고 볼 수 있다. 그러나 문제는 고령화 진전에 따라 재정지출이 크게 늘어나고 총부채 증가로 이어질 수 있다는 점이다. 공적연금지출, 공적의료지출, 노인복지지출을 합쳐 '고령화 관련 지출'이라고 한다. 2004년 고령화 관련 지출은 GDP 대비 4.95%이지만 2050년에는 23.4%로 늘어날 전망이다. 고령화 관련 지출이 증가하면서 총공공지출의 규모도 증가한다. 다른 분야의 지출이 현재의 비율과 동일하게 유지된다고 가정할 경우 총공공지출의 GDP

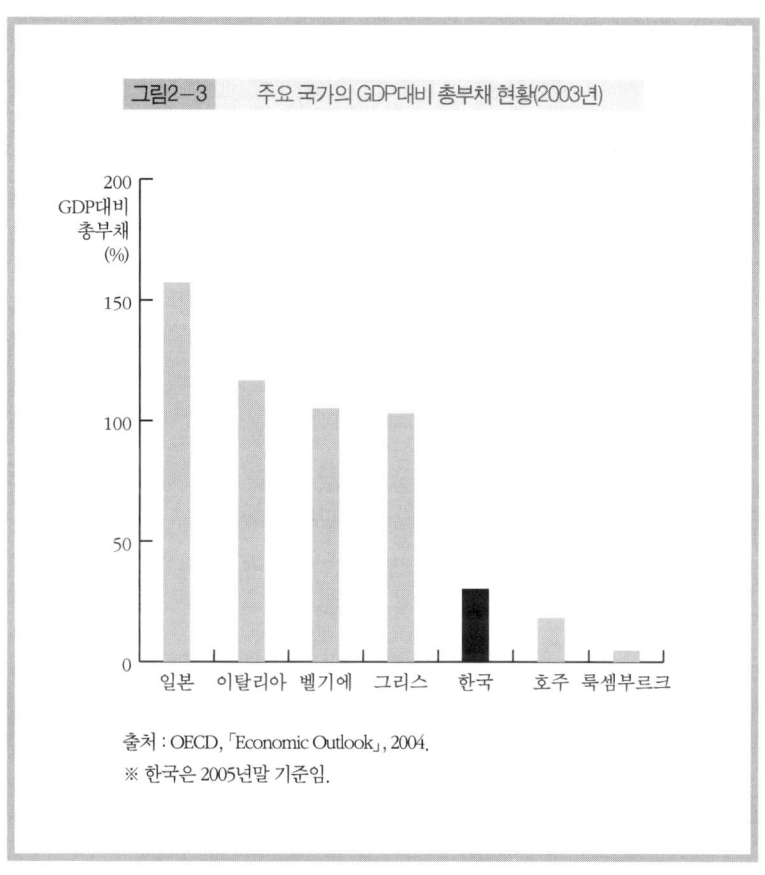

그림2-3   주요 국가의 GDP대비 총부채 현황(2003년)

출처 : OECD, 「Economic Outlook」, 2004.
※ 한국은 2005년말 기준임.

대비 비율은 2004년 35.5%에서 2050년에는 52.6% 수준까지 증가할 전망이다. 고령화 관련 지출이 빠른 속도로 증가하기 때문에, 전체 공공지출 중 고령화 관련 지출의 비중도 높아지게 된다. 2004년 14%에서 2050년에는 45%까지 치솟는다. 공공지출의 증가는 재정수지의 악화를 초래한다. 건강보험과 장기요양제도를 포함한 확대 재정수지는 2024년 적자로 전환될 전망이다. 그리고 2050년 확대 재정수지는

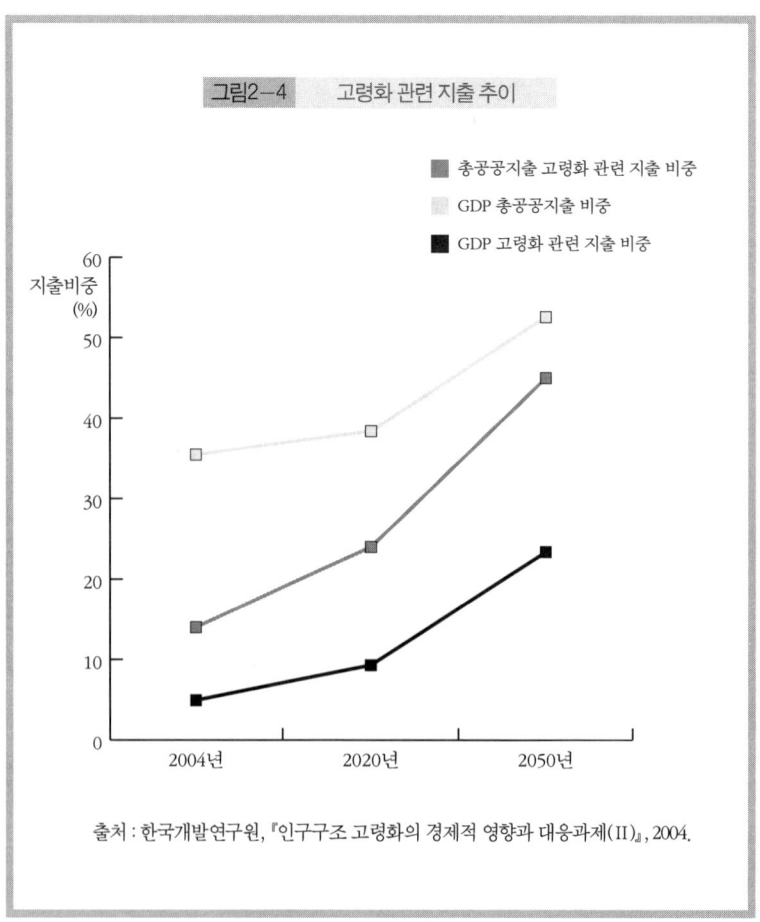

그림2-4   고령화 관련 지출 추이

■ 총공공지출 고령화 관련 지출 비중
▨ GDP 총공공지출 비중
■ GDP 고령화 관련 지출 비중

지출비중
(%)

출처 : 한국개발연구원, 『인구구조 고령화의 경제적 영향과 대응과제(II)』, 2004.

GDP 대비 13.9%까지 늘어난다.

고령화가 진행되면서 사회보험료도 덩달아 증가할 전망이다. 2005
년의 16.31%에서 2030년에는 27.06%로 크게 증가할 것으로 예상된
다. 그 이후에도 인구 고령화 등에 따라 보험료 수준은 계속 높아질
것이다. 특히 우리나라의 1인당 소득수준 및 인구 고령화 정도가 현재

OECD국가들의 평균 수준과 유사해질 것으로 예상되는 2020년대 초반에는 사회보험료 수준이 총임금대비 20% 수준에 근접할 것으로 예측되고 있다. 이러한 보험료 증가는 주로 국민연금 및 건강보험의 지속적인 보험료 인상에 기인한다. 사회보험료 중 사용자의 분담률은 2005년의 9.21%에서 2030년 14.6%로 25년간 1.6배나 증가하게 된다. 만일 여기에 법정퇴직금의 적립률 8.3%를 합산할 경우, 2020년경에는 법정비임금노동비용(사회보험 부담＋퇴직금)은 총임금의 20%를 상회하게 될 가능성이 높다. 지속적인 사회 보험료 인상은 기업의 노동비용을 상승시켜 고용을 축소시킬 가능성을 높인다.

사회보장 부담률 전망은 우리나라와 유사한 제도를 가지고 있는 일본 및 독일과 비교해보면 쉽게 이해할 수 있다. 우선 일본과 비교해보자. 현재 우리나라의 사회보험 부담수준은 일본의 4분의 3 수준에 머물고 있다. 그러나 2015년에는 일본의 현 수준과 비슷해지고 이후에는 계속 늘어난다. 우리나라의 소득수준 및 고령화 정도가 현재 일본 수준에 근접하는 2020년대 초반에는 오히려 일본을 능가할 전망이다. 이러한 비교결과는 향후 우리나라 사회보험의 부담률 수준 및 노동비용의 증가압력이 경쟁국인 일본보다 심각할 수 있음을 알려준다. 독일의 경우 일본보다 훨씬 많은 사회보장비를 지출한다. 그러나 독일은 과다한 사회보장비용을 줄이기 위해 여러 가지 개혁조치를 취하는 중이다.

표2-3   향후 사회보험 보험료 변화전망

(단위 : 임금 대비 %)

구분	국민연금	건강보험	고용보험	산재보험	사회보험 계		
					사용자 계	근로자 계	총계
2005	9	4.31	1.45	1.55	9.21	7.11	16.31
2010	10.38	5.06	1.45	1.55	10.27	8.17	18.44
2020	13.34	6.60	1.45	1.55	12.42	10.32	22.74
2030	15.90	8.16	1.45	1.55	14.58	12.48	27.06

출처 : 한국개발연구원, 『재정지출의 생산성 제고를 위한 연구』, 2004.

국민연금적자 1,380조 원, 공무원연금적자 매년 GDP 1%

국민연금은 정부가 직접 운영하는 노후 소득보장제도이다. 한창 왕성하게 활동하는 젊은이라도 고령, 사고, 질병 등으로 갑작스럽게 소득활동이 중단되는 시기를 맞이하기 마련이다. 이를 대비하기 위하여 세계 각국은 일정한 요건을 갖춘 국민이면 누구나 의무적으로 가입해야 하는 국민연금 제도를 도입하고 있다. 이를 흔히 공적연금이라고 부른다. 연금제도를 정부가 개입하여 운영하는 이유는 크게 세 가지다. 첫째, 개별 근로자들은 사회변화를 충분하게 예측하고 미래를 준비하기에는 부족한 점이 많다. 둘째 장기적으로 공공부조 대상자로 떨어지지 않도록 성실한 국민을 보호할 필요가 있다. 셋째 소득재분배를 통하여 사회통합을 증진시킨다.

복지제도의 핵심을 이루는 각국의 국민연금은 큰 위기를 맞고 있다. 그 이유는 다름 아닌 고령화 때문이다. 국민연금제도를 운영하고 있는 대부분의 나라들은 국민이나 가입자들에게 걷은 조세나 보험료로 노인들에게 연금을 지급하는 부과방식을 도입하고 있다.[15] 이러한 제도 아래서 보험료나 조세를 부담해야 하는 계층은 줄어드는데 연금을 받는 노인은 크게 늘고 있는 것이 위기의 핵심이다. 선진국들에게 있어서 미래의 근로자들이 짊어질 경제적 부담이 어느 정도나 될까? 이를 알려면 성인이 비축된 재정은 전혀 없는 상태에서 지금까지 획득했다고 간주되는 미래의 연금급여를 더해보면 된다. 이것을 '비적립식 급여 채무(unfunded benefit liability)'라고 부른다. 주요 선진국은 거의 예외 없이 공공 연금의 비적립식 채무만 GDP의 100%에서 250%에 이른다. 연금채무는 모든 나라의 공식 부채보다 훨씬 더 큰 '감춰진 부채'이다. 피터 G. 피터슨은 미국의 경우 비적립식 채무가 한 가구당 대략 10만 달러에 달한다고 지적한 바 있다. 이 때문에 주요 선진국들은 앞다퉈 연금개혁에 나서고 있다. 나라마다 국민연금제도가 다르기 때문에 개혁방향도 각기 다르다. 그렇지만 대체적인 방향은 일치한다. 그것은 재정안정화를 위한 기금적립 강화, 공적지출 감소, 기업연금·개인연금 활성화, 연금 보험료율 인상, 퇴직연금 개시연령 연장, 고령노동 및 장애인 노동 장려 등의 내용을 담고 있다. 즉 '보험료는 더 내고 연금은 덜 받는 방향'으로의 인색한 개혁안인 셈이다.

일본의 연금은 소득비례연금인 후생연금과 기초연금 이원체계로 구성되어 있다. 일본 참의원은 2004년 6월 야당의 반대를 뚫고 연금개혁법안을 강행처리했다. 개혁의 주요 내용은 보험료는 올리고 연금은 줄이는 방향이다. 후생연금의 보험료 13.58%를 단계적으로 인상,

2017년 이후에는 18.30%가 되도록 하고 있다. 기초연금도 월 1만 3,300엔에서 2017년 이후에는 1만6,900엔이 되도록 했다. 현재 59.3%이던 후생연금 급여수준은 2023년까지 50.2%로 낮아진다. 기초연금은 보험료는 올렸지만 연금급여 수준은 현행대로 동결했다. 일본은 2013년 이후부터 노동자의 정년을 60세에서 65세까지 단계적으로 연장하는 조치도 취했다. 따라서 소득비례연금의 지급개시연령도 60세에서 2013년 이후 단계적으로 65세까지 연장된다. 일본의 후생연금은 2002년부터 적자를 보이고 있다.

미국은 전 국민을 대상으로 소득비례 연금제도를 실시하고 있다. 1983년 연금재정 위기 극복을 위한 제도개혁을 단행했다. 10.8%(근로자 부담+사업자 부담)이던 근로자의 보험료율을 1990년까지 12.4%로 인상했다. 8.05%이던 자영업자의 보험료율도 1990년까지 12.4%로 인상됐다. 퇴직연령의 조정도 이루어졌는데 2027년까지 67세로 상향되었다. 독일의 연금제도는 소득비례연금으로 수많은 조합으로 구성되어 있다. 2000년 제도개혁을 통하여 2011~2030년까지 급여수준을 6%포인트(40년 가입기준 가처분 대비 대체율 60 → 54%) 인하한다. 보험료율이 아무리 인상되어도 20%를 넘지 않도록 한계선을 설정했다. 공적연금의 보장수준 축소를 보완하기 위해 조세감면을 통한 기업 및 개인연금의 활성화를 꾀하고 있다.

출산율이 낮은 독일은 자녀출산과 동시에 소득활동을 한 경우 연금 산정시 실제소득보다 높은 소득을 적용하여 사회적 보상을 확대하고 있다. 영국의 복지제도는 포괄적으로 운영되는 게 특징이다. 이를 국민보험이라고 하는데 연금, 보험, 기타 복지제도를 통합하여 운영하고 있다. 국민연금은 국민보험의 한 가지 급여로 존재하고 있다. 영국은 1999년 제도개혁을 단행하고 2000년부터 시행에 들어갔다. 영국 연금개혁의 방향은 소득보장의 기본 틀을 그대로 살리되, 사적연금의 강화, 개인저축의 장려, 가장 도움을 필요로 하는 사람에게 국가의 지원이 집중될 수 있도록 하는 것이었다.[16]

우리나라의 공적연금에는 국민연금, 공무원연금, 사학연금, 군인연금이 있다. 국민연금은 모든 국민이 가입대상이며 공무원연금은 공무원과 국공립학교 교직원이 가입 대상이다. 사학연금은 사립학교 교직원, 군인연금은 군인이 가입 대상이다. 국민연금은 그동안 쌓인 기금 규모가 2005년에 이미 150조 원을 넘어섰다. 이러한 규모는 2004년 국내 총생산(GDP) 778조 원의 19.4%에 해당하는 것이며 우리나라 총 금융의 3.1%를 차지하고 있다. 전 세계 연기금 중에서도 6위에 올라 있을 정도로 큰 규모이다. 국민연금은 앞으로도 급격히 증가한다. 2015년이면 572조 원, 2035년이면 1,715조 원까지 늘어날 전망이다. 정부는 간혹 국민연금의 크기에 대하여 홍보자료를 내고 자랑을 늘어놓기도 한다. 그렇다면 눈덩이처럼 불어나고 있는 국민연금이 과연 바람직하다고 볼 수 있는가. 또한 현 세대는 물론 미래세대까지 만족시킬 수 있는가. 천만의 말씀이다.

한국은 지구상에 존재하는, 어떤 것보다 위력적인 폭탄을 키우고 있는 셈이다. 기금의 크기가 커질수록 폭발력도 커지게 된다. 국민연금은 자신이 낸 보험료보다 나중에 받게 되는 연금이 훨씬 많다. 보험료를 얼마나 내느냐에 따라 받는 연금도 달라지지만 평균 2.22배를 받도록 되어 있다. 물론 받게 되는 연금에는 이자와 연금운용을 통해 얻어지는 수익금도 기본으로 포함되어 있다. 이처럼 국민연금은 납부하는 보험료보다 받는 연금이 많으니 연금이 바닥날 수밖에 없다. '보험료는 덜 내고 연금은 많이 받는 제도'를 '보험료도 적정수준으로 내고 연금도 적정수준으로 받는 제도'로 바꾸지 않으면 2040년대 중반에는 쌓여 있는 연금기금이 완전히 바닥을 드러내는 상황이다. 지금처럼 저성장 추세가 달라지지 않고 출산율이 높아지지 않는다면 고갈 시기는 더욱 빨라진다.

국민연금은 현재 소득의 9%를 보험료로 납부해야 하며 40년 가입시 자신의 생애 평균소득의 60%를 보장받도록 설계되어 있다. 이러한 제도가 유지될 경우 2036년에 당년도 수지적자가 발생하고 2047년이면 기금이 고갈된다. 2040년의 당년도 수지적자는 96조 원에 이르고 2050년이 되면 그 폭은 240조 원으로 확대된다. 2050년까지 누적된 적자규모는 1,381조 원으로 불어날 전망이다. 2005년의 실질 GDP는 684조 원으로 추정되는데 이것의 두 배나 되는 천문학적인 규모이다. 이렇게 누적된 적자는 가입자들의 보험료를 올리거나 국민의 세금을 통해서 조달할 수밖에 없다. 기금이 바닥나도록 설계되어 있는 연금제도를 바꾸지 않으면 그 부담은 미래세대에게 넘겨질 것이다.

정부는 2003년 보험료를 2030년 15.9%까지 단계적으로 올리고 연금급여를 60%에서 50%로 인하하는 국민연금개혁안을 내놓았다. 이렇게 되면 국민연금의 고갈시기가 2070년 이후로 늦춰지게 된다는 것이다. 그러나 이 개혁안에 대해서 어느 누구도 찬성하지 않고 있다. 경영계와 재계는 기업의 부담이 증가한다는 이유로 반대하고 있다. 가입자들은 보험료인상과 연금급여 인하조치에 펄쩍 뛰고 있다. 막대한 재정이 투입되고 있고 앞으로 대규모 적자가 예상되는 공무원연금 등 다른 공적연금의 선(先) 개혁을 요구하는 목소리도 높다. 정부와 여당은 국민연금개혁안을 주도적으로 처리할 경우 일게 될 비난여론을 두려워한 나머지 소극적인 태도를 취하고 있다. 야당은 정부가 내놓은 개혁방안이 고갈시기만 늦출 수 있을 뿐 근본적인 처방이 아니기 때문에 찬성할 수 없다는 입장이다.

중앙 및 지방 일반직 공무원, 판검사, 경찰직 공무원 등 약 93만 명이 가입되어 있는 공무원연금은 더욱 심각하다. 이미 1993년부터 당년도 수지적자가 발생하고 있다. 수지적자는 시간이 흐를수록 급격하게 증대될 전망이다. 2005년에는 3,300억 원이지만 2040년에는 20조 원을 돌파한다. 정부가 부담해야 하는 수지적자액이 실질 GDP에서 차지하는 비중으로 비교해보아도 걷잡을 수없이 늘어나게 된다. 2005년에는 0.04%에 불과하지만 2030년부터는 1% 이상으로 껑충 뛴다. 이처럼 공무원연금이 많은 적자를 내는 것은 보험료는 적게 내고 연금은 많이 받는 구조이기 때문이다. 자신이 낸 보험료보다 받게 되는 연금이 3.5배 이상이나 된다. 국민연금보다 훨씬 더 심각한 구조를 갖고 있다.[17] 이뿐만 아니다. 사학연금도 2019년부터 당년도 수지적자를 보이기 시작하여 2050년에는 약 357조 원에 달하는 누적적자를 안게 된다. 이는 국민연금의 4분의 1에 해당하는 규모이며 당년도 수지적자도 2050년부터 공무원연금을 능가하게 될 전망이다. 1970년대부터 정부의 지원을 받고 있는 군인연금 역시 2005년 8,162억 원에서 2050년 4조9,141억 원으로 당년도 적자폭이 확대될 전망이다. 사학연금과 군인연금 역시 적절한 개혁조치를 취하지 않는다면 에누리 없이 미래세대의 부담으로 남을 수밖에 없다.

표2-4 국민연금 재정전망(2005~2050)

(단위 : 10억 원)

구분	2005	2010	2020	2030	2040	2050
총수입	23,229	33,313	60,509	86,455	87,041	32,766
총지출	3,359	9,712	29,430	91,124	183,225	273,214
수지차	19,870	23,601	31,079	5,331	−96,214	−240,448
적립기금	150,680	264,985	563,249	760,644	355,683	−1,381,724

출처 : 한국개발연구원, 『인구구조 고령화의 경제적 영향과 대응과제 II』, 2004.

표2-5 공무원연금 재정전망(2005~2050)

(단위 : 억 원)

구분	2005	2010	2020	2030	2040	2050
총수입	41,474	67,388	151,290	241,811	285,810	314,923
보험료수입	38,472	47,805	59271	62,726	78,683	89,529
정부보전액	3,003	19,583	93,019	179,085	207,128	225,294
적립기금	24,754	29,503	40,141	47,436	52,921	59,097
실질GDP	6,846,863	8,891,936	12,735,119	16,228,873	18,649,531	21,640,844
정부보전/GDP	0.04	0.22	0.73	1.10	1.11	1.04

출처 : 한국개발연구원, 『인구구조 고령화의 경제적 영향과 대응과제 II』, 2004.

1) 피터 G. 피터슨, 『노인들의 사회 그 불안한 미래』, 에코리브르, 2001.

2) 프랑크 쉬르마허, 『고령사회 2018』, 나무생각, 2005.

3) 카오스(Chaos : '혼돈' , '무질서')는 그리스어로 '광활한 구멍' 을 뜻하며 그리스인들
   은 우주가 태초에는 온통 무질서한 혼합물로 구성되어 있을 것이라고 상상했다. 오늘
   날의 과학자들도 우주가 처음에는 이 같은 방식으로 존재했다고 믿고 있다.

4) 아이작 아시모프, 『신화 속으로 떠나는 언어여행』, 웅진출판, 1990.

5) 「"한국 고령화 현상은 가히 혁명적" 美 노인학협회장」, 연합뉴스, 2004.9.21.

6) 통계청은 5년마다 11월 1일을 기준으로 인구주택총조사를 실시하여 장래인구추계를
   발표하고 있다. 2005년 조사결과는 2006년 말 발표될 예정이다.

7) 국민건강보험공단, 「노인진료비 증가추이」, 2005.3.

8) 재정경제부 내부보고자료, 「인구고령화가 경제에 미치는 영향」, 2005.

9) 한국개발연구원, 『한국경제의 잠재성장률 전망 : 2003~2012』, 2002.

10) 삼성경제연구소 심포지엄 자료집, 『경제재도약을 위한 10대 긴급제언』, 2004.

11) 한국은행, 「고령화가 경제성장에 미치는 영향」, 2005.9.

12) 총부채는 국가채무 또는 정부부채라고 하며 중앙정부채무(차입금＋국채＋국고채
    무부담행위)＋지방정부채무＋지방정부의 對중앙정부채무로 이루어져 있다. 보통
    GDP대비 비율로 나타낸다.

13) 피터 G. 피터슨, 같은 책.

14) 김창엽, 「미국 의료보장체계의 현황과 문제점에 대한 조사 분석보고서」, 2005.10.

15) 우리나라의 국민연금제도는 수정적립방식 또는 부분적립방식이라고 한다. 제도도
    입 초기에는 보험료로 조성된 연금기금이 적립되지만 '덜 내고 더 받는 수급구조'
    때문에 언젠가 바닥을 드러내게 된다. 이렇게 되면 부과방식으로 전환될 수 있다.

16) 국민연금관리공단 국민연금 연구센터, 「유럽연합의 공적연금 개혁동향」, 2003.5.

17) 김상호, 「공적연금 개혁방안」, 2005.10.

제3장

<<

디지몹의 등장과 디지털 노인들

디지털 노인들, 천하를 제패하다

제26대 국회의원 선거결과는 매우 놀라운 것이었다. 2040년 4월 13일 투표 마감시간 직후 발표된 출구조사를 지켜보던 시민들은 벌어진 입을 다물지 못했다. '노인의 힘'을 표방한 '경로당'이 전체 300석 중 101석을 얻어 제1당으로 부상했기 때문이다. 경로당은 지역구 200곳 중 70곳, 비례대표 100석 중 31석의 당선자를 배출했다. 특히 고령 유권자 비율이 높은 농촌시역구는 경로당 공천자들이 거의 당선됐다. 노인 요양시설이 밀집되어 있는 주요 도시의 교외지역에서도 몰표가 쏟아졌다.

재계와 전문가그룹, 도시지역과 젊은 유권자의 지지를 받고 있는 여당인 선진미래당은 61석이나 줄어든 59석을 얻어 원내 제2당으로 추락했다. 공식 선거운동 돌입 이전까지만 해도 제1당은 물론 과반의석도 기대할 수 있다는 것이 선거전문가들의 일치된 분석이었다. 경상도와 강원도가 기반인 제1야당인 통일신라당은 46석을 얻는 데 그쳤다. 50년 이상 전라도와 충청도를 대변해온 민주당도 38석으로 당세가 거의 절반 수준으로 쪼그라들었다. 평화노동당은 34석으로 기존 정당 중 유일하게 당세를 유지하는데 성공했다.

경로당의 선전가능성은 어느 정도 예상되기는 했다. 그러나 압도적으로 제1당이 되리라고는 아무도 예측하지 못했다. 경로당은 우연히 그리고 갑작스럽게 생겨났다. 각종 공적연금 적자와 정부가 부담하는 노인의료비가 급증하면서 국가부채가 눈덩이처럼 불어났다. 경제는 빈사상태에 빠졌고 젊은 이들은 연금개혁을 요구하며 연일 촛불시위에 나섰다. 노인유권자연맹과 함께 최대 규모의 NGO인 실업자동맹은 일자리를 요구하며 일부 도시를 치안 공백상태로 내몰았다. 이렇게 되자 선진미래당은 국회의원선거를 70일 앞두고 연금 삭감과 노인복지 지출을 줄이겠다는 공약을 전격 발표했다. 노인들은 분노했다. 노인유권자연맹을 중심으로 전국의 노인단체들이 집결했다.

여러 노인단체의 대표들은 화상회의를 열어 선진미래당을 심판할 것을 결의했다. 이들은 정치적인 힘을 모으기로 하고 곧바로 '경로당'을 결성했다. 휴대폰과 블로그에 익숙한 이들에게 중앙 당사와 지구당은 필요 없었다. 이들은 인터넷에 경로당의 중앙 당사 및 지구당을 만들었다. 휴대폰의 화상 메시지를 통해 경로당 결성 소식을 전국의 노인들에게 알렸다. 경로당 지도부는 화상 메시지에서 노인의 권리를 보호하기 위해 노인들이 뭉쳐야 한다는 것과 10만 원씩의 선거자금 지원을 부탁했다. 인터넷 당사에는 당원 가입 신청이 물밀 듯이 쏟아져 들어왔다. 노인들은 휴대폰을 통해 경로당 후원금을 보냈고, 그 액수는 첫날 하루만에 1,000억 원을 넘어섰다. 인터넷과 휴대폰으로 무장한 노인들은 불과 10여 일 만에 기존 정당에 전혀 뒤지지 않는 중앙당과 지구당 조직을 갖추었다. 경로당은 선진 미래당을 불효정당으로 규정하고 노인의 힘으로 심판하겠다며 선거를 주도해 나갔다.

"불효정당 심판하고 노인주권을 회복하겠다."

경로당의 공약은 짧고 간단했다. 그러나 매우 강렬했다. 휴대폰과 인터넷으로 무장한 노인들은 급속하게 단결했다. 인터넷 상에서 열성적인 경로당 후원조직이 연이어 결성됐다. 이들은 선진미래당과 보건복지부의 홈페이지를 공격해 다운시키기도 했다. 또한 주변에서 학대받는 노인들의 모습을 동영상으로 찍어 노인들의 휴대폰으로 전송했다. 이를 보고 분노한 노인들은 오프라인에서도 활발하게 모여 젊은이들의 불효를 성토했다. 동네 경로당과 노인요양시설, 무료급식시설. 사회복지관이 경로당 선거운동의 중심이 되었다. 경로당 각 지역구 선거사무실은 노인 자원봉사자들로 선거기간 내내 북새통을 이뤘다.

경로당은 모든 공천자들을 65세 이상 노인으로 채워 다른 정당과의 차별성을 최대한 부각했다. 누가 보아도 경로당은 '노인의, 노인에 의한, 노인을 위한 정당'이었다. 경로당과 노인들은 2040년 제26대 국회의원선거를 지배했다. 그리고 그들은 승리했다. 경로당 당수는 국회의원선거 다음날 '국민에게 드리는 글'에서 "지금까지 노인은 역사와 과거만 기록하고 돌아보는데 만족해야만 했다. 그러나 이제 모든 것이 달라졌다. 노인은 현재와 미래의 주인이다"라고 선언했다. 그러면서 그는 '연금을 삭감하겠다는 불순한 기도를 막아내고 노인복지 지출을 대폭 확대하겠다는 목표'를 최우선 과제로 제시했다. 그의 나이는 75세이며 이미 20년 전에 공직에서 은퇴한 바 있다. 바야흐로 노인의, 노인에 의한, 노인을 위한 '노인 정치시대'가 활짝 열렸다.

노인 유권자, 대세를 점령하다!

    나이에 기반을 둔 정당이 존재할 수 있을까. 선뜻 받아들이기 어려운 질문이지만 그것은 이미 여러 나라에서 벌어지고 있는 '현실'이다. 1995년 네덜란드에서는 연금당이 결성됐다. 연금당의 목표는 정부의 고령연금 삭감을 저지하기 위한 것이었다. 이스라엘에서도 나이에 기반을 둔 노인당이 생겨났고, 이웃 일본도 2003년 노인당이 결성되어 노인의 이익을 지키겠다는 정책을 발표하기도 했다. 1995년 러시아 국회의원 선거에서는 55세 이상 유권자들의 절반 이상이 공산당에 표를 던졌다. 공산당이, 인플레이션 때문에 연금급여의 실질가치가 폭락한 것에 불만을 품은 노인 은퇴자들을 위한, 노인 은퇴자들에 의한 정당으로 다시 태어나겠다고 공약했기 때문이다. 반면 40세 이하 유권자 중에서 공산당을 지지한 사람은 불과 10%에 불과했다.

    노인 유권자가 빠르게 늘고 있는 이유는 평균수명 연장과 출산율 하락에 있다. 지금과 같이 고령화 추세가 계속되면 머지않은 장래에 노인 유권자들은 다수를 점하게 될 것이다. 노인에 가까운 세대, 가령 은퇴를 앞둔 50세 이상은 친(親)노인성향을 보일 가능성이 높다. 이들까지 합쳐지게 되면 노인의, 노인에 의한, 노인을 위한 정치시대가 열리게 될 전망이다. 피터 드러커는 "출산율의 하락과 인구 고령화가 의미하는 바는, 노년층의 지지를 받는 것은 모든 선진국에 있어 정치적 규범이 된다는 것"이라고 주장했다.[1] 이제 노인들은 수적 우위를 무기로 미래사회에서 최대의 정치집단으로 떠오르게 된다.

    우리나라 65세 이상 노인 유권자 비율은 2005년 기준으로 전체 유

	50세 이상	55세 이상	60세 이상	65세 이상	70세 이상	80세 이상
2005년	31.3	23.5	17.2	11.9	7.3	1.8
2030년	56.3	47.4	37.5	28.2	19.3	6.4
2050년	66.9	58.7	49.9	42.2	33.0	15.6

표3-1   총 유권자 대비 50세 이상 유권자수 구성비율

(단위 : %)

출처 : 통계청, 「장래인구 특별 추계」, 2005.

권자의 11.9%이다. 그리 많은 비중이라고 할 수는 없다. 하지만 노인
의 증가 속도가 빨라지면서 노인유권자의 비율은 2030년이 되면
28.2%에 달한다. 2050년이 되면 40%를 넘어서게 된다. 친노인성향으
로 볼 수 있는 50대까지 더하면 노인 유권자의 비율은 지금의 31.3%
에서 2050년 66.9%로 3분의 2 이상을 점령한다. 이때가 되면 노인들
이 모든 선거를 좌우할 수 있게 된다. 투표율을 고려하면 더욱 그렇
다. 노인들의 투표율은 젊은 세대에 비해 전반적으로 높다. 2002년에
실시된 16대 대통령선거의 투표율은 50대가 83.7%, 60대 이상이
78.7%로 20대의 56.5%와 30대의 67.4%보다 훨씬 높았다. 2004년의
17대 국회의원 총선에서도 50대가 74.8%로 가장 높은 투표율을 보였
고 다음은 60대 이상으로 71.5%였다. 이는 20대 44.7%, 30대 56.5%보
다 월등히 높은 투표율이다.[2]

미국과 유럽에서 노인의 힘은 미래가 아닌 이미 현실이다. 미국은
퇴자협회(AARP, American Association of Retired Persons)는 거의 모든 정
책 결정 과정에서 상당한 정치력을 행사한다. 미국 노인들의 힘은 은
퇴자협회에서 나온다는 말이 있을 정도로 AARP는 막강한 힘을 가지

고 있다. 1958년에 결성된 AARP는 50세 이상을 회원으로 받아들이는 엄격한 가입조건을 두고 있다. 지미 카터 전 대통령은 물론 조지 W. 부시 현 미국 대통령의 아버지인 조지 부시 전 대통령도 AARP의 회원이다. AARP는 미국 최대의 NGO이며 1천여 개에 달하는 미국 복지 관련 단체 중 가장 큰 영향력을 발휘하고 있다. 경제 전문지 포춘지는 AARP를 미국에서 가장 영향력 있는 단체로 꼽기도 했다.

AARP는 현재 3,300만 명의 회원이 가입되어 있으며 상근 근로자만 1,700명이다. 상근 근로자의 10배 정도의 인원이 자원봉사자로 활동하고 있으며, 연간 예산이 무려 55억 달러에 달한다. 150명의 전문 로비스트들이 의회 등에서 정책입안을 위해 뛰고 있다. 미국정부는

그림3-1   미국 AARP의 홈페이지

1994년 AARP의 압력으로 모든 직종에서 연령차별을 금지하는 법률을 공포했다. AARP는 노인에게 무료의료 혜택을 제공하는 방안인 메디케어 법안(MEDICARE, 노인의료보험법안)을 통과시켰다. 최근에는 기업의 정년제마저 폐지시키기도 했다. 미국에서 노인복지에 무관심한 정치인들은 정치적인 입지를 잃은 지 오래다.

AARP 외에 선동적인 내용의 편지를 대량 발송해서 수백만 유권자의 힘을 결집시킬 수 있는 노인 단체로는 '고령시민자 전국회의(National Council of Senior Citizens)', '안전담보 노인회(Save Our Security)', 그리고 '패밀리 USA' 등이 있다. 이러한 노인 단체는 업종별로도 조직되어 있는데 '은퇴교사 전국연합(National Retired Teachers Association)'에서부터 '연방 공무원연합(National Association of Federal Employees)'에 이르기까지 10여 개 조직이 활동하고 있다.[3]

노인들의 파워는 유럽에서도 증가하고 있다. 현재 프랑스와 독일에서는 유권자의 약 3분의 1이 은퇴 생활자이다. 유럽은 은퇴 연령이 낮기 때문에 미국보다 은퇴자가 많다. 은퇴자의 절대 다수는 공적연금으로 생활하고 있다. 따라서 누구든지 자신들의 연금을 줄이겠다는 정책을 시행하려고 하면 그들은 자신들의 지갑을 걸고 반대표를 던질 준비가 되어 있다. 유럽에서는 1995년 이탈리아의 베르르스코니 수상이 이끄는 호루짜이 이탈리아당 정권이 연금개혁 문제에 부딪혀 붕괴되었다. 또한 네덜란드 의회에서는 고령자들이 지지하는 강력한 연금당이 등장하여 갓 성립된 고령연금 삭감안을 철회시키기도 했다.

피터 G. 피터슨은 노인파워의 미래에 대하여 이렇게 묻고 있다. "30년 전까지만 해도 은퇴한 노인은 정치적인 영향력을 거의 갖고 있지 않았다. 이제 일본을 제외한 거의 모든 선진국에서 노인들은 조직으로 세를 불렸다. 그 30년 동안 공공지출의 방향이 어린이에게서 노인으로 돌아서고, 국가부채의 부담이 증가하고 미래를 위한 정책의 투자에 정부가 마비 증세를 보이게 된 것이 우연의 일치에 불과할까?"[4] 노인 유권자가 폭발적으로 성장하자 정치인들은 노인들의 요구를 수용할 수밖에 없다. 노인복지 예산을 늘리고 후한 연금을 계속 지급해야 한다. 재정지출의 우선순위가 이러다 보니 국가부채가 눈덩이처럼 늘어나게 된다.

노인은 최대 정치세력으로 부상하고 있다. 유세장을 찾는 유권자 대부분은 노인들이다.

선진국에 비하면 우리나라 노인의 힘은 아직 그리 크지 않다. 순수 민간 노인단체로는 1994년 10월 설립된 노년유권자연맹과 2002년 1월 결성된 대한은퇴자협회가 있다. 이들 단체들은 아직 조직적인 활동에 한계가 많다. 그러나 노인복지와 관련된 법률안을 제정하거나 개정하는 데에 점점 목소리를 내고 있다. 이 두 단체 외에 우리나라를 대표하는 노인단체로는 대한노인회가 꼽힌다. 대한노인회에는 거의 모든 노인이 회원으로 가입되어 있다. 정부의 지원을 받는 단체로 활동은 미약하고 자생력도 부족한 편이다. 그러나 2000년 16대 총선부터는 달라지는 모습을 보여 주고 있다. 총선에서 대한노인회는 각 정당 후보들에게 노인복지 정책을 제시했다. 그리고 노인복지 향상에 전향적인 입장을 밝힌 후보를 공개적으로 지지하기도 했다. 2004년 17대 총선에서 정동영 당시 열린우리당 의장이 노인폄하 발언을 하자, 전국의 노인들은 들고 일어났다. 이 때문에 열린우리당은 노인들을 달래느라 손이 발이 되도록 빌어야만 했다.[5] 이러한 사례는 우리나라에서도 노인들의 정치적 힘이 성장하고 있음을 보여 준다. 노인의 힘은 세계에서 가장 빠른 고령화 속도만큼 빠르게 커질 전망이다.

노인 포퓰리즘의 등장

노인 유권자의 폭발적인 성장은 이들을 이용해 정권을 획득하려는 정치세력이나 정치인의 등장을 가능하게 해준다. 이른바 노인 포퓰리즘의 등장이 점쳐진다. 포퓰리즘은 '대중주의' 혹은 '대중 인기영합주의'를 의미한다. 포퓰리즘은 일반적으로 한 집단이 급속도로 성장할 때, 정치세력 또는 정치인이 대중을 이용해 정치적 입지를 확고히 하는 것을 말한다. 포퓰리즘은 '대중이 원하는 것이 정책이 되어야 한다'고 주장한다. 대의제 민주주의를 부정하고 유권자와 직접 소통하며 유권자의 지지를 호소한다. 포퓰리즘은 특정 이데올로기를 표방하지 않는다. 오직 대중과 대중의 주장이 정당하다는 입장만을 갖고 있을 뿐이다. 이들에게 중요한 것은 이데올로기가 아니라 자신들을 집권시켜 줄 수 있는 표이기 때문이다. 노인의 표든 청년의 표든 1표는 1표일 뿐이므로.

노인 포퓰리즘은 노인들의 지지를 얻기 위하여 친(親)노인정책을 내놓게 된다. 대표적으로 연금정책을 들 수 있다. 지속가능한 미래사회를 건설하기 위해서는 연금개혁이 필요하다. 이는 삼척동자도 다 아는 일이다. 그러나 노인 포퓰리즘은 애써 연금개혁을 외면한다. 연금을 받고 있거나 받아야 하는 노인들이나 준고령자들이 반대하기 때문이다. 노인 포퓰리즘은 연금을 더 인상해야 한다고 주장할지도 모른다. 연금을 받는 노인들이 늘어날수록 노인 포퓰리즘은 더욱 신나게 된다. '더 내고 덜 받는' 연금개혁은 물 건너가게 되고 연금재정 부담은 미래세대에게 떠넘겨진다.

노인 포퓰리즘은 노인 세금 감면에서부터 노인단체 지원에 이르기까지 노인이 원하는 것은 무엇이든지 지원해준다고 약속한다. 미국에서는 노인들의 끈질긴 요구 때문에 지방교육세 납부에서 노인을 제외하거나, 기간산업 대신 요양기관에 대한 지출을 늘리도록 강제하고 있는 실정이다. 우리나라에 등장할 노인 포퓰리즘도 미국과 유사한 정책을 도입하게 된다. 벌써부터 정치권에서는 '효도세'를 신설하자는 주장이 일고 있으니 먼 미래만의 얘기도 아니다.

포퓰리즘은 대의제 민주주의에 직접 민주주의를 가미하는 과정에서 탄생했다. 대표적인 포퓰리즘으로는 아르헨티나의 '페로니즘(Peronism)'을 꼽을 수 있다. 페로니즘은 1929년에 발생했던 미국의 대공황 여파가 아르헨티나를 덮치자 발생했다. 1940년대, 아르헨티나는 경제 공황으로 실업이 늘어나고 반미주의가 거세졌다. 정부가 경제 문제를 해결하지 못하자 1943년 군부 소장파들은 쿠데타를 일으켰다. 페론 대령은 이 쿠데타에 참여하여 노동부 장관이 되었다. 이후 페론 노동부 장관은 노동자 계층을 조직하고 분배정의를 기치로 내걸면서 자신들이 기득권층의 대항세력임을 각인시켰다. 노동자들은 페론이 사회의 부를 재분배해 자신들에게 돌려줄 것이라고 믿었다. 1946년의 대선에서 페론은 노동자의 대규모 지지에 힘입어 54%의 득표로 대통령에 당선됐다. 페론은 '분배의 정의'를 강조한 노동입법으로 노동자의 지위를 향상시키고 임금을 올렸다. 페론은 자신의 집권 초반기였던 1946년부터 49년까지 노동자들의 임금을 70% 이상 올려줘 부의 재분배를 실현하는 듯했다. 노동자들은 월급이 늘어나자 페론에 더욱더 열광했다. 페론은 당시 남미를 지배하고 있던 미국의 영향력에 대항해 반미를 기치로 민족주의를 고조시켰다. 페론은 반미 정서를 이용해 외국인 소유의 철도회사, 전화회사들을 국유화했다.

페론 집권 중반기인 1949년부터 아르헨티나는 심각한 문제에 직면했다. 1949년의 경제 성장률은 마이너스 4.5%를 기록한 반면 소비자 물가 상승률은 30%를 넘어섰다. 수출은 반미 정책에 대한 미국의 견제가 심해져 1946년 대비 절반으로 떨어졌으며, 실질 환율 역시 30%나 절상되었다. 이후 경제는 더욱 악화돼 페론은 1955년 결국 실각했다. 하지만 그 이후에도 정치 세력화된 노조는 과도한 요구와 집단행동을 하며 경제회생을 상당부분 가로막았다. 결국 페론정권은 후손들에게 세계 최대의 부채국가라는 타이틀과 사회적인 갈등을 유산으로 남겨줬다.

　포퓰리즘은 집권을 위해 한 집단에게만 초점을 맞춘다. 이는 곧 소외된 다른 집단들과의 갈등을 유발시킨다. 또한 포퓰리즘은 국가의 장래를 위해 장기적인 계획을 수립하지는 않고 당장 표가 되는 일에만 매달린다. 경제는 필연적으로 몰락의 길을 걷는다. 노인 포퓰리즘도 이와 비슷하다. 노인 포퓰리즘은 청년보다 노인을, 성장보다 분배를 강조한다. 미래보다 오늘을 걱정한다. 노인 포퓰리즘은 한국의 미래에게 부의 불균형과 청년 실업, 성장률 감소, 계층과 세대 간 갈등만을 남겨주게 된다. 이것이 페로니즘의 교훈이다.

Digimob의 등장과 Digital 노인들

　미래사회의 노인들은 가장 잘 조직화된 계층으로 자리잡을 전망이다. 노인들은 자신들의 기득권을 지키고 친노인정책을 관철하기 위하여 종종 집단행동에 나선다. 활동공간은 인터넷이 중심이지만 온-오프라인을 가리지 않는다. 노인들의 무기는 인터넷과 휴대전화, 그리고 젊은 시절 경험했던 학생운동과 노조활동이다. 조직화를 통해 온-오프라인에서 활발히 뭉칠 것으로 보인다. 노인들이 휴대폰과 인터넷을 자유자재로 이용하며 온라인 네트워크를 만드는 것이 상상이 가지 않는가. 지금은 다소 생뚱맞게 보이겠지만 2050년에는 자연스러운 현상이 된다. 그때의 노인들은 디지털 기기를 처음으로 생활화한 첫 세대이기 때문이다. 이들에게 휴대전화와 인터넷 등 디지털 기기는 생활필수품이다. 이들은 최초의 '디지몹'(Digimob, Digital+Mob)[6] 세대라고 부를 수 있다. 디지몹이란 PDA, 휴대전화, 메신저, 인터넷, 이메일 등 각종 디지털 기기를 이용하는 군중(mob), 즉 디지털 군중을 뜻한다.

현대사회에서 디지털 기기는 어린이에서 노인에 이르기까지 충실한 생활의 동반자가 됐다. 현대인들은 어디를 가든지 디지털 기기를 이용하고 있다. 1997년 679만여 명이던 휴대폰 가입자 수는 2005년 3,778만 명으로 폭증했다. 이는 전체 인구의 4분의 3에 해당된다. 인터넷도 마찬가지이다. 인터넷 이용률은 2000년 45%에서 2005년 72%로 전체 인구의 3분의 2 이상이 이용하고 있다. 인터넷은 젊은 층이 널리 이용하고 있다. 10대는 97.3%, 20대는 97.2%다. 거의 모두가 인터넷을 이용하는 셈이다.[7] 지금의 10~20대는 미래사회의 노인이다. 즉 2050년이 되면 인터넷은 노인들에게 삶의 일부가 된다.

Digimob은 인터넷과 디지털 기기를 활용해 필요한 정보를 손쉽게 얻는다. 온라인과 오프라인을 넘나들며 스스로 여론을 형성한다. Digimob은 첨단 정보통신 네트워크를 바탕으로 획득한 정보를 서로 주고받으면서 경제와 정치에 직접 참여하는 적극적인 군중이 된다. Digimob은 기업과 정부의 정책이 그들과 맞지 않으면 집단을 형성해 실력을 행사하기도 한다. Digimob은 보통 동호회 형태이지만 때로는 전국적, 세계적 네트워크를 형성하기도 한다. Digimob은 마우스 클릭 한 번만으로도 신속하게 네트워크 상에서 이동한다. 이들은 인터넷 네트워크 가입과 탈퇴에 구속받지 않는다. 자유롭다. Digimob은 소속되어 있되 구속되어 있지 않다. Digimob은 정말이지 새로운 네트워크의 출현이다.

　Digimob은 교육과 문화생활, 오락과 쇼핑 그리고 의사소통에 이르는 모든 생활을 디지털 매체를 이용한다. 오프라인에서 물건을 구입한 소비자도 80% 이상 인터넷에서 관련 정보를 찾아본다.[8] 2000년 450억 원에 불과했던 온라인 음악시장은 2005년에 5,000억 원으로 성장했다. 같은 해 오프라인 음악시장은 700억 원에 불과했다.[9] Digimob은 과거의 소극적인 소비자가 아니다. 디지털 매체를 이용해 적극적으로 정보를 얻는 능동적인 소비자다. Digimob은 소비적인 소비자가 아니라 앨빈 토플러(Alvin Toffler)가 1980년대에 예견했던 '생산 소비자(prosumer)'[10]다.

　Digimob은 새로운 온라인 네트워크는 '블로그'를 통해 더욱 풍부해진다. 블로그는 웹로그에서 유래한 것으로 일종의 개인적인 온라인 일기이다. 블로그 덕분에 누구든 간단한 웹사이트를 쉽고 자주 갱신할 수 있게 되었다. 거의 모든 블로그는 서로 관련 있는 블로그와 링크돼 있다. 이 때문에 비슷한 관심을 가진 블로그의 무리가 자연스럽게 조직된다. 비슷한 사람들끼리 모인 공동체가 토론을 통해 자발적으로 생겨난다.

　새로운 정보통신 네트워크로 무장한 Digimob은 세상을 바꾸는 데도 적극적이고 자발적으로 참여한다. Digimob은 정보통신 기술을 이용해 기업의 얄팍한 상술을 고발하거나 상품의 문제를 제기한다. 정치적으로는 반정부 시위를 벌이기도 하고, 경우에 따라서는 대통령을 하야시키기도 한다.[11] 이들은 국가 관료 기구나 보수정당들에 대한 홈페이지를 공격하고 자신들의 의견을 주장하고 관철한다.

한국의 Digimob은 눈부시게 활동하고 있다. Digimob은 2000년 제 16대 국회의원 선거와 2002년 제16대 대통령 선거에서 화려하게 등장했다. 제16대 국회의원 선거에서 Digimob의 낙천·낙선 운동은 쟁쟁한 보수 중진들을 낙마시켰다. 제16대 대통령 선거에서 노사모는 무명에 가까운 노무현 후보를 대통령에 당선시켰다. Digimob이 한국의 정치지형을 바꾼 셈이다. Digimob은 더 이상 적극적인 소비자, 능동적인 주권자로만 머물지 않는다. 인구비율로 세계 최고를 자랑하는 한국의 Digimob은 보수적인 사회분위기를 뚫고 주류가 됐다.

지금의 Digimob은 2050년 세계 최대 수준의 노인 Digimob으로 다시 사회 전면에 등장한다. 2050년 노인 Digimob은 우리나라 전체 인구의 40%를 넘는다. 일단 수적 우위를 확보한다. 학생운동과 노동조합으로 조직활동에 익숙한 데다 2000년, 2002년 등 승리의 경험도 있다. 노인 Digimob은 저축, 연금, 부동산 소유 등 실질 구매력까지 갖춘, 그야말로 무적군단으로 떠오르게 된다.

노인 Digimob과 젊은 Digimob의 네트전쟁

많은 미래학자들은 인구구조의 고령화가 세대갈등을 격화시킬 것이라고 경고하고 있다. 세대 갈등은 고령화에 따른 재정부담 때문에 발생한다는 지적이다. 고령화는 노인복지 지출증대, 의료비 증가, 연금지원 확대를 수반하기 때문에 반드시 재정지출을 증가시킨다. 재정지출의 증가는 최종적으로 국민들의 세금으로 충당된다. 고령화로 인한 세금부담은 미래의 젊은 세대에게 전가된다. 만약 이들이 세금부담을 거부한다면 이는 곧 정치적 대혼란으로 이어진다. 세대갈등은, 지금은 세금을 납부하는 젊은 세대가 훨씬 많기 때문에 잠복해 있다. 2005년 20~49세까지 인구비율은 50.71%로 다수를 점유하고 있다. 50세 이상은 23.78%로 인구구조가 안정되어 있다. 그러나 2050년이 되면 인구구조의 역전현상이 일어난다. 2050년 20~49세까지 인구비율은 28.37%로 크게 축소된다. 50세 이상은 59.07%로 두 배 이상 늘어난다. 인구구조의 역전은 미래사회 세대갈등을 예고하는 경고등이다.

세대갈등은 네트워크 전쟁으로 나타난다. 즉 노인 Digimob과 젊은 Digimob이 인터넷을 이용해 싸우게 되는 것이다. 2002년 대선에서 노사모는 '네트전쟁'[12]을 일으켰다. 네트전쟁은 인터넷 또는 네트워크 기기들을 이용한 갈등과 대립을 말한다. 노사모는 휴대폰과 인터넷이라는 디지털 기기와 네트워크를 활용하여 기성세대와 맞섰다. 2002년 대선은 노사모와 기성세대가 벌인 최초의 네트전쟁이었다. 앞으로 디지털 기기는 더욱 발전하고 사용도 늘어난다. 그러므로 미래사회일수록 네트전쟁은 확대될 가능성이 높아진다. 앨빈 토플러는 이미 1990년대 중반 '제3 물결'의 유권자들은 인터넷을 중심으로 한 새로운 전자공동체를 형성할 것이라고 예언했다. 또한 전자공동체를 대변하는 정당이 미래를 지배한다고 보았다. 한국의 2002년 대통령 선거를 정확히 맞춘 셈이다.[13] 미래사회는 이러한 경향이 더욱 뚜렷해진다. 인터넷을 중심으로 구성된 여러 정치집단이 인터넷 네트워크에서 치열하게 경쟁을 벌이게 된다.

미래사회에서 고령화에 따른 재정부담 문제를 놓고 노인 Digimob 과 젊은 Digimob 간에 네트전쟁이 첨예하게 전개된다. 네트전쟁은 통제할 수 없는 방식으로 전개되고 정치적·사회적 파문은 걷잡을 수 없이 커져 간다. 익명성이 보장된 네트전쟁에 '자비' 란 없기 때문이 다. 네트전쟁의 창시자인 존 아퀼라(John Arquilla)와 데이비드 론펠트 (David Ronfeldt)는 네트전쟁을 실감나게 묘사한다.

"네트전쟁에서 각각의 네트워크는 언제 어디서든 민첩하게 배치할 수 있는 작은 분산 단위로 활동한다. 그들은 인터넷과 인터넷 네트워 크를 통해 빠져 나가고 피하는 방법과 더불어 무리짓고 분산하는 방 법, 침투하고 분열시키는 방법을 알려준다. 그들이 사용하는 전술은 지략 싸움에서 파괴 행위까지 다양하다. 그리고 많은 전술이 인터넷 을 통해 이뤄진다 . 각 집단의 개개 성원들은 개별 상태로 흩어져 있 다가 이동 통신을 통해 지령이 떨어지면 전 방향에서 동시에, 다른 집

표3—2 각 연령별 인구 변화 비교

연령별	2005년	2050년
전체 인구	48,294,143	42,347,690
20~49세	24,492,539	12,017,340
전체 인구 대비	50.71%	28.37%
50세 이상	11,485,175	25,018,499
전체 인구 대비	23.78%	59.07%

출처 : 통계청, 「장래인구 특별 추계」, 2005. 1.

단들과 조화를 이루면서 특정한 위치로 모여든다. 서울, 뉴욕, 마닐라, 시애틀, 샌프란시스코 등 전 세계 어디가 됐든 말이다." [14]

　세대갈등은 사상 최악의 네트전쟁으로 비화될 게 뻔하다. 네트전쟁에서 수적, 경제적 열세에 놓여 있는 젊은 Digimob이 노인 Digimob이 패배하게 되면 그들은 폭동을 일으키거나 한반도를 떠나게 될지도 모른다.

1) 피터 드러커, 『Next Society』, 한국경제신문, 2002.

2) 중앙선거관리위원회, 2004.

3) 피터 G. 피터슨, 『노인들의 사회 그 불안한 미래』, 에코리브르, 2002.

4) 피터 G. 피터슨, 같은 책.

5) 2004년 3월 26일 17대 총선에서 열린우리당의 정동영 의장은 한 언론과의 인터뷰 도 중 "60대 이상 70대는 투표 안 해도 괜찮다. 집에서 쉬셔도 된다"라는 발언을 해서 전 국 노인들의 반발을 샀다. 당시는 노무현대통령의 탄핵으로 여당에 대한 국민들의 동 정 여론이 일고 있었고, 여당이 압도적으로 승리할 것이라는 전망이 우세했다. 그러 나 정 의장의 발언으로 노인들은 여당 반대 투쟁을 벌였고, 열린우리당의 지지도는 한풀 꺾였다. 결국 열린우리당은 300석 중 200석 이상도 가능하다던 전망을 뒤로 하 고 152석 획득에 그쳤다.

6) Digimob이란 Digital과 Mob을 합친 단어로 이 책의 저자들이 만든 신용어이다. 그동 안 디지털 기술을 사용하는 군중을 뜻하는 말로는 미국의 하워드 라인골드가 명명한 'Smartmob'(영리한 군중)이 있었다. smart라는 단어는 '총명한', '영리한', '똑똑한' 이라는 뜻이다. 하지만 디지털 기기를 사용하는 군중이 꼭 똑똑하다는 법은 없다. 그 러므로 디지털이라는 수단을 뜻하는 단어에 굳이 가치 판단이 개입된 단어를 쓸 필요 는 없다고 판단했다. 디지털이라는 수단은 단지 수단일 뿐이며, 따라서 그 수단을 광 범위하게 이용하는 세대라는 뜻에서 가치판단을 배제한 채 이들을 Digital Mob, 줄여 서 Digimob이라고 이름붙였다.

7) 한국전산원, 「통계로 본 2010년 유비쿼터스 사회 조망」, 2005.

8) 「네티즌 57% "쇼핑정보 위해 인터넷 검색 주로 이용"」, 연합뉴스, 2005.10.11.

9) 「온라인 음악시장 5년새 10배 '500억'」, 디지털타임스, 2005.7.14.

10) 엘빈 토플러, 『제3의 물결』, 한국경제신문, 2001. 프로슈머(prosumer)란 생산자 (producer)와 소비자(consumer)가 합성된 개념으로 자신의 기호에 맞는 제품을 스 스로 만들어 내는 주체적인 소비자를 말한다. 기업들은 소비자를 생산과정 및 마케 팅 과정에 참여시켜 소비자 취향에 맞는 제품을 생산하는 쪽으로 프로슈머를 응용 한다.

11) 우리나라 Digimob의 효시라고 할 수 있는 노사모가 노무현 대통령을 탄생시키기 2 년 전, 이미 필리핀의 Digimob들은 정권을 붕괴시킨 경험이 있다. 2001년 1월 20일, 필리핀의 '문자 세대'로 불리는 Digimob들이 휴대폰 문자 메시지를 이용해 자국의 대통령 조셉 에스트라다를 권좌에서 몰아냈다. '에드사(지역이름)로 갈 것, 흑의 착 용'이라는 문자 메시지를 받은 100만명 이상의 검은 옷을 입은 군중이 에드사에 모 여 에스트라다 대통령의 하야를 요구했고, 결국 에스트라다 대통령은 하야했다. Digimob이 최초로 정권을 붕괴시킨 일이었다. 이후 Digimob에 대한 사회적인 관심 이 크게 증폭되었다.

12) 네트전쟁이라는 용어는 게임이론의 탄생지인 RAND법인에서 분석가로 활동하고 있는 존 아킬라와 데이비드 론펠트가 만들었다. 그들은 각각 분산된 조직들이 복잡

한 통신기술을 이용해 하나로 이어져 사회적 네트워크를 만드는 것에 주목했다. 그들은 정치적 갈등이 발생할 경우 이 갈등에 참여하는 각 조직들이 휴대폰, PDA, 인터넷 등을 이용해 소통하고 뭉치고, 지시를 내리고, 행동하는 것에 주목해 이를 네트전쟁이라고 명명했다. 네트전쟁은 네트워크 상에서 발생하는 전쟁뿐만이 아니라, 네트워크 기기들을 이용해 벌이는 전쟁까지도 포함한다. 그들은 네트전쟁이 다양한 정치적 갈등에서 효과적인 힘으로 부상하고 있다고 본다. 한편, 앤서니 기든스는 네트전쟁을 국제분쟁에서 자원이나 영토보다 정보와 여론이 더 중요하다는 의미로 사용한다.

13) 앨빈 토플러, 『제3 물결의 정치』, 한국경제신문, 1996.
14) 하워드 라인골드, 『참여군중』, 황금가지, 2003.

········<<

제4장

이민전쟁과 한국의 패배

"선생님, 그렇게 망설이실 필요가 없습니다."

전화기 헤드셋으로 상대방의 말을 듣던 미국계 인력회사 직원은 답답한 듯 넥타이 매듭을 잡아당기며 급히 덧붙였다.

"말씀드린 그대로예요. 그 조건으로 근무하시면 연간 8만 달러라니까요. 원하시는 기간 동안 병원 숙소에서 지내실 수 있어요. 송금요? 걱정 없습니다. 무엇보다 선생님께서 몇 년만 미국 생활을 하시면 가족들 다 데리고 와서 미국서 사실 수 있습니다. 정원 딸린 집에, 가족용 밴에. 선생님보다 먼저 오신 분들이 다들 그렇게 살고 계십니다. 자녀들 교육도 생각하셔야지요. 요하네스버그가 나쁜 곳은 아니지만 거기 간호사 봉급 수준이야 뻔한 것 아닙니까. 세계 최고 수준의 병원에서 근무하면서, 가족이 다 미국에서 살 수 있는 기회를 드리는 겁니다."

"네, 네. 네? 사인하시겠다고요? 확실한가요? 예, 정말 잘 결정하신

겁니다. 바로 서류작업에 들어가지요. 담당 직원에게 돌려드리겠습니다."

헤드셋을 벗어던진 직원은 책상 칸막이에 매달린 종을 경쾌하게 울려대며 외쳤다.

"휴우! 요하네스버그에서 한 건 따냈어!"

사무실에서 박수 소리가 터져 나왔다.

NHK 다큐멘터리 〈두뇌 유출, Brain Drain〉에서, 미국계 인력송출회사 직원이 남아공 간호사를 미국으로 보내는 데 성공하자 사무실 직원들은 환호성을 지른다. 한국인들에 대해서는 미국은 비자를 내주는 것도 까다롭기 이를 데 없다. 하지만 심각한 간호사 부족을 해결하기 위해 인력송출업체에 비용을 지불해 가며 영어권 국가로부터 인력을 수입하고 있다. 20세기 후반부터 미국에서는 간호사뿐 아니라 숙련 기술자에 대한 수요가 크게 증가하고 있으며 IT 버블이 붕괴된 이후에도 상황은 변하지 않았다. 첨단 기업들은 미국 정부에 근로비자의 발급을 늘려 달라는 요구를 계속하고 있다. 유럽도 마찬가지다. 1990년대 말부터 '선진국'들은 이민정책 수정에 나섰다. 고급 인력에 대해서는 이민을 제한하는 빗장을 풀고 있다.

비슷한 시기에 이민정책이 변하기 시작한 데에는 몇 가지 이유가 있다. 과학기술의 발달과 정보화로 경제성장에서 인적 자본이 차지하는 비중이 커졌다. 무한경쟁 시대에 인재의 국적은 부수적인 문제다. 세계화가 진행되면서 국제 이주(International Migration)는 그다지 복잡하고 힘든 일이 아니다. 무엇보다 선진국들은 너나 할 것 없이 고령화와 인구 감소, 그에 따른 납세자 부족 및 연금 재정위기에 직면했다. 이들 정부가 선택한 해결책은 외국의 젊은 기술자들을 유치하여 세수를 늘리는 방법이다. 지구의 남방(南方)에서 미국이나 서부 유럽으로 가고자 하는 사람은 많지만 최근까지의 이주는 극히 제한적이었다. 선진국들이 이주의 문을 넓히자 저개발국가의 인재들은 꿈을 안고 북방의 도시들로 향하고 있다.

한국은 2017년 생산가능인구, 2021년 총인구가 감소한다. 그렇다면 우리도 인력 수혈을 준비해야 한다. 우리가 고급 인력을 찾아 나설 때에는 세계 모든 나라들이 이미 인력 확보 경쟁에 돌입한 후일지 모른다. 그때 한국이 세계의 두뇌 또는 숙련 노동자들을 끌어들일 만큼 매력있는 나라가 되어 있을까.

동아시아는 민족간에 외모가 비슷하며 동일 문화권을 이루고 있다. 국민소득은 한국과 비슷하거나 더 높은 나라들 여럿이 세계 최저 출산율을 기록하고 있다. 한국이 고급 인력을 구하려고 외부로 눈을 돌릴 때, 그들 역시·비슷한 환경에 놓여 있으리라고 예상된다. 우리가 일본과 경쟁해서 우수한 과학자들을 유치할 수 있을 것인가. 싱가포르와 경쟁해서 우수한 의료진을 유치할 수 있을 것인가. 인도와 경쟁해서 아시아 영화인들이 몰려드는 엔터테인먼트산업의 중심지가 될 수 있을 것인가. 낙관적인 미래가 보이지 않는다. '코리안 드림'은 3D 업종 종사자들에게나 유효하다. 한국인들은 '외국인 노동자'에 대해 열악한 중소기업에서 위험한 육체노동에 종사하는 아시아(간혹 아프리카)인이나 그들이 받는 부당한 처사 따위를 떠올린다.

과거 로마가 제국의 인재를 끌어 모았듯이 미국은 20세기 초반 세계 최강국에 오르면서 최고의 엘리트를 흡수해 왔다. 다른 선진국들도 각종 혜택을 내세워 숙련 노동자 유치를 위해 발벗고 나섰다. 21세기 초반 몇십 년 동안 세계화의 추세는 수그러들지 않을 것이며, 노인들은 갈수록 늘어난다. 각국이 경제성장을 원하는 한 젊은 기술자에 대한 수요는 높아진다. 한편 한국을 떠나지 못하는 이들 중 일부는 진짜 이주로 가는 발판을 마련하기 위해 가상이민에서 위안을 찾는다.

세계적인 인구의 이동은 곳곳에서 갈등을 유발한다. 북아프리카나 중동 지역 출신의 이슬람 이민자들에 대한 우려가 확산되고 있다. 차별과 실업이 이들을 뭉치게 한다. 이슬람 이민자들이 벌이는 소요는 이민을 반대하는 보수주의 정치가들의 입지를 높여준다. 이민자로 인한 사회 갈등은 각국에서 중요한 정치적 이슈로 부상한다. 21세기 이민전쟁의 승리자는 필요한 인재를 받아들이면서도 그들을 공동체에 빠르게 흡수시키는 나라이다.

두뇌 유출

현재의 이민전쟁은 우선 고급 인력을 대상으로 진행중이다. 1990년대 말부터 개발도상국이나 저개발국가의 고급 인력이 대거 선진국으로 빠져나가는 현상이 포착됐다. 이 시기에 유럽에서는 인구 정체와 고령화의 영향이 본격적으로 나타나기 시작했다. 전세계적으로 이주 흐름이 형성된 것은 모국의 열악한 상황 탓이기도 하지만 선진국에서 수요가 발생하여 이민자들을 불러 모았기 때문이다.

새로운 이동의 물결은 21세기가 되자마자 국제적인 연구주제로 떠올랐다. 이주민을 받는 나라—대부분 선진국—는 필요에 따라 외국 인력을 받아들이기는 하더라도 자국의 경제, 사회에 미칠 영향에 대해 주의를 기울인다. 보내는 나라 입장에서는 국가가 길러낸 인적 자원을 잃게 된다. '두뇌 유출(Brain Drain)'이라는 말은 이런 관점에서 나왔다. 두뇌 유출이란 대학졸업자 또는 그 이상의 연구자, 전문직 종사자 또는 숙련 노동자들이 더 나은 조건을 찾아 국가를 빠져 나가는 흐름을 뜻한다.

　저개발 국가에서 빠져 나가는 고급 인력들의 추이를 살펴보면 두뇌 유출이라는 말이 실감 난다. 표4-1은 OECD 비회원국의 고급 인력이 OECD 국가로 얼마나 이동했는지를 보여준다. '고급 인력(Highly skilled)'은 대학졸업자나 중등교육을 이수한 후 전문 직업교육과정을 마친 사람을 가리킨다. 기아나, 자메이카 같은 나라들은 그 나라 고급 인력의 70~80%가 OECD 국가로 이주했다. 엘리트 대부분이 모국을 떠나고 있으며 남아 있는 고학력자의 비율이 훨씬 적다.[1][2]

　물론 선진국의 두뇌들도 해외로 진출한다. 그러나 선진국 출신들은 대개 OECD 회원국 내부에서 이동한다. OECD 회원국으로 들어온 외국 출생자의 46%는 다른 회원국으로부터 온 것으로 집계돼 있다.[3] 선진국들은 자국 내에서도 고급 인력을 찾을 수 있지만, 조달 범위를 전 세계로 넓게 잡고 인재를 유치하고 있기 때문이다. 빈부 격차가 커지는 것과 함께 인재에 대해서도 국가간 양극화가 점점 심해지고 있는 셈이다.

표4-1	OECD 국가에 체류중인 개발도상국가 고급 인력의 비율

OECD 2001년 조사		하버드 대학 2000년 조사	
OECD 체류비율 상위 10개국			
기아나	83.0	기아나	76.9
자메이카	81.9	자메이카	72.6
하이티	78.5	기니비싸우	70.3
트리니다드토바고	76.0	하이티	68.0
피지	61.9	트리니다드토바고	66.1
앙골라	53.7	모잠비크	52.3
사이프러스	53.3	모리셔스	50.1
모리셔스	53.2	바베이도스	47.1
모잠비크	47.1	피지	42.9
가나	45.1	잠비아	42.3
OECD 체류 비율 하위 10개국			
브라질	1.7	브라질	1.2
미얀마	1.7	타이	1.4
인도네시아	1.9	인도네시아	1.5
타이	1.9	파라과이	1.8
방글라데시	2.0	아르헨티나	1.8
파라과이	2.0	중국	2.4
네팔	2.1	미얀마	2.4
인도	3.1	페루	2.7
볼리비아	3.1	네팔	2.9
중국	3.2	방글라데시	3.0

출처 : OECD, 「Growth and Human Capital: good data, good results」, 2001.

OECD, 「International Data on Educational Attainment; updates and implications」, 2000.

노르웨이(31.1%), 뉴질랜드(31.0%), 아일랜드(41.0), 영국(34.8%), 오스트레일리아(42.9%)는 선택적인 이민정책을 시행한다. 자국에 들어온 이주자의 30~42%가 고급 인력이다. 미국의 경우, 고급 인력이 아닌 이민자도 높은 비율을 차지한다. 그러나 미국이 흡수하는 해외 엘리트들의 수는 엄청나다. 미국 내 거주 외국인 44만 명 이상이 박사학위 소지자다. 이는 미국 내 박사의 25%에 해당하는 규모이다. 역시 '이민자의 나라' 로 분류되는 오스트레일리아나 캐나다에는 외국인 박사들의 비율이 더 높다. 이들 나라에서 일하는 박사학위 소지자 가운데 외국 출신은 각각 45%와 55%에 이른다. '잘 사는 나라들' 이 드러내놓고 못 사는 나라들의 두뇌를 끌어 모은 결과다.

선진국들은 최근 몇 년간 기술 인력에 대해서는 문을 넓히는 방향으로 이민정책을 수정했다. 미국은 2003년까지 숙련 노동자에게 내주는 H-1B 비자를 연간 19만5,000개까지 발급할 수 있도록 했다. 이 비자는 매 3년마다 갱신이 가능하다. 테러의 여파로 비자 발급한도는 2004년부터 하향조정됐다. 그러나 미국의 산업계 내부에서는 수를 늘려야 한다는 목소리에 힘이 실리고 있다.

노르웨이, 영국은 해외 숙련 노동자를 모집하기 위한 특별 프로그램을 운영한다. 독일은 IT 전문가 모집을 위한 특별 프로그램을 개발했으며 엔지니어, 컴퓨터 기술자, 연구자, 기업간부를 유치하기 위해 이민정책을 개혁했다. 스위스는 2001년 고급 기술인력 이민 쿼터를 30%나 늘렸는데, 이는 10년 만에 이민 정책이 수정된 것이다. 뉴질랜드, 오스트레일리아, 캐나다는 영주자 선발에 적용되는 포인트 시스템에서 나이, 교육, 기술, 직업 경력에 가중치를 부여하는 방안을 도입할 계획이다. 이들 3개국은 지난 4년간 기술 이민을 25%나 더 받아들였다. OECD 국가들은 숙련 노동자를 유치하기 위해 조세감면 혜택을 주고 있다. 자크 아탈리는 『호모 노마드, 유목하는 인간 L' homme nodmade』에서 해외 고급 인력을 유치하는 경쟁에 돌입한 선진국들의 모습을 그리고 있다.[4]

"미국 같은 북쪽 국가들은 자본이나 능력을 가진 외국인 이민자들을 우선적으로 받아들인다. 미국인들은 남쪽 국가들에서 그런 사람들을 찾으려고 몰이꾼들을 보낸다. 독일이나 일본 같은 나라들은 인구 감소에 시달리고 있어서 젊은 인구가 몰려오는 것이 자국의 발전 조건임을 이해하고 있다…(중략)…북쪽 국가들은 병원이나 대학교의 일자리에 지원자가 충분치 못한 것에 대해 한탄하고 있다."

아탈리는 또 다음과 같이 예언했다.

"북방의 일부 국가들은 이주민을 대거 받아들일 것이다. 심지어 다음 세 가지 이유로 이민자 확보 경쟁까지 벌일 것이다. 첫째는 실제 그 나라에 거주하지 않는 가상이민자들의 경쟁으로 자국의 고용뿐 아니라 근로소득세와 소비세 수입이 줄어드는 것을 피하기 위해서 실제 이주민을 받아들이는 것이다. 둘째, 이민자들의 입국을 거절한 보복으로 세계 각국에 퍼져 있는 자국 민족이 피해를 입게 될까 두려워서다. 셋째, 인구의 감소를 억제하고 사회보장 분담금이 증가하는 것을 막기 위해서다. 또 연금 수령액이 줄어들지 않게 하기 위해, 상당히 미뤄야만 하는 정년 시기를 늦추지 않기 위해서기도 하다. 특히 유럽과 미국은 서로 남방의 젊은 학위 소지자를 유치하기 위해 치열한 경쟁을 벌일 것이다. 또 멋진 인생을 꿈꾸며 다른 국가로 눈을 돌리는 자국의 젊은이를 붙잡으려고 노력할 것이다. 환영받는 이민자는 그 나라의 시민과 거의 똑같은 의무와 권리를 행사한다. 특히 투표권과 납세의 의무가 그러하다."[5]

유치 대상 고급 인력은 이공계와 의료 종사자들이다. EU 회원국들이 유치 프로그램을 운영하는 분야는 주로 컴퓨터와 정보통신 쪽이다. 또 고령화에 따라 의사, 간호사 및 기타 의료서비스 분야의 해외 인력도 수요가 높아졌다. 제2차 세계대전 후 출생한 베이비부머들이 대거 은퇴하는 시점에 도달한 가운데, 이들의 노동력을 대체할 젊은 기술자들이 필요하다. 전후세대들이 쇠약하여 보살핌을 받게 되는 시기를 앞두고 있어 이런 현상은 지속될 것이다. 2004년 한국이 미국 간호사 면허 시험을 유치할 수 있었던 것도 미국 병원들이 심각한 간호사 부족에 직면해 있기 때문이다. 이밖에도 생명과학, 농작물·식품(Agro-food) 및 이들 분야의 인력 채용 산업에서 해외 인력에 대한 수요가 커질 것으로 예상된다.

아탈리는 21세기가 다시 유목민의 시대가 될 것이라고 예견했다. 유능한 하이퍼 노마드들은 전세계 어디든 갈 수 있다. 하이퍼 노마드에게 시민권이란 큰 의미가 없거나 언제든지 획득할 수 있는 물품이다. 엘리트들은 몇 개의 영주권 또는 체류권을 가지게 된다. 능력 있는 개인은 선택의 폭이 넓어졌으므로 환영할 만한 일이다.

선택받지 못하는 지역은 더 황폐해진다. 고급 인력의 대다수가 해외로 빠져 나가는 나라는 경제발전의 결정적 요소인 인적 자원을 확보할 길이 막막하다. 부족한 자원을 투자해 인력을 양성해도 그들의 눈은 더 좋은 대우를 바라며 밖의 세계로 향해 있다. 80% 이상의 대졸

표4-2   OECD 국가가 시행중인 숙련 이주자에 대한 세금 혜택

국 가	주요 세금 혜택
네덜란드	소득 30%까지 세금 감면, 자녀 교육비 변제
노르웨이	4년 이하 거주 예정자에 대해 항목별 과세 대신 총소득의 15%만 징수
뉴질랜드	해외 유래 수입에 대해 면세하는 방안 추진(2005년내 입법 예정)
덴마크	36개월까지 최저 세율 25% 적용(통상 39%~59%)
벨기에	일시 체류중인 고위전문직에 대해서는 비거주자(non-residents) 세율 적용
스웨덴	전문직과 과학자 등에게는 최장 10년간 소득의 25%에 대해 비과세
영국	주거비 및 여행비 부분은 면세, 해외 근로부분 면세
오스트레일리아	임시 체류자의 해외 유래 수입에 최장 4년간 면세
오스트리아	생계유지비로 쓰인 비용은 소득의 35%까지 공제
일본	재배치 수당과 귀국휴가수당에 대해 면세
캐나다	퀘벡 거주 연구자는 5년 동안 75%의 수입에 대해 면세
프랑스	5년 동안 상여금에 대한 면세, (노동자의)본국에서 발생한 각종 연금, 사회보장 급여에 대해 면세
핀란드	연속 5년 이하 체류한 전문가에게 24개월 동안 35%의 단일 세율 적용
한국	최장 5년간 생계비와 교육비에 대해 소득의 40%까지 면세

출처 : OECD, 「Counting Immigrants and Expatriates in OECD countries: A New Perspective」, 2005.

자가 외국으로 떠나는 상황에서 웬만큼 고급 인력을 배출하지 않고서는 그 나라의 인적 자본이 축적될 가능성은 거의 없다. 성장을 위해서는 양질의 인적 자원이 필수적이라는 점을 고려할 때 인재들이 떠나는 나라들의 미래에는 우울한 그림자가 드리워져 있다.

한국의 딜레마

이제 한국도 외국인 노동력에 의존하는 나라다. 1970년대까지만 해도 한국은 방글라데시, 인도, 파키스탄, 필리핀 등과 더불어 아시아의 주요 노동자 수출국에 속했다.[6] 1980년대 이후에는 노동력 수입국으로 바뀌었다. 방글라데시, 조선족, 스리랑카, 인도, 파키스탄, 필리핀 국적의 노동자들이 유입되기 시작했다. 2005년 5월말 기준으로 외국인 노동자의 수는 불법 체류자 19만9,000명을 포함, 총 35만8,000명이다. 불법 체류자 없이는 중소기업들이 공장을 돌릴 수 없는 형편인 것으로 알려져 있다. 지금까지는 외국인 노동자 다수가 요식업이나 3D 업종에 종사한다. 지금 추세대로라면 외국인 노동자를 필요로 하는 일터는 점점 더 확대될 전망이다. 일할 한국인이 없기 때문이다.

선진국들이 21세기가 시작되자마자 이민정책을 수정하게 된 것은 고령화 또는 인구감소와 무관하지 않다. 또 베이비부머들이 대거 은퇴를 할 시기가 가까워진 데에서도 이유를 찾을 수 있다. 노동자들의 은퇴와 인구의 정체 혹은 감소로 미국 일부 지역의 산업체가 구인난을 겪고 있다. 주민의 98%가 백인이며 소수 민족이 거의 없는 아이오

와주조차도 노동력 부족을 메우기 위해 보스니아 혹은 베트남 난민을 끌어들이기 위한 프로그램을 운영한다.

한국도 비슷한 변화를 앞두고 있다. 한국전쟁 후부터 60년대까지 출생한 베이비부머들은 2015년경부터 정년을 맞이하기 시작한다. 2017년부터는 경제활동 인구가 감소한다.

국제통화기금(IMF)에 따르면 한국이 2050년에 총인구대비 노동력을 2000년 수준으로 유지하려면 노동시장 참가율을 약 20%포인트 상승시켜야 한다.[7] 그러나 한국이 급속한 경제성장을 이룩한 지난 40년간 노동시장 참가율은 11%포인트가 늘어났을 뿐이다. 여성의 경제 참여율이 괄목할 만하게 높아지지 않는다면 달성하기 불가능한 목표다. 정년을 늘리는 방법도 있다. 이 경우 정년(은퇴연령)을 11년 연장해야 한다는 결과가 나온다. 정년을 늘리면서 노동력의 비용을 올리지 않는 것은 쉬운 일이 아니다. 또한 유교적 전통이 뿌리 깊은 한국에서 고령자 부하직원과 함께 일하는 것이 생산성 향상에 부정적이라는 인식을 할지 모른다.

여성·노인의 참여를 늘리는 것과 함께 노동력을 공급하는 수단은 외부로부터의 유입이다. 다른 조건이 모두 동일하다고 할 때 2050년에 2000년과 동일한 노동력을 유지하기 위해서 필요한 누적(cumulative) 이주노동자(이민자)의 수는 무려 총인구의 35%에 이른다. 즉 2050년까지 외국에서 입국한 노동자의 합계가 2050년 인구의 35%는 되어야 2000년 수준의 노동력이 공급된다는 뜻이다. 스페인, 일본, 독일, 이탈리아와 같이 출산율이 낮은 나라들도 비슷한 수준의 노동력 유입이 필요하다. IMF의 분석대로라면 여성과 노인의 경제활동 참

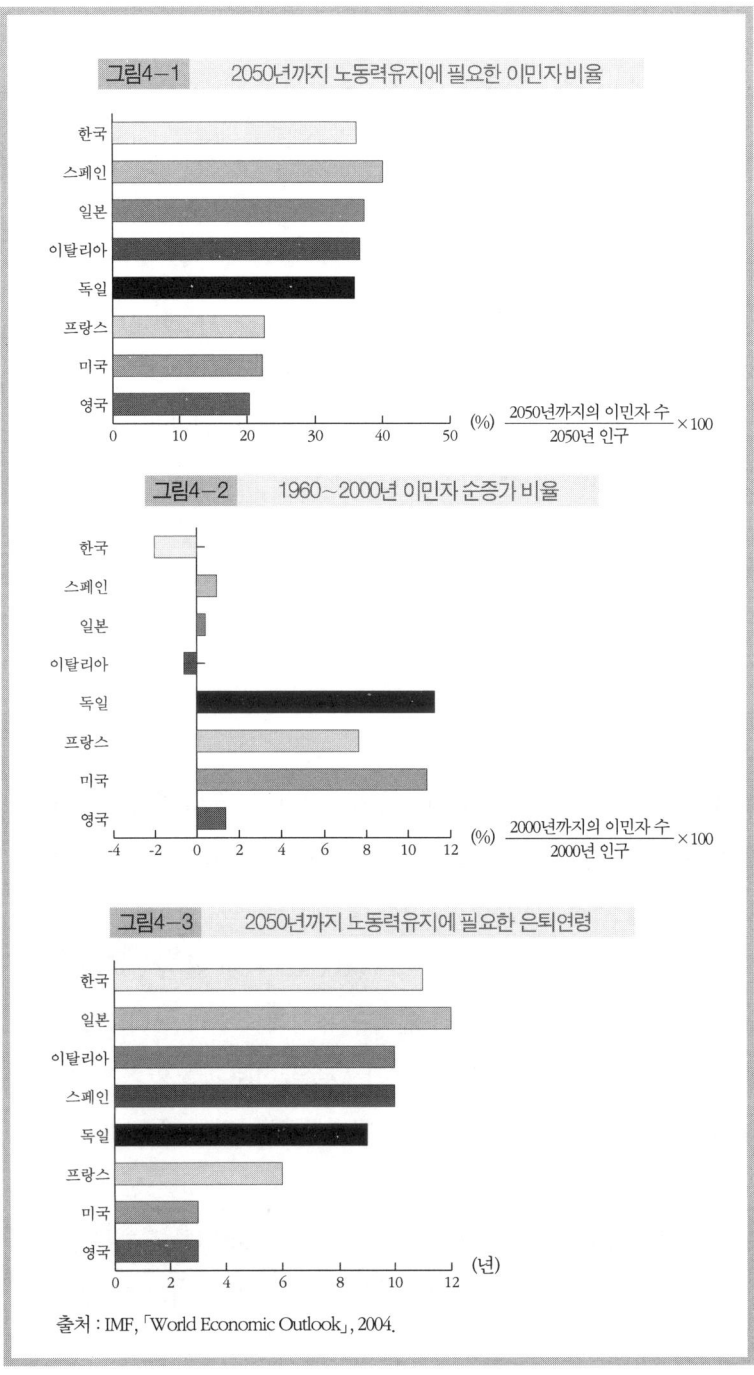

그림4-1   2050년까지 노동력유지에 필요한 이민자 비율

한국
스페인
일본
이탈리아
독일
프랑스
미국
영국

0   10   20   30   40   50   (%) $\dfrac{2050년까지의\ 이민자\ 수}{2050년\ 인구} \times 100$

그림4-2   1960~2000년 이민자 순증가 비율

한국
스페인
일본
이탈리아
독일
프랑스
미국
영국

-4   -2   0   2   4   6   8   10   12   (%) $\dfrac{2000년까지의\ 이민자\ 수}{2000년\ 인구} \times 100$

그림4-3   2050년까지 노동력유지에 필요한 은퇴연령

한국
일본
이탈리아
스페인
독일
프랑스
미국
영국

0   2   4   6   8   10   12   (년)

출처 : IMF, 「World Economic Outlook」, 2004.

가율이 일정하다고 가정할 때 2050년까지 입국한 외국인 노동자수를 모두 합하면 877만 명이 되어야 2000년의 노동력을 유지할 수 있다. 산술적으로 보아도 연간 20만 명 가량이 새로 유입되어야 한다는 분석이다. 터무니없이 들릴지 모르나 이것이 한국이 처한 현실이다.

과거 한국의 노동력 유출 · 유입을 따져보면 미래는 암담하다. 1960년부터 2000년까지 이민자수의 순증가량은 2000년 인구 기준으로 약 -2%를 기록했다. 이는 1960년 이후부터 2000년까지 나간 인구가 들어온 인구보다 92만3,000명이 더 많았다는 뜻이다.

물론 여성과 노인의 참여도 늘어날 것이며 기술 발전으로 인해 생산성이 향상될 터이니 부족분을 모두 이민으로 채울 필요는 없다. 그러나 어느 한 가지 방법으로는 문제를 해결할 수 없을 만큼 우리나라의 인구 변화가 극적으로 일어난다. 부족한 젊은 근로자를 외부에서 조달해야 할 시기가 코앞에 닥쳤다.

외국인력을 적극적으로 유치할 필요가 있다는 국내외 전망과 달리 이민정책의 전환에 대해 의문을 나타내는 사람들이 적지 않다. '오륙도', '사오정'이라는 말이 일상어가 될 정도로 조기 퇴직이 일반화 되는 등 한국인들에게도 '괜찮은 일자리(Decent jobs)'가 부족하다. 그러니 외국인 노동자, 그것도 고급 인력을 유치해야 한다는 데 선뜻 동의하기 쉽지 않다. 국내 여성들을 직장으로 끌어내고 노인을 쫓아내지 않는 게 우선이라는 의견이 더 많은 지지를 받는 것도 사실이다.[8]

이런 분위기는 국내 고용정책을 담당하는 노동부 고용정책실 어느 과장의 말에서도 잘 드러난다. 저출산 · 고령화로 인한 경제활동인구 부족에 대비해 외국인 노동력 확보 계획은 어떻게 수립되고 있는가라는 질문을 받은 그는 답답하다는 듯이 이렇게 대답했다. "노동력 부족을 해소하기 위해 외국 인력 확보방안을 세우라는 주문은 솔직히 너무 먼 미래의 일로 느껴집니다. 당장 일자리를 만드는 문제가 얼마나 시급한지 아십니까. 지금은 일할 사람은 많은데 일자리가 없어 미칠 지경입니다. 노인이 일할 곳이 없는 것은 말할 것도 없고 청년들도 몇 년씩 실업상태에 있는 게 현실입니다." 외국의 두뇌를 유치하는 이민정책을 세우겠다고 하면 당장 "청년 실업이나 해결하시오"라는 성난 여론을 각오해야 한다.

국내 실업 극복과 해외 인력 유치 문제는 상충하는 듯 보인다. 그러나 선진국들의 정책 변화를 살펴보면 이 딜레마에 대한 답을 유추할 수 있다. 독일이나 프랑스 등 OECD 국가들이 이민정책을 수정하는 이유는 그 나라들이 완전 고용상태에 있기 때문이 아니다. 1980년대 유럽은 청년실업 극복을 위해 장년층의 조기 퇴직을 방관했다. 그러나 노인이 떠나도 청년실업은 해소되지 않았다. 노년의 일자리가 줄어드는 것과 함께 청년의 일자리도 줄었다. 갓 사회에 진출한 청년과 경험 많은 장년층이 하는 일은 상당히 다르다. 독일은 국내 실업률이 10%에 달하지만 기술 이민자에 대한 인센티브를 도입했다.

또 다른 딜레마는 자국민과 이주민간의 갈등이다. 2005년 발생한 프랑스의 외국인 노동자 소요가 대표적인 사례다. 가난한 외국인 노동자는 범죄, 폭력의 원인으로 지목된다. 이는 실업문제의 연장선상에 있다. 자국민과 이주민의 갈등 정도는 경제상황에 달려 있다. 성장의 시기에는 일자리가 부족하지 않기 때문에 이민자는 '좋은 이웃'이다. 자국민 실업이 치솟는 상황에서 그들은 내 일자리를 빼앗는 외국인이다. 종교는 이들이 뭉치기 위한 구실을 제공한다. 고령화로 노동력 유입을 늘려야 하는 선진국들로서는 이민자들의 범죄, 소요사태 등이 중요한 정치적 이슈로 떠올랐다. 그러나 이민자 문제가 이민 유치경쟁을 막지는 못한다. 좀 더 선택적 정책으로 변할 따름이다. 한국인은 다종교 문화에서 특별한 종교색이 없는 데다, 유능하고 적응력이 뛰어나다. 시간이 지날수록 한국인은 유치 대상국가로 주목받는다.

'글로벌 마켓'에서 각국의 기업은 전세계와 경쟁해야 한다. 승자가 되기 위해서 중요한 요소가 우수한 인적 자원이다. 선진국들은 소위 '최고중의 최고(the best and the brightest)'인 노동력을 끌어들여 국가의 경쟁력을 높이려고 한다. 우리가 국내 청년실업, 노인일자리 문제를 해결한 뒤에 외국 인력을 유치하려 한다면 그런 날은 아예 오지 않을지도 모른다. 지금의 실업문제는 수급 불균형에서도 원인을 찾을 수 있다. 구직자들은 노동시장에 나와 있는 일자리에 비해 자신의 교육수준이나 자질이 뛰어나다고 생각한다. 대학교육이 필요 없는 일자리는 널려 있고 대학 졸업자는 도처에 넘쳐난다. 따라서 실업은 한국이 고도 성장을 하지 않는 한 쉽게 풀리지 않을 문제다.

인력 부족이 닥친 후에 노동력을 유치하려고 하면 이미 때는 늦다. 2020년경이면 한국뿐 아니라 아시아의 신흥 공업국들은—일부 이슬람 국가를 제외하고—거의 동시에 노동력 부족에 직면한다. 한국이 인력 유치 전쟁에서 이길 가능성은 그리 높아 보이지 않는다. 한국, 싱가포르, 대만, 일본이 일제히 숙련 노동자를 필요로 한다면 그는 어디로 향할지 생각해보라. 한국을 선택할 가능성은 낮다. 지레 짐작이 아니다. 지금까지 외국인 유입 데이터를 볼 때 한국은 외국인들이 와서 일하고, 살고 싶은 매력적인 나라가 아니었다. 우리가 노력한다고 해서 갑자기 그런 나라가 될 수 있지도 않다.

2050년 국내 생산가능인구는 인구의 약 40%에 해당하는 노인을 부양해야 한다. 건강한 노인들이 더 오래 일할 수 있겠지만, 질병상태로 더 오래 살아 있는 노인의 부양비나 의료비는 결국 일하는 사람들이 떠안아야 할 몫이다. 외부의 노동자들을 불러 오기에 결코 좋은 조건이 아니다.

최고의 인력은 우선 미국, 독일, 프랑스 같은 나라로 향하고 있다. 능력이 부족하거나 지리적 또는 인종적 이유로 인해서 '1등 국가'로 가지 못한 이들은 그보다는 인기 없는 곳으로 간다. 2등 국가로도 가지 못한 이들은 일자리를 얻기 위해 열악한 상황도 마다할 수 없다. 비관적으로 보면 한국은 마지막쯤에 선택되는 나라이다. 최고 인재는 빠져 나가고, 3류 노동력만 들어오게 되면 한국의 경쟁력은 더욱 더 떨어져 3등 국가로 전락하게 된다.

두뇌 수지 200% 적자

지나친 비관이 아니다. 한국의 이민 경쟁력을 보자. 외국인이 한국 국적을 취득하는 수는 미미하다. 지난 2004년 한 해 동안 귀화한 사람의 수는 1만93명에 그쳤다. 그나마 한국인과 결혼하는 외국인 여성이 다수를 차지한다. 한국 국적을 취득하는 외국인의 수가 적기 때문에 정부는 '외국인(foreigners)'과 '외국 출생자(foreign-born persons)'를 구분해서 집계하지 않고 외국인 데이터만 보유하고 있다. 그러나 한국과 일본을 제외한 OECD 국가들은 이 두 통계 사이에는 큰 차이가 있다. 외국인이라 하더라도 나중에 그 나라 시민권을 획득할 수도 있고, 재외국민이 낳은 자녀는 국내에서 태어나지 않았으나 국적상 '외국인'은 아니기 때문이다. 아무튼 국내에 거주하는 비시민권자(non-citizens)는 전체 인구의 0.3%에 불과하다. 이것을 다른 OECD 국가들의 비시민권자 비율과 비교하면 폴란드(0.1%)를 제외하고는 가장 낮다. OECD 평균은 4.5%이다. 우리나라의 경우 국내에 거주하는 외국 출생자수가 외국인과 거의 일치한다고 보고 다른 회원국의 외국 출생자수와 비교하면(평균 7.8%) 최하위에 해당한다. 물론 최근에 국내로 들어오는 외국인 노동자들이 늘어나고 있으며, 한국국적을 취득하지는 않더라도 국내 산업발전에 기여하는 것은 맞다. 그러나 통계를 보면 한국이 어느 정도 살고 싶은 나라에 해당하는지, 이민 경쟁력이 어느 정도인지 짐작할 수 있다.

한국인은 동질성이 매우 높은 사회에서 살아왔다. 이유는 알 수 없으나 우리는 '단일 민족'으로서 어떤 자부심까지 느끼는 듯하다. 역사적으로 볼 때 전쟁에서 패배하여 끌려가는 경우는 종종 있었어도 외부로부터 이민족의 대량 유입은 거의 없었다.

해외이동이 자유로워진 후에는 많은 사람들이 떠나기를 꿈꾼다. 한국인들에게 선진국들의 이민전쟁은 실감나지 않는다. 오히려 서로 떠나려고 경쟁하는 것이라고 이해하기 십상이다. OECD 국가들간의 이민전쟁이 유치 경쟁이라 부른다면, 한국의 이민전쟁은 역설적으로 한

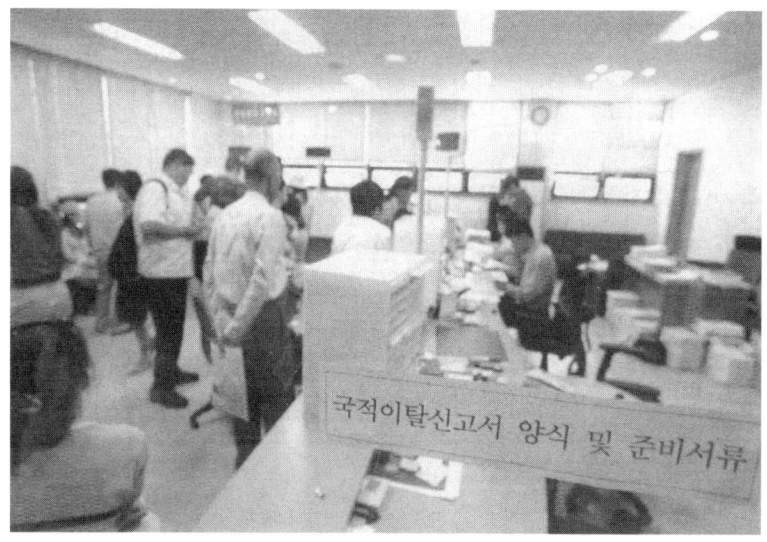

개정 국적법 시행을 앞두고 국적 포기 신청자가 급증했다. 사진은 2005년 5월 법무부 국적
업무출장소 풍경.

국 탈출(Exodus Korea)을 뜻하는 말일 것이다.

과거 이민은 '단돈 몇 달라만 쥐고' 식의 생계형이었지만 최근에는
투자이민, 조기유학, 원정출산이 늘고 있는 추세다. 2003년 방송된 홈
쇼핑 이민상품이 폭발적 인기를 얻은 후 한국사회를 달궜던 이민 열
풍의 기억이 아직 생생하다. 어려서부터 한국을 떠나는 이들도 늘어
나고 있다. 1998년 1,562명이던 조기유학은 2004년 2만1,000명을 헤
아린다. 2001년 이후 테러의 영향으로 대미 이민자가 크게 줄었는데
도 불구하고 조기유학의 증가세는 수그러들지 않고 있다.

한국 국적으로부터 자유롭기 위한 노력은 태어날 때부터 시작이다.
2004년 장기 입국한 0세 외국인의 입국시 체류자격을 보면 관광이나
통과 목적으로 비자없이 입국한 경우가 지난해 전체의 52.5%인 1,566

명에 달했다. 0세 외국인이 장기 관광을 하는 경우는 극소수이므로 이들은 대개 원정출산 후 귀국한 아이들이다. 원정출산으로 추정되는 수는 2000년 585명(32.3%), 2001년 721명(34.6%), 2002년 948명(37.9%), 2003년 1,206명(43.2%)으로 증가추세에 있다.[9]

21세기에도 탈(脫)한국 물결이 멈추고 인재들이 유턴하는 흐름이 생기기는 어려워 보인다. 전국 고등학생을 대상으로 한 청소년 가치관 조사에 따르면, '기회가 있으면 이민을 가고 싶다' 는 학생이 절반 이상인 56%에 달했다. 학년이 높을수록 그리고 부모의 학력이 높을수록 이민을 원하는 학생이 더 많았다.[10]

한국이 한국인에게 인기가 없으니 외국인에게도 인기가 없는 것은 당연하다. 한국으로 이주한 외국인 가운데 전문대졸 이상의 학력을 가진 사람은 32.2%로, 고급 인력의 비율은 높은 편이지만 절대적인 수로는 4만5,355명에 불과하다. OECD 회원국 중에서 고급 인력 유입이 이보다 적은 나라는 핀란드, 룩셈부르크, 슬로박공화국 3개뿐이다. 한국은 경제규모에 비해 유난히 인재들이 '꼬이지' 않는 나라다. 특히 선진국 출신들은 한국에 관심이 없는 모양이다. 룩셈부르크, 스위스, 벨기에에 거주하는 외국 출생자의 65~85%는 다른 OECD 회원국 출신이다. 한국은 이 비율이 24%로서, OECD 국가 가운데 다른 회원국 출신 외국인의 수가 바닥에서 두 번째로 낮다.

고급 인력의 대차대조표를 보면 한국은 '두뇌 수지' 가 적자인 상태다. '세계의 중심' 인 미국에는 OECD 회원국 출신의 전문대졸 이상이 820만4,000명이나 살고 있다. 자국에서 나간 인력보다 780만명이 더 많다. OECD 회원국 가운데 전문대졸 이상 인력의 자국내 유입(인재

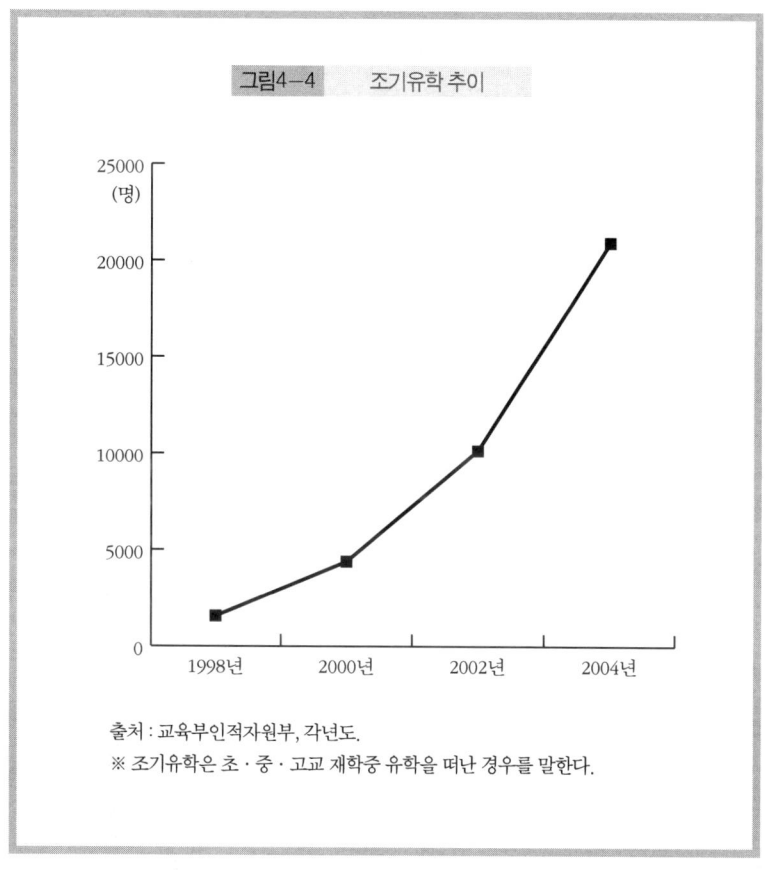

그림4-4   조기유학 추이

출처 : 교육부인적자원부, 각년도.
※ 조기유학은 초·중·고교 재학중 유학을 떠난 경우를 말한다.

'수입')과 다른 회원국으로 유출(인재 '지출')을 비교할 때 유출이 유입
보다 많은 나라('두뇌 수지 적자')는 한국을 포함한 10개국이다.[13] 한국
출신의 고급 인력은 2000년 현재 13만4,500명이 OECD 회원국에 체
류중인 반면에 국내에 들어와 있는 외국인 중 전문대졸 이상은 4만
5,000명에 불과하다. 유출이 유입보다 두 배나 더 많은 심각한 두뇌
수지 적자 국가는 멕시코, 폴란드, 핀란드, 슬로박공화국 정도다.[14]

제조업 기술수준에서 한국의 뒤를 바싹 쫓고 있는 중국은 두뇌 유출이 거의 일어나지 않고 있다. 고급 인력의 3% 정도만 해외에 나가 있다(표4-1 참조). 국내에 기회가 풍부하기 때문으로 추측된다. 이런 상황은 인도와 브라질, 인도네시아도 마찬가지다. 차세대 경제 대국으로 꼽히는 브릭스(BRICs)의 강점 가운데 하나는 풍부한 인적 자원이

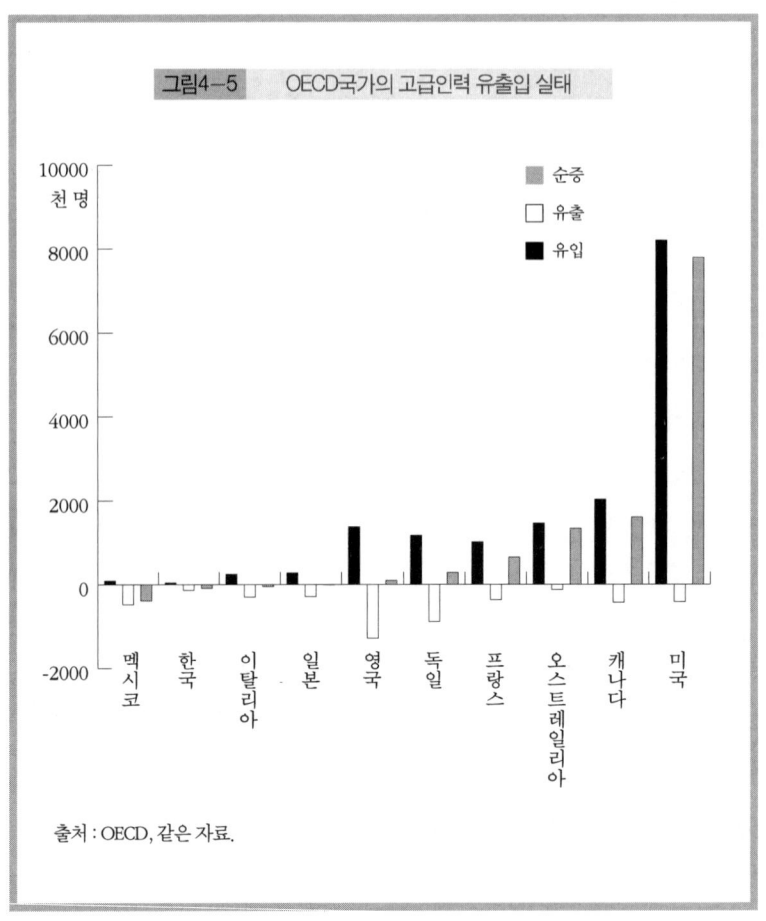

그림4-5   OECD국가의 고급인력 유출입 실태

출처 : OECD, 같은 자료.

다. 고급 인력 유출 데이터에서도 이러한 사실을 확인할 수 있다. 그러나 자국 시장이 충분히 크지 않은 소규모 개발도상국가들은 인력 유출이 심각하다.

인력 유출로 인한 경제적 손실에 대한 정확한 분석은 나와 있지 않다. 일부에서는 인재가 국제사회로 진출하는 것은 국가의 위상을 높이고 외화를 획득할 수 있다는 긍정적인 면을 지적하기도 한다. 그러나 월드뱅크의 최근 보고서에 따르면 그러한 주장은 근거가 없다. 이 보고서는, 저숙련 노동력을 수출하는 경우에는 외화획득에 효과적이지만 고급 인력 유출은 큰 도움이 되지 않는다는 자료를 담고 있다.[13] 전문가들은 이론적 · 경험적 결과로 볼 때 두뇌 수지의 적자가 지속되면 경제발전의 역량을 축적할 수 없다고 본다. 인력 수출국가들은 인적 자본의 생산성이 낮다.[14]

한국인들의 자질이 뛰어나서 한국인들만으로도 이 정도 발전을 이뤘으니 대견하긴 하다. 그러나 갈수록 치열해지는 경쟁에서 살아남는 길은 자기 개발과 함께 외부로부터 수혈이다. 점점 더 많은 한국의 두뇌들이 바다 건너 멋진 세계를 찾아 떠나는 물결을 막지 못하기에 더욱 그렇다.

21세기 한일전과 한국의 패배

한국이 외국의 노동력에 대해 적극적으로 문을 연다 하더라도 전망은 낙관적이지 못하다. 우리와 비슷한 처지에 놓인 싱가포르, 대만 등

아시아의 떠오르는 나라들과 경쟁을 벌여야 한다. 가장 강력한 상대
는 일본이다.

한국과 일본은 인구 동태에서 매우 비슷한 양상을 보인다. 두 나라
모두 저출산과 고령화, 그에 따른 재정 부담 증가를 앞두고 있거나 이
미 겪고 있다. 구성원의 동질성이 매우 높은 점도 비슷하다. 인구의
국제 이동이 활발하지 않은 점도 마찬가지다. 그렇다면 일본도 외국
인력에 의지할 수밖에 없는 상황에 봉착한다.

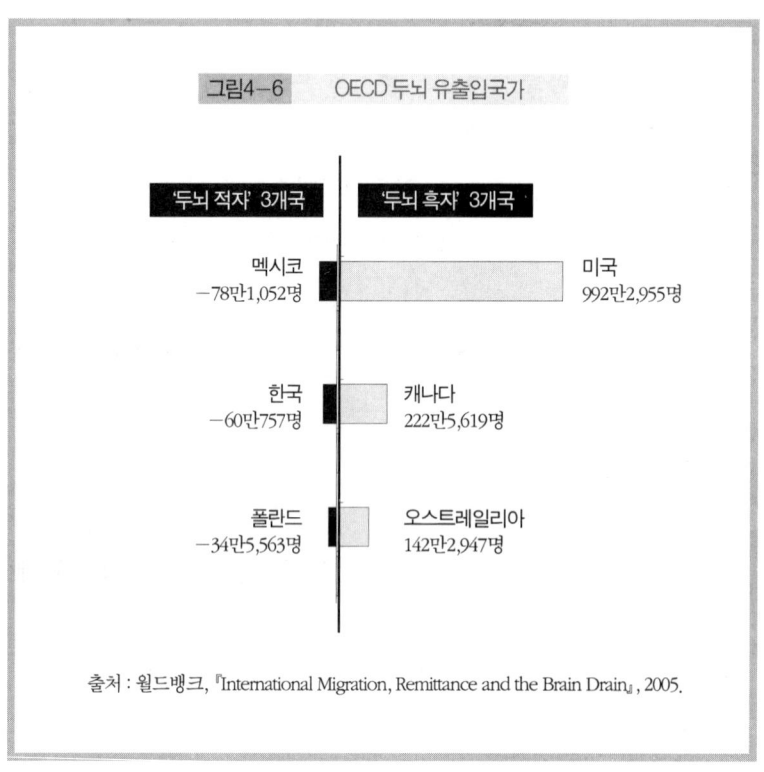

그림4-6   OECD 두뇌 유출입국가

'두뇌 적자' 3개국   '두뇌 흑자' 3개국

멕시코   미국
−78만1,052명   992만2,955명

한국   캐나다
−60만757명   222만5,619명

폴란드   오스트레일리아
−34만5,563명   142만2,947명

출처 : 월드뱅크, 『International Migration, Remittance and the Brain Drain』, 2005.

한국은 2017년 생산가능인구가 감소하기 시작한다. 그런데 일본은 1995년부터 생산가능인구가 감소했으며 2005년부터는 총인구 감소가 일어났다. 외국 인력의 유입에 대해서 우리보다 먼저 심각하게 고려하고 있다. 일본 인구 중 외국인(non-citizens)의 비율은 1% 수준이지만 0.3%인 우리나라의 세 배쯤 된다. 인력 유출입 면에서도 일본은 나가 있는 두뇌가 27만9,000명이지만, 들어온 두뇌가 28만4,000명으로 인적 자원의 '적자'는 거의 없다고 봐야 한다. 한국은 적자가 200%가 더 많았던 것과 비교하면 일본의 상황은 한국보다 훨씬 낫다.

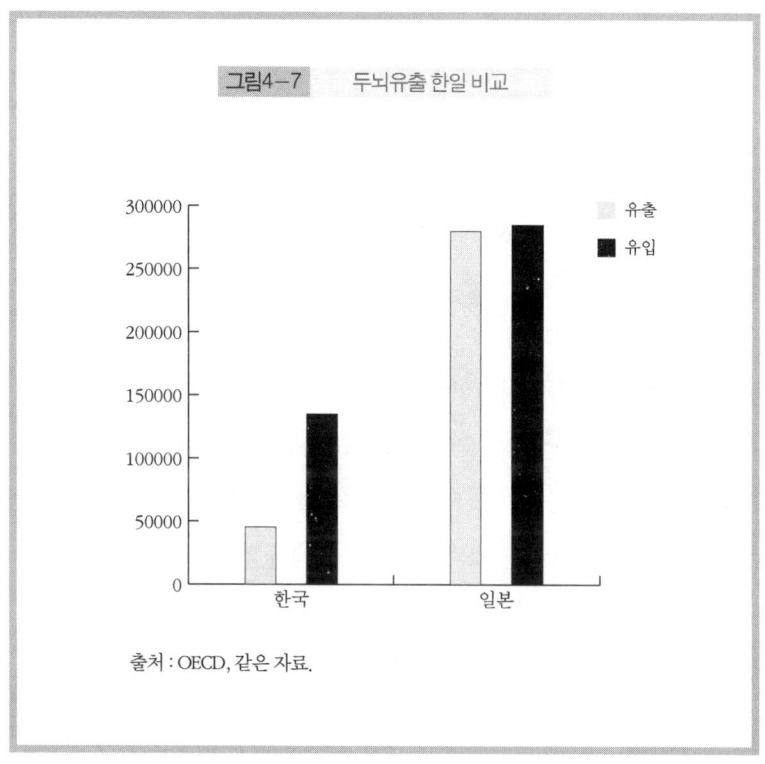

그림4-7   두뇌유출 한일 비교

출처 : OECD, 같은 자료.

21세기 초반에 일본은 결단을 내릴 가능성이 높다. 마이클 화이트(Michael White)와 젠트리 리(Gentry Lee)는 일본이 노동력 위기를 타개하는 모습을 다음과 같이 서술하고 있다.

"일본도 세계 경제대국으로 살아남기 위해서는 인력 수입이 불가피했다. 일본은 전통적으로 외국인 혐오증이 강했다. 하지만 인구 고령화와 천한 일을 하지 않으려는 국민 정서 때문에 21세기 초가 지나면서 외국인 근로자에 대한 태도도 많이 바뀌었다. 일본의 주된 인력 수입국은 북한과 필리핀이었다. 북한은 부유한 남한과 정치적 통합을 이룬 뒤 경제 발전이 막 시작되는 나라였고, 필리핀은 넘쳐나는 인구와 20여 년에 걸친 정치 불안으로 안정된 생활을 누리기가 매우 힘든 나라였다." [15]

간혹 한국의 출산율이 낮지만 통일이 되면 북한의 인력을 활용할 수 있다는 전망이 나온다. 그러나 놀랍게도 제3자의 시각은 북한의 인력이 일본으로 향할 가능성을 점치고 있다. 외부의 시각에서도 한국은 사람들이 들어오기보다는 나가는 나라로 보이는 모양이다.

일본의 전략은 거기서 그치지 않는다. 일본보다 심각한 인력 부족에 직면할 한국에서 인적자원을 빼내가는 계획을 검토중이다. 일본은 매년 한국에서 50만 명을 유입하고, 5년 동안 한시적으로 체류(滯留)하도록 하는 안을 검토하고 있다. 인구가 소규모가 아닌 나라로서 이런 대규모 이민은 미국을 제외하고서는 전례가 없던 일이다. [16]

객관적으로 볼 때 일본은 세계의 숙련 노동자들에게 한국보다 더 나은 곳이다. 더 높은 임금, 안전성과 안정성을 갖춘 나라다. 도쿄는 파리, 밀라노, 뉴욕과 같이 유행을 선도하는 도시 가운데 하나다.

일본은 독창적인 문화로도 세계인에게 잘 알려져 있다. 서구에서는 일본을 동아시아 전체와 구별되는 독특한 문명으로 보는 시각이 널리 퍼져 있는 것 같다. 해외 지식인들은 문명의 기본적인 개념을 따라 오늘날에는 6개 내지 9개의 대문명이 존재한다고 말한다. 중국, 일본, 인도, 아프리카, 이슬람, 서양문명이 그것이며 서양문명은 유럽, 러시아, 미국 및 라틴아메리카 문명으로 세분된다.[19] 세계적인 시각에서 일본은 경제 강국일 뿐 아니라 문화적으로 아름다움과 독특함을 갖춘 나라다. 그들에게 한국은 중국이나 일본의 문명에 속하는, 독특한 이미지가 없는 나라다.

결정적으로 불리한 점은 또 있다. 한국은 휴전상태에 있는 분단국가다. 휴전선 너머에는 한때 '깡패 국가(Rogue State)'였으며 '악의 축(Axis of Evil)'인 동시에 '폭정의 전초기지(Outposts of Tyranny)'인데다 이제는 핵무기를 보유하고 있다며 으름장을 놓는 북한이 있다. 계속 분단 상태인 것도 한국의 약점이지만 통합이 된다 하더라도 그 후폭풍은 한국을 불안한 나라로 보이게 한다.

21세기 초반에 일본은 이주 노동자와 이민 관련 정책을 개정하거나 비공식적인 방법으로 외국 노동자에 대해 문호를 넓힐 것이다. 한편 한국도 점점 더 많은 인력을 필요로 하게 된다. 처음에는 3D 업종에서 시작해서, 시간이 흐를수록 노동시장도 세계화하는 것이 국가 경쟁력을 높이는 길이라는 데 공감대가 형성될 것으로 예상된다. 그러나 2020년 이후 이민전쟁에 뛰어든 한국은 21세기에도 또다시 일본에게 패배한다. 손아귀의 모래처럼 새나가는 두뇌를 붙잡기도 벅찰 터이니 승리하리라는 상상이 어렵다. 2050년경 일제 강점기 이후 또 한

번 대대적인 일본행이 진행되고 있을 것이다. 한국은 3류 노동자들의 국가로 전락한다.

가상이민

떠나지 못한 한국인들은 '가상이민(Virtual Immigration)'에서 위안을 찾는다. 한국에 살고 있는 프로그래머가 미국에 있는 SI(System Integration)기업의 직원으로 일을 한다. 업무는 네트워크를 통해서 전달한다. IT 분야에서는 20세기 후반부터 실제로 일어나고 있는 일이다. 기업은 프로그래머를 필요로 하지만 국가가 무제한 이민을 허용하지 않기 때문에 해외에 있는 노동자들에게 일감을 준다. 예를 들면 써니베일이라는 미국의 기업은 중국, 필리핀에 있는 기술 노동자를 고용하고, 써니베일은 프로그래머가 필요한 기업들에 이들을 임대하는 방식을 취한다.

가상이민자들이 받는 급여는 자신이 살고 있는 지역에서 비슷한 일을 하는 것보다는 훨씬 많다. 그러나 현재의 가상이민자들은 실제로 이주한 노동자가 받을 수 있는 혜택은 거의 누리지 못한다. 경영자 입장에서는 사무실 유지비를 부담하지 않아도 되며, 무엇보다 업무상 발생하는 재해와 건강 문제로 인한 비용을 떠안지 않는다는 장점이 있지만, 노동자 입장에서는 손해다.

업무 역시 아직은 단순 하청에 그치는 경우가 대부분이다. 컴퓨터에 의한 원거리 근무에는 아직 한계가 있다. 이런 업무는 성취감이 낮다. 세계적으로 컴퓨터 재택 근무자로 일하는 사람들은 근본적으로 '2군' 인력이다. 앞에서 말한대로 이들은 떠날만큼 능력이 충분하지 않아서 가상이민을 희망했다.

2050년경에는 원거리 근무의 한계는 거의 사라지고 가상이민은 IT 기술뿐 아니라 다른 산업에서 활용되고 있을 것이다. 따라서 선진국의 경제활동 인구가 급격하게 감소하고 이민 유치가 활발한데도 불구하고 실제 이주는 크게 늘어나지 않을 수도 있다. 대신 가상이민이 그 자리를 차지한다. 그러나 가상이민이 무작정 늘지는 않는데, 거기에는 몇 가지 이유가 있다. 우선 기술이 발전하더라도 실제 이민의 수요는 계속 발생한다. 혁신을 위해서는 특정한 장소에 인력을 집중시켜 창조에 필요한 시너지 효과를 산출할 필요가 있다. 그래서 실리콘밸리 같은 곳 주변에 세계적인 네트워크상의 구심점을 둔다. 캐나다 요크대학의 렉 휘태커(Reg Whitaker) 교수는 정보통신 기술의 발달이 가져올 사회문제를 지적한 『개인의 죽음 The End of Privacy』에서 이러한 수요에 대해 설명한다.[18]

"전세계적으로 컴퓨터에 의한 재택근무를 통하여, 미국의 첨단기술 회사들은 자신들의 업무를 수출하고 그 업무를 위해 해외에 있는 프로그래머들을 고용함으로써, 국제 무역의 완전히 새로운 영역을 창출해 내었다. 그들에게 와이오밍주의 잭슨 홀이나 콜로라도주의 보울더에 있는 자신의 가정에서 인터넷을 통해 근무할 기회를 줌으로써 구할 수 있는 미국인 프로그래머는 이미 다 발굴했기 때문에, 기업들은 프로그래머를 구하기 위해 남아프리카와 필리핀과 같은 곳까지 뻗치고 있는 중이다…(중략)…그럼에도 불구하고 정보기술 업체들은 더 많은 프로그래머들의 미국 이민을 허용해 주도록 이민 규제법을 변경해줄 것을 정부에 요청하였다. 어떤 기술이 부족하다고 여겨질 때는 구식의 실제 이민이 필요하다."

정부로서는 무분별한 이민을 막을 수 있기 때문에 어느 정도의 가상이민은 환영한다. 그러나 원거리 근무의 제약이 거의 없어지고 가상이민이 확대일로를 치닫게 되는 것은 그다지 바람직하지 않다. 가상이민이 지나치게 늘어날 경우 국내 고용이 줄어들게 된다. 그 결과 납세자와 사회보장보험료를 납부할 수 있는 노동자들이 줄어들면 고령화의 부담이 더 커진다. 따라서 정부는 가상이민이 어느 정도 이상 확대되면 실제 이민으로 전환하려는 압력을 받게 된다.

세계의 변두리에서 가상이민자들은 탈출의 꿈을 안고 컴퓨터 앞에 앉아 지시와 감시를 받는다. 라면으로 끼니를 때우며 뜬눈으로 밤을 새우더라도 끈질긴 이들은 포기하지 않는다. 인정받은 사람들은 진짜 이주의 꿈을 이룬다. 가상이민을 선택한 이유는 언젠가 올지도 모를 기회에 더 가까이 있을 수 있기 때문이다. 선진국의 기업들은 점점 더 유능한 젊은 일꾼을 필요로 하고 있으며, 이왕이면 능력이 검증된 가상이민자를 선택할 가능성이 높다. 따라서 가상이민은 진짜 이민으로 가는 주요한 통로가 될 것이다.

1) OECD, 「Growth and Human Capital: good data, good results」, 2001. www2.cid.harvard.edu/ciddata/

2) OECD, 「International Data on Educational Attainment; updates and implications」, 2000. www.oecd.org/dataoecd/33/13/2669521.xls

3) 여기서 언급되는 인구이동(migration) 통계는 따로 표시되지 않는 한 2005년 OECD 자료이다. OECD, 「Counting Immigrants and Expatriates in OECD countries: A New Perspective」, 2005. 이 보고서에서 한국의 경우 2000년 인구 센서스 결과가 사용되었다. 따라서 2005년 기준으로는 인력 유출이 훨씬 더 많다. 이에 대해서는 월드뱅크의 최근 보고서를 참조할 것. World Bank, 『International Migration, Remittance and the Brain Drain』, 2005.

4) 자크 아탈리, 『호모 노마드 유목하는 인간』, 웅진출판, 2005.

5) 자크 아탈리, 『21세기 사전』, 중앙M&B, 2000.

6) 박상태, 「한국의 인구정책」, 통계청, 『한국의 인구와 주택』, 2002.

7) IMF, 「World Economic Outlook」, 2004.

8) 한국은행, 같은 자료.

9) 통계청, 「2004 국제인구이동 통계」, 2005.9.

10) 「고교생 56% "기회되면 이민가고파"」, 조선일보. 2004.1.26.

11) 이 자료에서는 다른 OECD 회원국으로 이주한 경우만 유출로 집계됐다. 선진국의 고급 인력이 상대적으로 저개발국가로 가는 경우는 많지 않으므로 유출입을 비교하는데 큰 영향을 미치지 않는다. 만약 OECD 비회원국으로 유출을 포함한다면 유출 규모는 이 그래프에 나타난 것보다 조금 더 많다.

12) 이 수치는 2000년 인구주택 총조사에 의한 것이므로 현재 유출과 유입의 격차는 2000년 조사 때와는 큰 차이를 보일 것이다.

13) World Bank, 『International Migraion, Remittances in the Brain Drain』, 2005.

14) Commander S., Kangasniemi M. and Wintes L.A., 「The Brain Drain: Curse or Boon? A Survey of the Literature」, Baldwin R. and Winters L.A.(eds.) 『Challenges to Globalisation』, NBER and University of Chicago Press, 2004.

15) 마이클 화이트 · 젠트리 리, 『가상역사 21세기』, 책과함께, 2005.

16) 피터 드러커, 『Next Society』, 한국경제신문, 2002.

17) 유럽을 하나로 간주하면서 중국과 일본을 별도로 보는 것도 다소 무게 균형이 맞지 않게 느껴지는데, 서양문명을 하나로 묶은 것과 일본문명을 대등하게 배치한다는 것은 우리에게는 지나치게 일본이 과대평가된 것으로 보인다. 이런 식으로 일본이 하나의 현대 문명으로 독립적으로 인식되는 것은 경제와 정치, 문화 등 사회의 모든 부분을 반영한 데 따른 것 같다. 한편 이 구분을 따른다면 한국은 도대체 중국문명에 속하는지 일본문명에 속하는지 불분명하다. 대개 우리의 머리는 '일본은 아니다' 라고 주장하고 싶으나 가슴은—특히 대중문화와 사고 방식에서—일본을 가깝게 느끼는 듯하다. 반대인 경우도 더러 있긴 하다.

20) 렉 휘태커, 『개인의 죽음』, 생각의 나무, 2001.

제2부 혼돈의 21세기

제5장

<<

저출산, 대붕괴 그리고 문화

아이 없는 사회 어두운 미래

　일본 후생노동성은 2005년 8월 역사상 최초로 인구가 감소했다고 발표했다. 같은 해 상반기 6개월 동안 출생자는 53만7,637명이었지만 사망자는 56만8,671명으로 인구가 3만1,034명이나 줄어들었다. 일본의 인구 '자연증가수' 는 1960년대부터 줄곧 감소 추세를 보였지만 마이너스로 나타난 것은 최초였다. 일본 정부가 당초 예측한 것보다 2년이나 빨리 인구감소 시대가 도래한 셈이다. 일본사회는 큰 충격에 빠졌다. 인구감소는 노동력 감소와 GDP 성장률 저하를 불러와 국력약화로 이어지기 때문이다. 일본의 인구감소는 앞으로도 지속될 전망이다. 현재 일본의 인구는 1억2,686만 명이지만 2050년이 되면 1억59만 명으로 5분의 1이나 줄어든다.

　일본 후생노동성은 매우 비관적인 전망을 내놓기도 했다. "간단히 계산을 해보자면, 일본의 인구는 3000년에는 약 500명, 그리고 3,500년이 되면 단 한 사람뿐일 것이다." [1) 도요타 자동차[2)의 명예회장인도요타 쇼이치로(豊田章一朗)도 "800년이 지나면 일본 사람은 하나도 남아 있지 않을 것"이라고 예언해서 화제가 되기도 했다. 그러나 일본의 인구감소는 더욱 빠르게 나타날 수도 있다. 이는 합계출산율(TFR, Total Fertility Rate)[3]이 당초 예상보다 낮아지고 있기 때문이다. 한편 일본의 생산가능인구(15~64세)는 이미 1995년부터 감소하고 있다.

유럽도 사정은 마찬가지다. 1950년 5억4,700만 명이던 유럽의 인구는 2003년 7억2,600만 명으로 늘어났다. 그러나 2050년이 되면 6억5,300만 명으로 7,400만 명이 줄어들게 된다.[4] 인구대체 출산율(인구를 유지할 수 있는 출산율)인 2.1 이하를 기록하게 되면 인구는 궁극적으로 감소한다. 서유럽 국가 중 인구대체 출산율을 기록하는 나라는 단 한 나라도 없다. 프랑스는 출산율이 가장 높은데 1.8을 조금 상회한다. 유럽은 출산율이 다시 상승하지 않는다면 21세기가 끝나기도 전에 현재의 3분의 1 수준으로 인구가 줄어들게 된다. 이탈리아, 독일, 스페인, 스웨덴, 덴마크, 오스트리아, 핀란드, 그리스, 포르투갈 등은 조만간 인구 감소에 직면하게 된다. 이중 이탈리아와 스페인의 합계출산율이 매우 낮다. 이탈리아의 인구는 5,810만 명 수준이지만 2050년에는 5,091만 명으로 감소할 것으로 예상된다. 이탈리아의 인구학자 안토니오 골리니(Antonio Golini)는 "이탈리아의 출산율이 30년이나 40년 동안 변화가 없다면 인구가 3분의 1로 줄어들 것이다"라고 예측했다. 지난날 세계 문명과 세계 경제를 주도하던 유럽은 고령화와 인구감소라는 이중고를 겪고 있다. 더 큰 문제는 마땅한 해결책이 없다는 사실이다.

인구감소로 보면 우리나라도 강 건너 불구경 할 처지가 못된다. 이미 발등에 떨어진 불이다. 2005년 한국의 총인구는 4,829만4,000명이다. 2020년까지 총인구는 4,996만6,000명으로 미미하지만 인구증가세가 유지된다. 그러나 인구증가는 더 이상 나타나지 않는다. 2021년부터 인구가 줄어들기 시작하여 2050년에는 4,234만8,000명이 된다. 2050년대에는 인구가 매년 1% 이상씩 감소하는 충격적 상황에 직면한다. 2100년쯤이면 한국의 총인구는 1,600만 명의 소국으로 전락한다. 이처럼 인구가 감소하는 것은 낮은 출산율 때문이다. 2004년 합계출산율은 1.16으로 사상 최저 기록을 경신했다. 1995년에는 1.67, 2000년에는 1.47이었다. 세계 주요 나라와 비교해 보아도 우리나라의 출산율은 가장 낮은 축에 속한다.

어느 국가 혹은 사회의 미래 인구구조는 유년인구에 의해서 결정된다. 이들은 장래 생산가능인구가 되고, 노인인구가 된다. 낮은 출산율은 당장 0~14세 유년인구의 감소에 영향을 미친다. 현재 우리나라의 유년인구는 중국, 인도, 미국보다는 낮지만 선진국 평균보다는 약간 높다. 유년인구 비율은 앞으로 계속 낮아진다. 2030년에는 11.2%로, 2050년에는 다시 9.0%로 오그라든다. 이는 저출산으로 몸살을 앓고 있는 일본과 이탈리아보다 낮은 수치이다. 이제 한국은 세계에서 가장 유년인구 비율이 낮은 사회로 진입하고 있다. 세계에서 가장 낮은 출산율을 기록하고 있으니 유년인구 비율이 가장 낮게 나타나는 것은 당연한 수순이다.

출산율이 낮아지면서 생겨나는 젊은 인구의 감소는 무엇을 의미하는가. 이는 곧 고령화를 재촉하고 나아가 총인구를 감소하게 만든다. 앞으로도 사회구성원의 수명은 더욱 늘어나게 될 것이고 반대로 아이는 더욱 적게 태어난다. 이러한 '신생아 가뭄'은 수명 연장보다 더 느 닷없는 현상이고, 양적인 측면에서 인류 고령화에 훨씬 큰 영향을 미 친다. 인구감소는 대부분의 사회에서 아직 경험하지 않았기 때문에 어떤 영향을 미치게 될지 전혀 알 수가 없다는 점이다. 피터 드러커는 "정보혁명은 지난 100년 이상 진행되어온 추세가 절정을 이룬 것인데 반해, 젊은 인구의 감소는 인구 변화 추세에 있어 완전한 역전이자 전 혀 예측하지 못했던 것"이라고 설명한다. 드러커는 이를 21세기의 근 본적인 혼란이라고 불렀다. "모든 선진국에 있어 문제가 되는 것은 모 두가 걱정하고 있는 그런 것이―즉 인구의 노령화가―아니라 젊은 인 구의 감소현상이다."[5]

1960년대 인구피라미드는 인구가 급증하는 전형적인 삼각형 모양 을 이루고 있었다. 지금은 마름모꼴에 가까운 형태로 바뀌었지만 2050년경에는 역삼각형에 가까운 항아리 형으로 변화될 것으로 전망 된다. 인류 역사를 통해 천수를 누린 사람들은 조상보다 후손을 많이 보는 게 보통이었다. 이를 흔히 자식 복이 있다고 표현했다. 또 자손 을 많이 두는 것을 집안의 번성으로 받아들였다. 그러나 앞으로는 가 족구조에 역전이 일어난다. 일가친척 중에 어린 아이들이 서너명 이 상이라면 대단한 행운이다. 한 세대가 더 지나면 아이들은 이모나 고 모가 없고 삼촌이나 사촌은커녕 형제자매도 없이 살아가는 날이 온 다. 고령화가 진행되는 사회는 가지 없이 줄기만 길게 뻗은 가계도를 가진 사람들로 가득 찰 것이다. 손자, 손녀보다 할아버지, 할머니가 더 많은 상황이 연출된다. 생존한 이의 자녀나 손자의 수는 감소하고 생존한 누군가의 증손자의 수는 증가한다. 거의 모든 사회에서 확대가족[6]은 사회화와 상호 부조 차원에서 절대적인 역할을 담당해왔다. 앞으로는 그런 역할을 기대할 수 없게 된다.

　아이들 없는 사회는 쉽게 상상이 가지 않는다. 다만 농촌에 가면 미래도시가 상상된다. 농촌마을에 가보면 시간이 멈춘 듯한 느낌이 든다. 마을은 생기가 전혀 없고 냉기마저 감돈다. 아이들은 보이지 않고 초등학교와 중학교는 속속 폐교되고 있다. 미래도시는 아마도 지금의

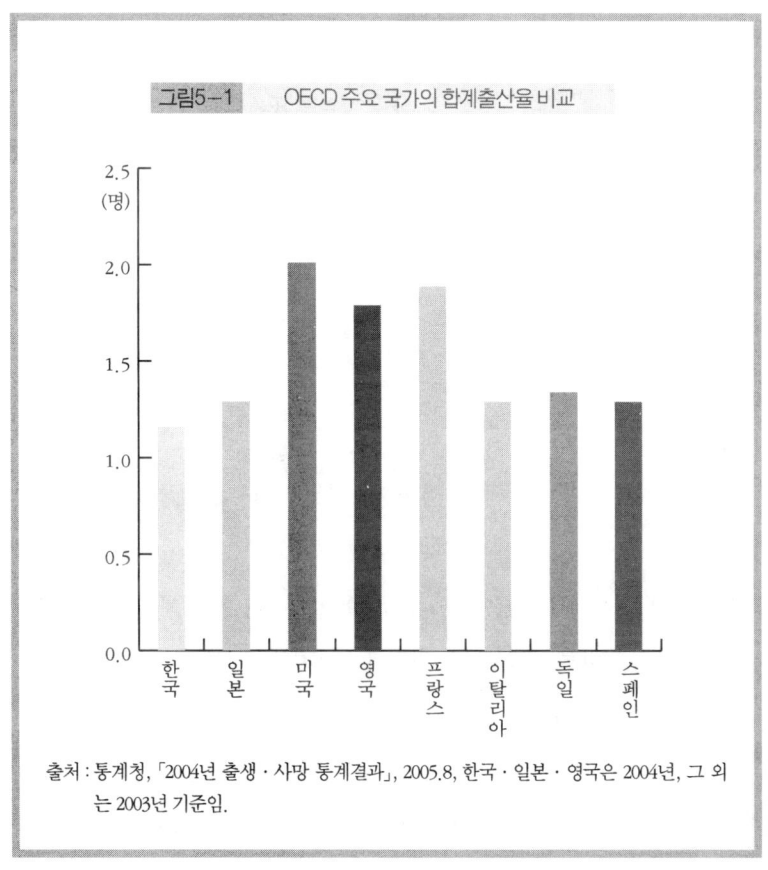

그림5-1　OECD 주요 국가의 합계출산율 비교

출처 : 통계청, 「2004년 출생 · 사망 통계결과」, 2005.8, 한국 · 일본 · 영국은 2004년, 그 외는 2003년 기준임.

농촌과 비슷해질 것이다. 인구감소는 최종적으로 사회를 유지하지 못하게 만든다. 안토니오 골리니는 저출산 추세가 지속되고 고령화가 극단적으로 진행되면 "문화적, 심지어는 심리적인 관점에서도 지속 불가능한 사회가 될 것"이라고 지적했다. 아이 없는 사회는 유지될 수도 없고 성공할 수도 없다.

표5-1   0~14세 유년인구 비교

(단위 : %)

구분	한국	일본	미국	이탈리아	프랑스	중국	인도	개도국 평균	선진국 평균	전세계 평균
2005	19.1	14.0	21.3	13.9	18.4	21.8	31.0	30.9	17.0	28.3
2030	11.2	11.2	19.4	11.7	16.4	17.1	23.0	24.5	15.5	23.2
2050	9.0	13.0	17.9	13.0	15.9	16.1	18.6	20.8	15.8	20.1

출처 : 통계청, 「장래인구 특별 추계」, 2005. 1.

아이 안 낳는 사회, 그 기원을 찾아서

출산율이 낮아지고 있는 원인은 무엇인가. 이에 대해서는 수많은 논쟁과 연구가 이루어지고 있지만 현재까지 뚜렷한 결론은 없다. 굳이 해답을 찾아보자면 '수많은 요인들이 복잡하게 얽혀 있다'거나 '잘 모르겠다' 정도다. 다만 확실한 것은 한번 낮아진 출산율은 회복하기가 거의 불가능에 가깝다. 유럽과 일본은 저출산 문제를 해결하기 위하여 수십 년 동안 온갖 정책수단을 동원하고 있지만 대부분 성과를 거두지 못하고 있다. 프랑크 쉬르마허(Frank Schirmacher)는 출산율 회복의 어려움을 간단하게 요약했다.[7] "앞으로 우리가 유례없는 대량 번식의 축제를 벌이며 출산율을 높이려 안간힘을 쓴다 해도, 우리가 느낄 수 있는 건 기껏해야 미미한 변화의 움직임뿐이다. 출산율 증가는 30년이 지나야 인구에 영향을 줄 수 있고, 60년은 지나야 눈에 띄는 인구 증가로 이어질 것이기 때문이다."

아이를 낳지 않게 된 원인으로는 부의 증가, 도시화, 여성주의 운동, 여성의 경제 참여 증가, 새롭게 출현한 산아제한기술의 광범위한 수용, 낙태의 합법화 등이 꼽힌다. 자본주의 경제의 발전, 사회의 진보를 향해 나아가는 과정에서 불가피하게 출산율이 낮아지고 있다는 분석이다. 이러한 생각은 옳기도 하고 틀리기도 하다. 미국은 자본주의 경제가 가장 발달한 나라이지만 출산율이 2.0 이상으로 선진국 중에서 가장 높다. 물론 미국의 높은 출산율은 이민자들의 역할도 컸다. 2002년 미국의 출산율은 비히스패닉계 백인이 1.8, 흑인이 2.1, 그리고 히스패닉이 3.0이었다.[8] 이민자들의 출산율이 높은 것은 사실이지만 백인들의 출산율도 다른 선진국에 비해서는 상당히 높은 편이다. 유럽은 여성의 경제활동 참가율이 높은 나라일수록 출산율도 높다. 아시아의 경우 높은 경제성장을 달성하고 있는 나라들의 출산율이 낮다. 그러나 경제대국 일본의 출산율은 낮은 축에 속하지만 한국이나 홍콩, 싱가포르보다는 높다.

미국은 두 번에 걸쳐서 출산율 저하가 있었다.[9] 또한 1940년대 베이비붐이 있었다. 피터 드러커는 "무엇이 출산율 저하와 베이비붐을

촉발했는지 대해서는 아무도 모른다"고 말했다. 두 번의 출산율 저하 모두 경제사정이 좋은 때, 그러니까 이론상으로는 사람들로 하여금 아이들을 많이 낳도록 해야 하는 시기에 일어났다. 그리고 베이비붐은 일어나지 않아야 할 시기에 일어난 현상인데, 그 이유는 역사적으로 볼 때 큰 전쟁을 치르고 난 후 출산율이 떨어져야만 했기 때문이다. 출산율을 높이는 것에 대해서 피터 드러커도 매우 비관적인 주장을 펼쳤다. "솔직히 말해 우리는 현대 사회에서 무엇이 출산율을 결정하는지 아무도 모른다. 따라서 인구통계는 다음 사회에 있어 가장 중요한 요소일 뿐만 아니라, 가장 예측하기 어렵고도 가장 통제하기 어려운 요소가 될 것이다."

한국의 출산율이 낮아지고 있는 이유는 무엇인가. 쉽게 말하면 아이를 낳을 생각도 부족하고 낳아 기르기도 어렵기 때문이다. 또 힘들여 낳아 길러봤자 별다른 인센티브가 없기 때문이기도 하다. 그 이면에는 아이를 꼭 가져야겠다는 관념이 퇴조하는 가치관의 변화도 중요한 몫을 했다. 아이를 길러주었던 전통적인 가족관계도 빠르게 해체되고 있다. 이혼과 미혼은 증가하고 있으며 결혼연령도 증가하여 아이를 낳고 기를 환경이 나빠지고 있다. 또 경제적으로 아이를 낳아 기를 만큼 한가한 상황이 아니기 때문이기도 하다. 여성의 경제활동 참가율 증가와 폭발적으로 늘어나고 있는 양육비와 교육비 탓도 무시하지 못한다.

낮은 출산율의 표면적이고 직접적인 원인은 '양육 및 교육비 증가'이다.[10] 우리나라 국민들의 60%는 출산율 저하의 원인으로 '양육 및 교육비 증가'를 꼽았다. 그 다음으로 '여성의 사회진출 확대'가

20.3%였으며 '여성의 출산기피'가 12.3%를 차지했다. 주목할 만한 사실은 연평균 소득이 높을수록 출산율 저하의 원인으로 '양육 및 교육비 증가'를 지목했다는 점이다. 연평균 소득별 분류를 보면 1,000만 원 미만 56.0%, 1,000만~2,000만 원 59.9%, 2,000만~3,000만 원 60.6%, 3,000만~5,000만 원 60.8%, 5,000만 원 초과 60.9% 등의 순이었다. 소폭이지만 소득이 높을수록 저출산의 원인으로 '양육 및 교육비 증가'를 들었다. 이는 우리나라 국민들이 아이를 기르는 데 있어서 소득에 관계없이 양육 및 교육비의 부담을 심각하게 느끼고 있음을 알게 해준다.

표5-2   출산율 저하 원인

(단위 : %)

구분	양육 및 교육비 증가	여성의 사회진출 확대	여성의 출산기피	기타
비중	60.0	20.3	12.3	7.4

출처 : 삼성경제연구소, 「2004년 4/4분기 소비자 태도조사」, 2004. 11.

저출산은 대붕괴에서 비롯됐다!

프랜시스 후쿠야마(Francis Fukuyama)는 주요 선진국에서 기존 질서와 가치관이 붕괴되고 있다고 주장했다. 후쿠야마는 이를 '대붕괴(The Grate Disruption)'라고 불렀다. 후쿠야마에 따르면 "대붕괴는 범죄와 사회 혼란의 증가, 사회적 결합의 원천인 가족과 친족의 몰락, 신뢰도의 감소"로 특징지어진다는 주장이다.[11] 이들 변화는 모두 1960년대에 선진국들 사이에서 광범위하게 일어나기 시작됐으며, 과거의 규범 변화에 비해 매우 빠르게 발생하고 있다고 한다. 후쿠야마는 출산율 저하가 대붕괴와 관련이 있다고 주장했다. 후쿠야마는 "문화적 요인은 경제적 요인보다 출생률의 변화에 더 결정적인 영향력을 미치며 출산율의 저하는 부분적으로 대붕괴 시대의 문제점 중 하나인 이혼율 증가에 영향을 받았다"고 분석했다. 후쿠야마는 일본과 한국이 대붕괴를 겪고 있지 않다고 말했다. 그러나 후쿠야마가 『대붕괴 신질서』를 펴낸 시기는 2001년이다. 이 책에서 참고했던 자료는 대부분 1990년대 중반이었다. 반면에 한국은 1990년대 후반 금융위기 이후 이혼율이 급격하게 증가하고 범죄율이 늘어나고 있다. 이와 함께 출산율 하락도 가속화되었다.

후쿠야마의 분석과 달리 우리나라도 가히 대붕괴라 할 만큼 사회적 혼란이 증가하고 전통적인 개념의 가족이 급속하게 해체되고 있다. 그 시작은 대체로 1995~2000년이다. 우리나라의 경우에도 출산율 하락은 이혼율의 증가 등 가족해체의 영향을 받고 있는 것으로 보인다. 특히 혼인건수 대비 이혼건수를 보면 이혼가정이 가파르게 증가하고 있음을 알 수 있다. 1999년 혼인건수와 이혼건수는 각각 36만2,673건, 11만8,014건이었으나, 2003년에는 혼인건수와 이혼건수는 각각 30만4,932건, 16만7,096건으로 이혼건수가 급증하고 있다. 2004년에는 혼인건수와 이혼건수가 각각 31만932건, 13만9,356건으로 이혼비율이 다소 줄어들었다. 그러나 이혼율이 낮아지는 추세전환으로 보기에는

빠름을 지향하는 문화는 그 사회의 출산율을 떨어뜨리는 듯하다. 사진은 임신부의 운동 모습.

다소 무리가 있다. 앞으로 몇 년간의 변화를 살펴보아야 한다. 이혼 건수가 이렇게 늘어나는 동안 합계출산율은 1995년 1.65에서 2004년 1.16으로 줄어들었다.

가족의 해체도 매우 빠르게 진행되고 있다. 변화의 방향은 확장가족에서 핵가족으로, 다시 핵가족에서 가족해체로 분화되는 중이다. 가족의 해체는 아이를 돌봐줄 수 있는 가족 구성원들이 사라지게 됨을 의미한다. 전체가구 중 1인 가구 비율은 1980년 4.8%에서 2000년 15.5%로 세 배 이상이나 증가했다.[12] 같은 기간 2인 이상 가구는 두 배 정도 늘어났다. 이에 비해 4인 이상 가구는 1980년에 75.1%나 됐지만 2000년에는 44.5%로 급격하게 감소했다. 1세대만으로 이루어진 가구는 1980년에 8.8%에 불과했지만 2000년에는 17.1%로 두 배 가까이 증가했다. 같은 기간 2세대로 이루어진 가구는 73.1%에서 72.9%로 거의 변화가 없었다. 3세대 가구는 1980년 17.6%에서 2000년 9.9%로 크게 줄어들었다. 가족의 기원은 무리를 지어 살던 집단들이 여러 개의 연합 또는 확장된 가족형태로 분리되는 데서 출발했다. 과거 확장된 가족은 3~4세대로 이루어졌다. 확장된 가족은 산업혁명을 맞이하면서 붕괴되고 핵가족 형태가 등장하게 됐다. 핵가족의 등장은 산업화에 따른 노동력의 공급을 원활하게 하기 위한 것으로 풀이된다. 이러한 관점에서 보면 핵가족의 등장과 가족의 해체는 진화의 산물에 불과한 것이며 앞으로도 계속될 가능성이 높다.

사회혼란도 과거에 비해 늘어나고 있다. 사회적 혼란의 증가는 가족의 해체와 맞물리면서 아이를 낳아 기를 수 있는 환경을 악화시킨다. 주요 범죄라고 할 수 있는 절도, 살인, 강도, 강간, 폭행·상해 등 형법범 건수가 급증세를 보이고 있다. 우리나라의 형법범 발생건수는 1970년에서 1980년까지 10년 동안 70.2%나 증가했다.[13] 다만 1980년에서 1990년까지 10년 동안은 21.3%가 줄어들었다. 그러나 1990년에서 1995년까지 5년 동안 50.4%나 급증했다. 1995년에서 2000년까지 5년 동안에도 45%가 증가했다. 특히 2000년에서 2003년까지 3년 동안에는 63.8%나 늘어 가파른 증가세를 보이고 있다. 범죄는 인구구조의 변화와 관계가 있다. 범죄는 주로 젊은 남자에 의해서 저질러진다. 범죄는 폭력적이고 공격적인 남성의 성향과 관계가 많다고 한다.[14] 우리나라의 합계출산율은 1970년 4.53에서 1980년 2.83까지 매우 높은 수준이었다. 이 시기에 태어난 아이들이 청장년기에 진입하면서 범죄율이 상승하고 있다. 물론 범죄율 상승은 인구 외에도 경기침체 등 다른 요인도 영향을 받는다.

| 표5-3 | | 1970~2003 형법범 증가추이 | | | | |

(단위 : 건수, 10만 명당)

구분	1970	1980	1990	1995	2000	2003
발생건수	179,606	305,162	240,145	361,175	523,609	857,488
증가추이	—	70.2	−21.3	50.4	45.0	63.8

출처 : 통계청, 『통계로 본 한국사회의 변천』, 2004.

| 표5-4 | | 혼인건수 대비 이혼건수 증가추이 | | | | |

(단위 : 건수)

구분	1999	2000	2001	2002	2003	2004
혼인건수	362,673	334,030	320,063	306,573	304,932	310,932
이혼건수	118,014	119,982	135,014	145,324	167,096	139,3675

출처 : 통계청, 「혼인 · 이혼통계 결과」, 2005. 3.

느림의 미학과 출산

한국을 처음 방문한 외국인들은 흔히 한국사회를 '역동적'이라고 치켜세운다. '역동성'은 젊음, 새로움, 다양성, 에너지 같은 긍정적인 연상을 불러 일으킨다. 동시에 빠름, 교체 등 중립적 단어뿐 아니라 낯섦, 일시성, 불안, 해체 따위의 부정적 의미와도 연결되어 있다. 출산율 저하는 바로 이러한 '역동성'에도 원인이 있다. 역동성은 여행 객들에게 인상을 남겨주지만 한국에서 살아나가야 하는 당사자들에게는 심한 스트레스를 안겨준다. 역동적이 되거나 역동성에 적응하지 못하면 생존경쟁에서 탈락하기 때문이다. 앨빈 토플러는 인체의 적응 반응 연구의 개척자인 셀리에(Hans Selye) 박사의 연구를 인용한다.[15] "어떤 방법으로든 강렬하고 지속적인 스트레스를 받는 동물은 성적인 착란상태에 빠진다……. 임상연구 결과들은 사람들도 스트레스에 노출되면 이 모든 점에서 실험동물과 매우 흡사한 반응을 보인다는 사실을 확인해 주었다. 여성의 경우는 월경주기가 불순해지거나 중단되며 또 수유기에는 젖이 부족해지기도 한다. 남성의 경우는 성욕과 정자 생산이 모두 감퇴된다." 이제는 심한 스트레스를 받는 쥐, 사슴, 그리고 인간 집단이 스트레스를 적게 받는 집단에 비해 번식률이 떨어진다는 데 아무도 이의를 제기하지 않는다.

불확실성과 불연속성의 시대, 산업자본주의, 문화자본주의, 한국사회의 역동성…… 이러한 시대에 출산율 회복은 가능할 수 있을까. 현대사회에서 과학기술은 놀라운 속도로 발전하고 있지만 수만 년 동안 임신기간은 줄어들지 않고 있다. 출산의 긴 인내와 고통도 여전하다. 다른 분야의 생활이 편리해지고 있기 때문에 체감 고통은 상대적으로 클 수도 있다. 양육 및 교육비용은 천정부지로 치솟고 있다. 아이를 어른으로 키워내는 데 수많은 위험을 넘어야 한다. 산업자본주의가 문화자본주의로 넘어가는 지금 아이를 낳고 기르는 행위는 정말이지 비경제적이다. 불확실성의 시대에 출산은 더 큰 불확실성을 제공할 따름이다. 한국사회의 역동성은 출산율을 떨어뜨리는 한 원인으로 작동하는 듯하다. 모든 것을 상품으로 사고파는 상업영역에서 지극히 전통적인 행위인 출산은 점점 설자리를 잃고 있다.

현대사회는 흔히 '불확실성과 불연속성의 시대'로 표현된다. 그 만큼 변화가 빠르고 예측 불가능하다는 말이다. 미국의 경제학자 존 갈브레이드(John K. Galbraith)가 『불확실성의 시대 The Age of Uncertainty』를 펴낸 이래 현대사회에서 모든 확실성은 종말을 고하고 불확실성만 남게 됐다. 앨빈 토플러는 현대사회가 영속성이 종말을 맞고 일시성이 만개(滿開)하는 시대로 접어들었다고 해석했다. 세상은 얼마나 빠르게 변화하고 있는가. 앨빈 토플러는 생물학자 헉슬리(Julian Huxley)를 예로 든다.[16] "역사가 기록된 기간 동안의 인간 진화 속도는 인류 존재 이전의 진화보다 적어도 10만 배 이상 빨라졌다." 헉슬리에 따르면 초기 구석기시대에 완성되는 데 5만 년가량 걸렸을 중요한 발명이나 개량이 구석기 말에 와서는 단지 1,000년 동안에 이룩되었고 정착 문명의 등장으로 변화의 단위는 이윽고 1세기로 단축되었다. 앨빈 토플러도 "변화의 속도도 지난 5,000년 동안 가속화되었고 헉슬리의 말대로 특히 지난 300년 동안에 주목할 만큼 가속화하였다"고 말했다.

'불확실성과 불연속성의 시대'만으로 현대사회는 설명되지 않는다. 불확실성과 불연속성의 시대 이후의 또 다른 시대를 맞고 있다. 이전과 전혀 다른 새로운 시대가 열리고 있다. 새로운 시대는 비물질적이고 사색적이다. 그것은 플라톤이 말한 형상의 세계이며 이데아의 세계다. 이미지의 세계이며 원형의 세계다. 개념의 세계이며 픽션의 세계다. 제러미 리프킨(Jeremy Rifkin)은 산업자본주의가 문화자본주의로 넘어가고 있다고 말했다.[17] 리프킨에 따르면 모든 것이 추상화, 상징화, 탈물질화되고 가상현실로 수렴된다. 리프킨은 이를 '하이퍼 세계'라 부른다. 하이퍼 세계에서는 대부분의 관계가 상업적 관계로 변하고 모든 개인의 삶이 24시간 내내 상품의 틀에 갇혀 있게 된다. 혈연, 이웃, 문화적 취향의 공유, 종교적 결사, 민족의식, 형제애, 시민의식에 바탕을 둔 관계는 후순위로 밀린다. 시간은 그 자체를 사고판다. 삶도 계약과 금전적 도구에 의해서 결합된 상업적 거래의 연속에 불과한 것으로 변질된다. 애정, 사랑, 헌신에서 비롯되는 인간의 전통적 상호 관계는 점점 설자리를 잃는다. 문화 상품과 체험을 파는 데 골몰하는 경제에서 개개인 영혼이 복수의 인격으로 파편화된다.

헬레나 노르베리-호지(Helena Norberg-Hodge)는 현대인들이 자동차, 비행기, 전자기기의 활용으로 수천 배나 빨라졌지만 여유는 점점 없어지고 있다고 지적했다.[18] 피에르 쌍소(Pierre Sansot)는 '느림' 이야말로 개인의 자유를 되찾는 방법이라고 말했다.[19] 상품화된 문화 체험에 점점 무게 중심이 놓이는 지구 네트워크 경제에서, 특히 첨단을 걸고 있는 한국사회에서 출산이 지속가능성을 얻기란 그리 쉽지 않다.

저출산도 문화다

새뮤얼 헌팅턴(Samuel P. Huntington)은 전통적 가치를 강조하느냐, 합리적 · 법률적 가치를 강조하느냐에 따라서 사회의 성격을 구분한다. 한국을 비롯한 중국계의 아시아 여러 나라들은 전통적 가치를 중시해왔다. 전통적 종교와 가족가치 등이 그것들이다. 대규모 가정을 선호하고 이혼을 거부하며 공동체의 위계질서를 존중하는 입장을 취한다. 개인의 성취보다 사회 순응을 강조하고 노골적인 정치 갈등보다 의견 합치를 선호한다. 권위에의 복종을 강조하고 높은 수준의 민족적 전망을 갖는다. 이에 비해 합리적·법률적 가치를 강조하는 사회들은 전통적 가치를 강조하는 사회들과 정반대의 입장을 취한다. 이러한 가치의 고수는 객관적인 세계에서 중요한 결과를 가져왔다. 가령 전통적 가치를 강조하는 사회는 합리적·법률적 가치를 선호하는 사회보다 출산율이 훨씬 높았다.[20]

새뮤얼 헌팅턴이 말한 전통적 가치는 '아시아적 가치'와 유사하다. 아시아적 가치는 집단 권위, 노동, 가족, 저축, 교육을 중시한다.[21] 리콴유는 아시아적 가치가 전례 없이 급속한 제2차 세계대전 후 경제성장의 비결이라고 설명했다. 리콴유는 아시아적 가치를 정치적 요소로 확대해 동남아시아에 온건한 독재정부가 생겨난 배경이라고 설명하기도 했다. 싱가포르·말레이시아·인도네시아 등 동남아시아 국가들은 아시아적 가치로 서구적 민주주의가 발달하지 않은 이유를 정당화하기도 했다. 리콴유에 따르면 미국 등 서구 선진국을 특징짓는 높은 범죄율, 마약, 빈곤, 가족 해체가 아시아에서 비교적 적은 이유가 아시아적 가치에 있다고 한다. 말레이시아의 마하티르 모하메드 총리도 아시아적 가치의 우월성을 여러 차례 강조하기도 했다. 아시아적 가치는 세계적으로 조명을 받기도 했지만 1990년대 후반 아시아 발 금융위기가 전 세계를 강타하면서 관심의 대상에서 사라져갔다.

한국을 비롯한 대만, 싱가포르, 홍콩 네 나라를 4룡(龍)이라 부른다. 이들 국가들은 전통적인 가치를 강조했던 사회들이다. 20세기 후반 놀라운 경제성장을 이룩하기도 했다. 이들 국가들은 공교롭게도 출산율이 매우 낮다. 2003년 대만 1.23, 싱가포르 1.25이다. 홍콩은 전 세계에서 가장 낮은 출산율을 기록하고 있는데 2004년에 0.93이었다. 이런 점에서는 유럽에서 낮은 출산율을 기록하고 있는 이탈리아도 비슷하다. 프랜시스 후쿠야마는 이탈리아를 홍콩이나 대만의 유교문화와 비교하는 것이 지나친 비약으로 보일지도 모르지만, '사회적 자본'의 본질은 어떤 측면에서 유사하다고 말했다.[22] 한국은 과거에는 전통적인 가치를 강조해왔던 사회였다. 리콴유가 주창한 아시아적 가치에도 해당되던 사회였다. 그러나 전통적 가치들이 붕괴되고 있다. 그 중심에는 가족의 해체가 중요한 역할을 한다. 출산율은 전통적 가치들이 붕괴되면서 급격하게 낮아지는 중이다. 대만, 싱가포르, 홍콩 등도 유사하다. 이런 면에서 보면 일본과 이탈리아의 낮은 출산율도 전통적인 가치의 붕괴와 관련이 있다고 볼 수 있다. 그리고 새로운 가치와 질서는 아직 안정되지 못했다.

한국 정부의 합계출산율 목표는 2010년 1.6이다. 이는 2005년 5월 인구학회 연구 용역 결과를 토대로 세워진 것으로 1.6은 OECD 평균에 해당된다. 2005년 10월 기획예산처와 한국개발연구원은 출산율이 정부의 목표인 1.6에 도달할 경우 2040년까지 성장률을 낮추게 된다고 발표했다. 단기적으로 보면 낮은 출산율이 피부양 인구를 줄여 성장률을 높이게 된다. 프랜시스 후쿠야마도 비슷한 주장을 펼친 바 있다. 출산율이 낮아지면서 긍정적인 영향이 있다는 것이다.[23] 우선 전반적으로 한 사회의 질서가 높아진다. 왜냐하면 범죄나 각종 사회문제는 대부분 혈기왕성한 젊은이들의 숫자가 많기 때문에 발생한다고 본다. 평균수명의 증가는 사회적 자본도 증가시킨다. 부양해야 할 유년인구가 줄어들기 때문에 1인당 GDP가 늘어난다.

출산율이 꼭 높아야 되는가. 이러한 질문에 '그렇다'고 쉽게 대답하기란 어려운 일이다. 지금은 노동과 고용이 종말을 맞이하고 있는 시대라 더욱 그렇다. 그러나 저출산이 성장률을 일시적으로 높인다는 경제적 이익을 감안하더라도 심각한 인구감소를 수반하는 저출산은 여러 가지 문제를 파생시킨다. 우선 출산을 높이는 것은 생산가능인구를 확충하기 때문에 20년 이상 장기적으로 보면 경제에도 도움이 된다. 젊은 인구가 늘어나야 고령화 부담도 나눠가질 수 있다. 국가와 민족, 그리고 어느 사회의 희망도 아이들이 태어나고 인구가 보존돼야 가능하다. 그러나 가장 중요한 문제는 저출산 추세가 '문화적'으로 굳어지고 더 이상 어찌 해볼 수 없게 되는 상황이다.

문화란 무엇인가. 사전적 의미로는 인간의 정신적 활동 또는 그에 따른 정신적·물질적 성과를 이른다. 쉽게 말하면 문화는 어느 사회 구성원 또는 국민의 기질, 관습, 도덕이다.[24]

문화는 독립된 변수나 독립된 요소가 아니라 다른 많은 요소들, 가령 지리, 기후, 정치, 역사의 변덕 등에 영향을 받는다. 대니얼 에퉁가-망겔(Daniel Etounga-Manguelle)은 문화는 어머니고 제도는 자식이라고 말했다.[25] 일찍이 막스 베버(Max Weber)는 경제 발전의 역사에서 우리가 배울 게 있다면, 문화가 거의 모든 차이를 만들어 낸다고 갈파했다.[26] 최근 문화적 요인과 영향력이 크게 부상하고 있다. 어떤 사소하고 한시적인 이유로 인해 사소한 문화적 요인이 발생한다. 그러다가 그것이 고정되고 그 다음에는 한 사회 전체를 어떤 중요한 문화적 선택 쪽으로 몰고 간다. 그러한 문화의 중요성이 미답변(未答辯)의 중요한 문제를 구성하는 요소이다.[27] 출산도 마찬가지라고 할 수 있다. 전통적인 가치가 강조되는 사회에서는 다산(多産)의 문화가 있었다. 전통적인 가치가 붕괴되고 새로운 가치가 형성되면 그에 따른 새로운 출산문화가 정착될 것이다. 현재로 보아서는 아마도 소산(小産)의 문화, 즉 한 가정에 하나의 아이를 갖는 문화이다.

　출산율을 높이기 위해서 전통 가족과 전통 이념, 전통 사회로 돌아갈 수 없다. 돌아가는 것은 불가능할 뿐더러 설사 돌아간다고 해도 출산율을 높일 수는 없다. 이에 대한 대응 방향은 제3부에서 살펴보기로 하겠다. 다만 여기서는 새뮤얼 헌팅턴의 주장을 상기해둘 필요가 있다.[28] "출산율이 낮은 나라들에서 개인들의 전반적인 번영이 줄어든 것은 아니다. 그러나 생산성이 높아진다 해도 총국민생산과 경제적, 정치적, 그리고 군사적 힘은 줄어들게 되고, 그러면 국제무대에서의 영향력도 낮아지게 된다. 장기적으로 인구 감소는 출산율의 증가로 해결될 수 있다. 하지만 그러기 위해서는 사회적 및 경제적 행태가 크게 바뀌어야 하는데, 출산율을 높이려는 정부들의 시도는 아직까지 성공한 적이 거의 없다."

1) 피터 G. 피터슨, 『노인들의 사회, 그 불안한 미래』, 에코리브르, 2002.
2) 1937년 설립된 일본을 대표하는 세계적인 자동차 제조회사. 제2차 세계대전 패전으로 도산위기에 몰렸으나 1950년 법정관리 들어간 지 20일 만에 6.25전쟁이 터져 미군으로부터 트럭 1,000대를 발주받아 극적으로 회생했다.
3) 합계출산율이란 가임여성(15~49세)이 평생 동안 낳는 평균 자녀수를 말하며 연령별 출산율을 더해서 계산하기 때문에 '합계출산율'이라고 부른다.
4) UN, 「World Population Prospects: The 2004 Revision」, 2005.
5) 피터 드러커, 『Next Society』, 한국경제신문, 2002.
6) 확대가족(extended family, 擴大家族)은 확장가족이라고도 한다. 부부 및 미혼자녀 외에 여러 세대 또는 친족을 포함한 가족형태를 이른다.
7) 프랑크 쉬르마허, 『고령사회 2018』, 나무생각, 2005.
8) 새뮤얼 헌팅턴, 『새뮤얼 헌팅턴의 미국』, 김영사, 2003.
9) 피터 드러커, 같은 책.
10) 삼성경제연구소, 「2004년 4/4분기 소비자 태도조사」, 2004.11.23.
11) 프랜시스 후쿠야마, 『대붕괴 신질서』, 한국경제신문, 2001.
12) 통계청, 『2004 한국의 사회지표』, 2004.
13) 통계청, 『통계로 본 한국사회의 변천』, 2004.
14) 프랜시스 후쿠야마, 같은 책.
15) 앨빈 토플러, 『미래 쇼크』, 한국경제신문, 1997.
16) 앨빈 토플러, 같은 책.
17) 제러미 리프킨, 『소유의 종말』, 민음사, 2003.
18) 헬레나 노르베리-호지, 『오래된 미래』, 녹색평론사, 1996.
19) 피에르 쌍소, 『느리게 산다는 것의 의미』, 동문선현대신서, 2000.
20) 새뮤얼 헌팅턴·로렌스 해리슨 외(外), 『문화가 중요하다』, 김영사, 2001.
21) 아시아적 가치는 1990년대 초 당시 싱가포르 총리였던 리콴유가 자신만의 온정적인 권위주의를 합리화하고 아시아의 놀라운 경제성장을 설명하기 위하여 사용하기 시작했다.
22) 프랜시스 후쿠야마, 『트러스트』, 한국경제신문, 2001.
23) 프랜시스 후쿠야마, 『대붕괴 신질서』, 한국경제신문, 2001.
24) 프랜시스 후쿠야마, 『트러스트』, 한국경제신문, 2001.
25) 새뮤얼 헌팅턴·로렌스 해리슨 외(外), 같은 책.
26) 막스 베버, 『프로테스탄트즘의 윤리와 자본주의 정신』, 문예출판사, 1990.
27) 새뮤얼 헌팅턴·로렌스 해리슨 외(外), 같은 책.
28) 새뮤얼 헌팅턴, 같은 책.

<<

제6장

정보화와 고용의 종말

고용의 종말이 다가 온다

지금 우리나라는 600만 명이 빈곤에 허덕이고 있다.[1] 외환위기 이후 기업은 성장을 지속하는 반면 많은 개인이 더 가난해졌다. 2000년부터 2004년까지 기업 소득은 48.5%가 늘었으나 개인(비법인) 소득은 고작 1.7% 늘어나는 데 그쳤다.[2] 기업이 크게 성장했는데 개인들의 소득이 증가하지 않았다는 것은 기업에서 임금으로 나가는 돈이 늘지 않았다는 뜻이다. 성장은 했으나 고용이 새로 발생하지 않은 결과다. 이른 바 '고용없는 성장' 이다. 기업은 상시 구조조정을 단행한다.

고용없는 성장의 원인으로 세계화를 꼽을 수 있다. 그러나 전세계적으로 필요한 노동량이 줄어드는 추세는 세계화만으로 설명되지 않는다. 고용을 없애는 또 다른 원인은 정보화에 있다. 제러미 리프킨은 1996년 『노동의 종말 The End of Work』에서 정보화로 인해 노동이 사라진다고 주장했다. 리프킨은 노동이 사라지는 미래에 대해 다음 두 사람의 예언을 인용했다. 국제기계공노동조합의 전(前)위원장 원

피싱어(William Winpisinger)는 "제네바에 있는 국제금속노련의 연구에 따르면 향후 30년 이내에 세계 전체 수요에 필요한 모든 재화를 생산하는 데 있어서 현 세계 노동력의 단지 2%만 필요하게 될 것이다"고 말했다.[3] 일본의 컴퓨터 정보화 사회의 주창자인 마쓰다 요네지(Masuda, Yoneji) 역시 어두운 전망을 내놓았다. "조만간 모든 공장들이 완전히 자동화 될 것이고, 아마도 향후 20~30년 내에 사람을 전혀 필요로 하지 않는 공장들이 출현하게 될 것이다."[4] 국제금속노련의 연구는 1989년에 나왔다. 16년이 지난 현재에도 전망은 여전히 유효하다. 리프킨은 2005년 중앙일보와의 대담에서 현재 만드는 모든 생산품에 드는 노동력의 5%만 있으면 다 해결되는 상황이 앞으로 20년 안에 오게 된다고 말했다.[5]

마쓰다의 예측은 25년 전에 나왔다. 오늘날 그의 예측이 이루어졌는지 알아보는 것은 더욱 흥미롭다. 토머스 L. 프리드먼(Thomas L. Friedman)의 『렉서스와 올리브나무 The Lexus and the Olive Tree』에서 그 답을 찾을 수 있다. 도요타의 최고급 승용차 렉서스를 만드는 한 공장에서는 매일 300대의 자동차가 생산되는데, 직원은 고작 66명이다. 대부분의 공정은 310개의 로봇이 수행한다.[6] 렉서스 공장은 자동화·정보화의 결과를 정확히 보여준다. 고용이 사실상 사라지고 있다.

21세기 한국은 극심한 고령화와 고용의 종말이라는 두 가지 위협을 동시에 경험하게 된다. 사람들이 원하는 일자리는 부족한데 부양해야 할 인구는 늘어난다. 부유하거나 능력이 있는 이들은 더 나은 조건을 찾아 떠난다.

고용이 사라진 결과 사람들은 가상세계로 몰려든다. 아무런 할 일이 없다면 가상세계의 꿈을 좇기라도 할 밖에. 그곳에서 사람들은 일하고, 즐기고, 사랑한다. 가상세계에 주로 머물면서 실제 세계는 엿보기 위한 대상으로 바뀔지 모른다. 가상세계와 실제 세계 어느 것이 '시뮬라크르(Simulacre)'인지 답하기 어렵다.[7] 가상세계가 실제 세계에 파급효과를 가져온다. 네트워크의 확장과 번영은 점점 더 기세가 강해지며, 그로 인해 새로운 경제 활동이 발생하게 된다.

막스의 유령

우리는 외환위기 시절에 실업의 풍파를 한 차례 겪은 바 있다. 당시에 생겨난 신조어인 '사오정, 오륙도'는 직장에서 조기 퇴출되는 세태를 비유적으로 표현한 말이었다. 45세는 정년, 56세까지 회사에 남아 있으면 도둑놈이라는 냉소적인 이 단어는 IMF를 상징하는 표현이었다. IMF를 극복했다고 여겨지는 오늘날에도 사오정, 오륙도는 현실이다.[8] 오히려 최근에 생긴 '삼팔선, 이태백'이라는 신조어는 이러한 경향이 가속화되고 있는 것이 아닌가 하는 우려를 품게 한다. 한국은행에 따르면 우리나라 제조업이 10억 원어치를 생산하는 데 필요한 고용자 수, 즉 고용창출 능력은 1990년 15.2명에서 95년 8.6명, 2000년 4.9명으로 떨어졌다.[9] 19세기에 기계화에 따라 제조업 노동력이 줄어들었으나 서비스업에서 고용이 창출되었다. 정보화는 서비스업에서 고용도 줄이고 있다.

자동화와 정보화가 어떻게 서비스업을 위협하는지는 은행원의 과거와 현재의 상황을 보면 알 수 있다. 과거에는 은행원의 능력의 척도가 주산 및 돈 세는 실력이었다. 컴퓨터의 등장과 현금계수기의 등장은 두 능력을 무용지물로 만들었다. 그리고 자동화기기(ATM)의 등장은 은행창구의 수를 급속도로 줄였다. 가까운 시일 내에 휴대기기의 인터넷 뱅킹 및 결제수단으로의 일반화로 이마저 줄어들 전망이다. 1997년 말 당시 10만 6,000명에 이르던 은행원의 수는 2005년 6월 6만 5,000명으로 감소했다.[10] 책임자의 수는 거의 줄지 않은 반면, 행원의 수는 절반 이하로 떨어진 것을 알 수 있다.

최초의 정보화는 전쟁에서의 승리를 목적으로 연구되었다.[11] 제2차 대전이 한창이던 1943년 런던근교의 블레츨리 파크에 모여든 튜링(Alan Turing)을 비롯한 수학자들 및 과학자들은 독일군이 깨어지지 않는 암호라고 자랑하며 사용하던 에니그마를 해독하기 위해 모였다. 여기서 튜링은 2,400개의 진공관을 사용한 최초의 컴퓨터 '콜로서스(Colossus)'를 만들었다.[12] 앨런 튜링 이후로 정보화는 급격히 진행되었다. 최초의 컴퓨터 이후로 20년 동안 진공관은 트랜지스터[13]를 거

| 표6-1 | | 1997년 말과 2005년 6월 사이 은행원수 변화 | | | |

(단위 : 명)

		책임자	행원	합계	용역직원
시중은행	1997년말	34,656	53,693	88,349	13,096
	2005년 6월	34,530	25,507	60,374	24,134
지방은행	1997년말	7,087	11,022	18,109	1,947
	2005년 6월	4,120	3,006	7,120	3,861

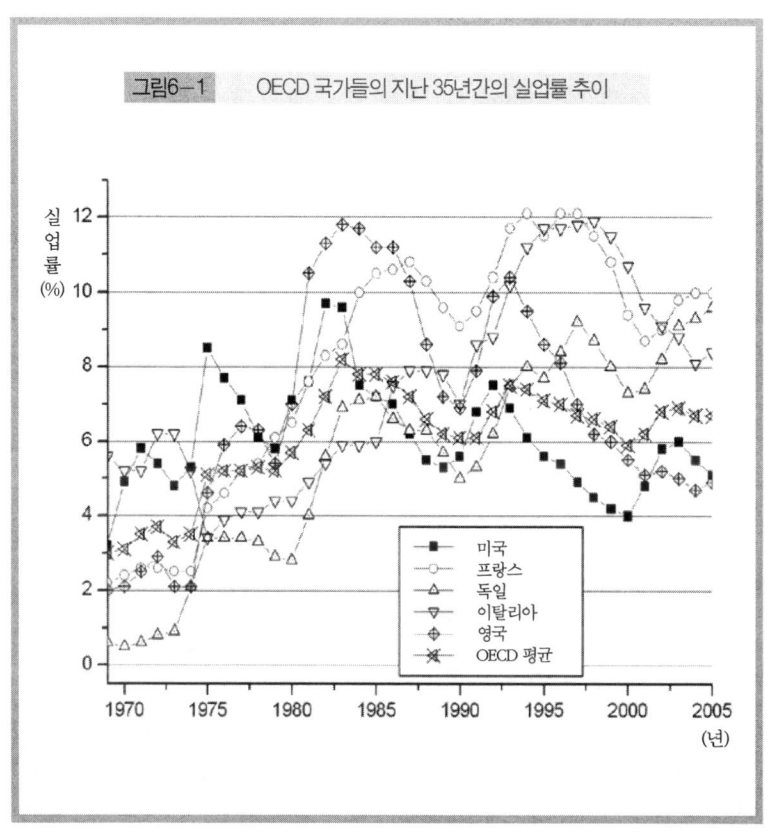

그림6-1   OECD 국가들의 지난 35년간의 실업률 추이

실업률(%)

범례:
- 미국
- 프랑스
- 독일
- 이탈리아
- 영국
- OECD 평균

처 집적회로[14]로 바뀌었고, 1965년 당시 페어차일드의 연구원으로 근무하던 고든 무어(Gordon Moore)[15]는 2년마다 반도체 직접도가 2배로 증가한다는 무어의 법칙을 발표하게 된다. 그리고 이 법칙은 지난 40년간 충실하게 지켜져 오며 정보화의 급격한 속도를 이끌어 왔다. 오늘날의 개인용 컴퓨터는 20년 전의 슈퍼컴퓨터보다 계산을 빨리 할 수 있다.[16]

기술 발전은 사람의 필요에 의해서 시작되지만, 결과는 아무도 예

상치 못한 방향으로 흘러가기도 한다. 기술이 노동을 대치하는 추세에 대해서는 경제학자들은 상반된 입장을 취했다. 그들은 2차 산업혁명에 의해 이러한 급격한 산업변화를 처음 겪었던 19세기의 사람들이다. 첫 번째 입장은 '기술 확산(Trickle-down technology)' 이다. 이는 19세기 초 프랑스의 고전파 경제학자 세이(Jean Baptiste Say)의 저술에 유래를 둔다. 세이는 "하나의 제품은 시장에서 그 제품이 다른 제품 대신 자신의 완전한 가치를 제공하는 즉시 만들어지며…(중략)…하나의 제품을 만들어 내는 것은 곧 또 다른 제품을 만들어 내기 위한 숨통을 터준다"고 했다.[17] '세이의 법칙' 은 공급이 수요를 창출한다는 논리

M&A 대상기업인 LG카드 직원들이 청산을 반대하는 시위를 벌이고 있다. M&A 이후에는 대규모 감원이 뒤따르는 경우가 많다.

다. 기계로 인해 노동자들이 자리를 빼앗기고 내몰리면 원가가 절감된다. 이 원가절감은 수요 증가를 부르고, 공급은 따라 오르게 된다. 이에 따라 기업은 공급의 증가를 위해 다시 여유 노동력을 재고용하게 되어 전체적으로 '양의 선순환(Positive feedback)'이 일어난다. 세이는 기계화의 결과를 부정적으로만 보지는 않는다.

같은 현상에 대해 칼 막스(Karl Marx)는 '기술대체(Technological displacement)'를 주장했다. "우리는 특정의 노동 형태가 노동자에서 기계의 형태를 한 자본으로 옮겨지고 이러한 전이 결과 자신의 노동력이 평가절하되는 것을 볼 수 있다. 따라서 노동자들이 기계에 저항하는 투쟁을 한다. 한때 노동자들의 노동 활동이었던 것이 기계의 활동이 되고 있다." [18] 즉 자본가는 노동자가 가진 노동력 대신에 파업의 염려가 없는 기계로 대체할 수 있다. [19]

다행히 19세기에서 20세기에 걸친 제조업 분야에서의 기계에 의한 잉여 노동력의 발생은 제조업에서 서비스업으로 옮겨 감으로써 커다란 혼란 없이 세이의 법칙을 따르게 되었다. 그러나 오늘날 정보화의 열매가 무르익으면서 내놓은 자동화와 인공지능이라는 기술은 제조업의 남은 자리뿐만 아니라 서비스업까지 위협하고 있다. 잉여 노동력은 갈 곳이 없다. 21세기에 막스가 부활하여 세이를 이길 것 같지는 않다. 그러나 고용 감소에 따라 빈부 격차가 더욱 심화될 가능성은 높다. 이는 고령화 부담으로 허덕이는 한국 사회에 혼란을 가중시킨다.

고령화와 고용의 종말, 이중 위협

급격한 고령화와 고용의 종말이 동시에 일어나는 사회가 한국을 기다리고 있다. 비관론자에게는 디스토피아 그 자체이다. 일하는 사람이 부양해야 하는 계층은 노인과 유소년만이 아니라 엄청난 수의 빈곤 실업자들까지 더해진다. 2050년에 생산가능인구 1.4명이 노인 1명을 부양해야 한다. 실업률이 높아지면 높아질수록 일하는 사람 1명이 짊어지는 사회적 부담은 더 커진다. 우리 경제가 지속적인 성장을 이루지 않는 한 경제활동인구 1명이 감당해야 하는 비용이 치솟을 수밖에 없다. 소득이 있는 사람들이 부담해야 할 비용은 고용의 종말로 인해 더 늘어난다. 이는 한국 탈출을 부추기는 요인으로 작용한다.

낙관론자들이라면 정보화로 인해 저출산의 폐해가 완화된다는 전망을 내놓을 법도 하다. 저출산·고령화와 고용의 종말은 어떻게 보면 상호보완적인 시대의 흐름으로 여겨질 수도 있다. 즉 저출산의 결과는 노동인구의 감소이고, 고용의 종말의 원인은 생산성의 향상이기 때문이다. 선진국의 저출산 추세는 노동의 필요량이 줄어드는 데 대한 일종의 '피드백(Feed-Back) 메커니즘'이라는 해석도 가능하다. 사람이 적게 필요한 세상이니, 사회라는 생태계가 무의식적으로 출산을 조절하고 있을 법도 하다. 일자리가 없으니 아이를 적게 낳으면 긍정적이라고 판단할 수 있지 않을까. 현실은 그렇게 간단치가 않다.

유럽이 처한 상황을 보면 비관론이 더 현실적이라는 결론을 얻는다. 유럽은 실업률 문제로 골치를 앓고 있으면서도 고령화로 인해 노동력 유입을 필요로 한다. 수요가 있는 인력은 모자라고, 필요하지 않은 인력은 남아돈다. 수요와 공급의 불일치다. 유럽에 있는 기업이라면 고령화에 따라 막대한 사회보장비를 부담해야 한다. 다국적 기업들은 세금 등 기업 환경이 나은 나라에 본사를 두고 경제활동을 벌이고 있다.[20] 사회보장 부담이 큰 유럽에서는 일자리가 많이 생기기 어렵다. 실업이 높으니 치솟는 사회보장비용을 대기는 더욱 어려워진다. 악순환이다. 자크 아탈리는 "미래에는 정보화에 따른 가상화에 의해 국적이란 개념이 희미해지고, 또 양극화에 의해 복지정책의 비용을 부담하게 되는 부유층들은 하이퍼노마드로서 국가라는 서비스를 그 질에 따라 선택하게 된다"고 했다.[21] 고령화와 정보화의 동시 진행이 가져 올 미래는 결코 낙관적이지 않다.

더 일하게 될 것인가, 덜 일하게 될 것인가

노동인구의 감소를 생산성의 향상으로 극복하기 위해서는 기본적으로 양극화를 막고, 집중되는 부를 어떤 방법으로든 분산시켜 수요를 유지할 수 있는 방안이 필요하다. 리프킨은 호주의 전 기술부 장관 존스(Barry Jones)의 말을 빌어 노동시간의 단축을 주장한다. "모든 경제학자들이 동의하는 바와 같이 19세기와 20세기 초에 있어서 노동시간의 급격한 단축이 극적인 생산성 향상에 부응하기 위해서 유익했다면, 왜 현재의 기술 및 텔레커뮤니케이션 혁명으로 인한 급격한 생산성 증가에 비례한 노동 시간의 단축은 전체 사회적인 관점에서 유익하지 않다는 말인가?"[22] 19세기까지만 해도 적어도 하루 12~14시간 동안 노동하고 주 6~7일 근무하는 것이 보통이었다. 오늘날 평균 노동시간은 100년 전 노동시간의 절반도 되지 않는다. ILO의 보고에 따르면 대부분의 산업 선진국가에서 현재 주당 평균 노동 시간은 미국은 34.7시간, 독일은 38.3시간, 프랑스는 38.9시간으로 실제로 40시간을 넘지 않는다고 한다.[23]

한편으로 주 20시간, 즉 주 3일을 근무할 경우, 나머지 시간 동안 사람들은 무슨 일을 할 것인가? 여기에 대한 해답으로, 그리고 또 다른 고용의 종말에 대한 대안으로 리프킨은 제3부문의 활성화를 제안한다. 시민사회의 자원영역은 빈부격차, 환경오염, 청소년 범죄 등 21세기의 여러 가지 문제를 해결할 잠재력을 가지고 있다. 이에 대해서는 제9장에서 상세히 살펴보겠다.

현실에서 일자리 나누기는 용도폐기를 앞두고 있다. 이론적으로는 호소력 있는 일자리 나누기가 현실에서 실패했다는 평가가 지배적이다. 프랑스 조스팽 정부는 2000년 임금 감축 없는 주 35시간 노동제를 도입했다. 그러나 실업률은 낮아지지 않았다. 일자리를 나누자고 노동시간을 줄였으나 기업은 추가 고용을 하지 않았다. 기업의 보수주의 때문에 실패했다고 책임을 돌려봤자 무익하다. 현실에서 작동하지 않는다면 의미없는 제도다.[24] 사민주의자들은 프랑스의 성장률 등을 근거로 일자리 나누기가 실패하지 않았다며 안쓰러운 주장을 계속한다. 일자리 나누기 실험을 국가 차원에서 실시한 프랑스는 결국 주 35시간 노동제를 폐지하고 신자유주의 정책으로 선회했다. 눈에 보이는 사례는 모든 탁상공론을 뛰어넘는다.

정보통신은 '24시간 노동'을 가능하게 만들었다. 과거에는 퇴근하면 업무로부터 해방이었다. 유비쿼터스 세상에서는 언제나 업무에 '로그인' 할 수 있다. 투잡스족이 늘어난다. 생산라인 노동자가 아닌 지식노동자의 업무시간은 줄어들지 않는다. 지식노동자에게 있어 근무외 시간은 근무를 위해 지식을 새롭게 하는 시간이다. 사실 업무를 위한 교육시간은 업무의 연장 아니던가. 19세기와 비교하여 노동시간이 줄었다고 하면 맞는 말이다. 그러나 육체노동자의 비율이 최소화된 이후 근로시간이 크게 줄어들 것 같지는 않다. 단 다양한 형태의 시간 근무는 늘어날 것이다.

가상 문명의 만개

디지털의 아버지라고 불릴 수 있는 튜링은 정보화의 서막을 열었을 뿐 아니라 튜링머신이라는 인간의 사고방식을 그대로 흉내 낼 수 있는 가상적인 기계를 고안했다.[25] 특히 1969년, 미국 국방성에서 최초의 인터넷인 아르파넷 ARPANET을 구축함으로써 인류는 본격적으로 정보화 사회로 진입했으며, 네트워크[26]라는 도구를 통해 이제까지는 인류가 경험하지 못했던 새로운 사회─가상사회[27]라고도 불리는 환경을 경험하게 되었다. 매슬로우에 따르면, 인간은 5단계의 욕구를 가진다고 하였다.[28] 특히 생리적 욕구나 안전의 욕구 같은 개인 차원의 욕구가 채워졌을 경우 소속감과 자기존중과 같은 사회적 차원의 욕구를 갈망한다고 한다. 산업혁명에 따른 물질의 풍요 속에 1차적 욕구가 충족되었으나 그와 함께 붕괴된 인간 관계속에서 유대감에 목말라 하는 인류에게 가상사회라는 선물이 주어졌다.

정보화로 인해 일할 곳을 잃은 사람들은 가상의 공간에서 소속감과 위안을 얻으려고 한다. 빈곤의 덫에 빠진 실업자도 가상의 세계에서는 새로운 인생을 시작할 수 있다. 신체가 쇠약해진 노인들은 가상 공간에서 잃어버린 젊음과 건강을 누리려고 한다. 가상세계 속 자아 가운데는 네트워크에서라도 젊은이가 되기를 원하는 노인이 적지 않으리라 짐작할 수 있다.

가상 공간에서 만족을 누리는 이들은 실제 세계의 삶을 거부하며 현실과 가상을 뒤바꾸어 살지도 모른다.[29] IT 발달은 가상세계에서의 현실감을 더 높인다. 가상사회 속에서 자신의 정체성을 발견하고 현실로 돌아오지 못하는 온라인게임 사용자를 이인화 교수는 이렇게 표현했다. "온라인게임 스토리만이 줄 수 있는 이 같은 서사적 감동과 사상적 깊이를 체험한 사람들은 두번 다시 예전과 같은 사람일 수가 없다. 그들은 '폐인'이라는 조롱을 웃어넘기며 온라인게임이 만든 매트릭스로 날마다 들어간다. 이 귀환하지 않는 영웅들이 어떻게 현실로 돌아와 세계를 복되게 할 수 있을 것인가 하는 문제는 가상현실과 현실의 융합이 중요한 관심사로 떠오른 디지털 미디어 시대에 깊이 고려해야 할 지점이다."[30]

가상세계는 점점 더 확장되어 현실에 영향을 미친다. 리니지(Lineage)라는 게임은 갈수록 급증하는 온라인 롤플레잉게임(RPG, Role Playing Game) 시장에서 특별한 위치를 차지하고 있다.

리니지를 즐기는 사람들 가운데는 게임 속 아이템을 현금으로 거래하는 일이 빈번하다. 아이템 현금거래와 관련한 범죄가 수시로 사회

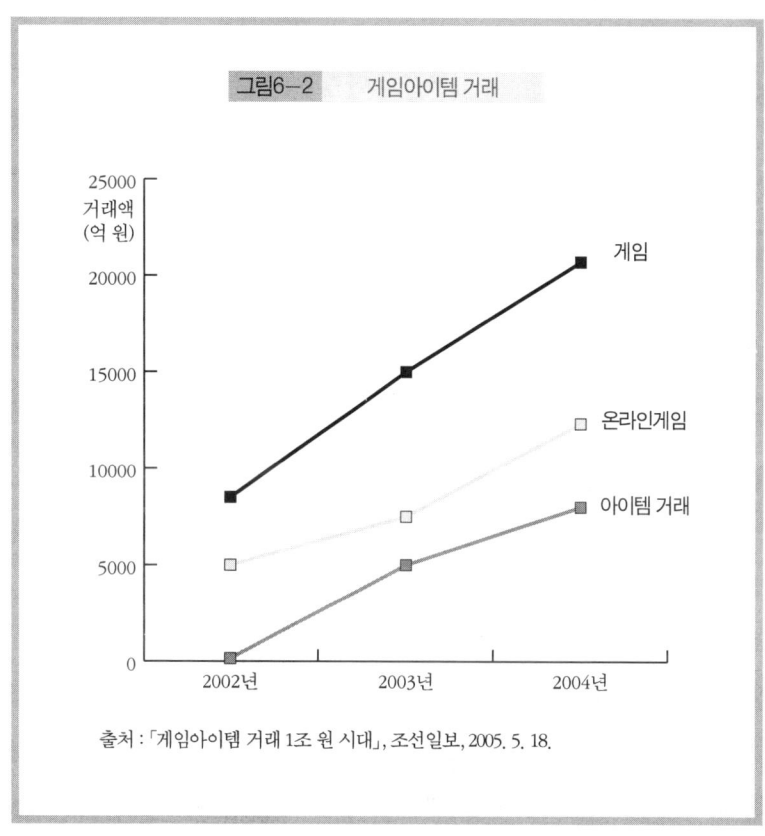

그림6-2 게임아이템 거래

거래액
(억 원)

게임
온라인게임
아이템 거래

2002년   2003년   2004년

출처 : 「게임아이템 거래 1조 원 시대」, 조선일보, 2005. 5. 18.

뉴스에 오르고 있다. 아직까지 온라인게임에서의 아이템 현금거래는
불법이다. 그러나 부산지방법원의 윤웅기 판사는 "아이템 현금거래
의 법적 성격을 권리금 거래로 파악해볼 때, 게임사의 현금거래 금지
약관은 법리적으로 문제를 지니고 있다"고 주장했다.[31] 현금 거래되
는 아이템을 얻기 위해 그에 상응하는 노동을 투자했다는 점에서 게
임 사용자의 권리를 인정해야 한다는 이야기다. 그것은 게임 참가자
가 실재(實在)하지 않는 세계를 실재 세계로 열어가고 있음을 의미한

다. 현재 게임 속 아이템 거래 시장은 연간 1조원에 달한다.[32) 이런 현상은 네트워크와 가상세계의 확장이 새로운 경제활동의 영역을 만들어 낼 가능성을 보여준다. 이 게임을 직업으로 여기고 소위 '작업장'이라고 불리는 게임 속 화폐를 벌어들이는 곳이 전국에 퍼져 있다는 현실이 시사하는 바는 의미심장하다.[33)

가까운 시일 내에 가상사회에서의 헌법 및 법률이 제정될 경우 현대사회는 진일보하게 된다. 온라인게임이라는, 사용자들 간의 관계에 의해 만들어지는 가상사회의 경우, 사용자들이 그 사회 내에서의 가치를 현실사회의 가치와 교환을 원하는 상황임에도, 가상사회가 각 사기업의 책임 하에 있기 때문에 더 이상 앞으로 나아가지 못하고 있는 상황이다. 그러나 가상세계를 떠나기 싫어하는 사람들은 점점 늘어난다. 가상세계는 중독이 아닌 몰입으로서의 잉여 노동력을 흡수하게 되며 서비스업의 일종으로 재화를 회전시키는 산업으로 발전할 것이다.[34) 가상세계에 머물고 있는 당신에게 시간을 할애하는 사람에게는 돈을 지불해야 마땅하지 않겠는가.

비밀이 사라진 사회

정보화의 발달은 인간의 모든 삶을 수치화한다. 노인이 많아지고 새로운 소비자가 줄어든 사회에서 기업은 소비자와의 관계를 오래 지속시키는 일이 중요해진다. 소비자가 무엇을 사고, 무슨 활동을 하는지 데이터베이스화하고 분석하는 일은 필수적이다. 정보통신의 발달이 가져올 유비쿼터스(Ubiquitous) 사회는 인간의 전 행위를 추적할 수 있도록 한다.

　유비쿼터스는 '어디서나(everywhere)' 라는 뜻의 라틴어 '유비크(ubique)' 에서 온 단어다. 이 단어는 1988년 제록스의 마크 바이저(Mark Weiser)가 소개한 유비쿼터스 컴퓨팅(Ubiquitos Computing)이라는 개념으로 처음 등장했다. 이때에는 어디에서나, 그리고 어느 물건에나 컴퓨터를 활용할 수 있다는 의미로 사용되었다. 유비쿼터스 네트워크 사회란 여기에서 네트워크가 추가되어, 어디에서나 접속 가능한, 그리고 어느 물건이나 네트워크에 연결되어 사용되는 사회를 의미한다. 아직까지는 회사의 사무실, 가정의 서재 정도에서 데스크탑, 혹은 노트북을 이용하여 네트워크에 접속하지만, 유비쿼터스 네트워크 사회에서는 목욕탕, 침실, 부엌 등의 장소에서 다양한 형태의 단말기나 가전제품으로 네트워크를 이용하게 된다. 누군가 어떤 기기를 사용하든 그가 무엇을 하는지 파악이 가능하다. 기기는 네트워크에 접속되어 있기 때문이다. 유비쿼터스 사회의 무서운 점은 이것이 감시의 도구로서 작용할 경우, 모든 사람의 일거수일투족이 기록된다는 데 있다. 노인의 인체 상태를 상시 체크할 수 있도록 하는 휴대 장치 역시 유비쿼터스 의료를 실현한다는 표면적인 장점 이면에 자신의 신체 상태가 언제나 노출되는 프라이버시 침해라는 폐해를 동시에 가지고 있다.

　인간을 상시(常時) 감시할 수 있도록 하는 기술로 '전파식별(RFID, Radio Frequency Identification)' 이 있다. RFID 기술이란 초소형의 IC칩에 내장된 정보를 접촉하지 않고 읽어내는 기술로서 앞으로 바코드를 대체하여, 모든 물건에 부착될 가능성이 높다. 즉 어떤 사람이 어떤 물건을 사서 가져가는지에서 시작하여, 놀이공원에서 아이의 손목에 채워 미아를 방지하는 기술까지 추적이 중요한 모든 경우에 쓰이게 된다. 농산물의 원산지 추적을 위해서 이 기술을 이용하는 방안이 정부와 국회에서 논의 중이다. 삼성 탕정 LCD공장의 경우, 사원증에 RFID를 부착하여, 현재 사원이 어디에 있는지를 실시간으로 알 수 있다.[35] 이제 몇 번 화장실을 다녀오는지도 기록으로 남는다. 영화 〈마이너리티 리포트 Minority Report〉에 나왔던 최첨단 광고 방식을 상기해보라. 보행객이 누구인지 인식하고 그 사람에 맞는 광고를 하는 광고판이 먼 미래가 아니다. 저출산·고령화 사회에서는 한 고객과 평생 관계를 맺는 것이 시장을 유지하는 데 필수적이다. 기업의 필요에 따라 유비쿼터스 사회는 빠르게 정착된다.

랜디 시겔(Randy Siegel)은 조지 오웰의 '1984'를 빗댄 '구글 2084'라는 단 한 장의 그래픽을 통하여 네트워크 감시의 끔찍한 상황을 생생하게 보여준다.[36] 구글은 인터넷 기업으로서는 드물게 확실한 수익모델을 확립했다.[37] 마이크로소프트와 달리 안티세력도 아직 없다. 구글의 경이적인 검색속도와 검색능력에 열광했던 팬들, 그리고 구글메일의 압도적인 메일용량과 깔끔한 인터페이스에 반했던 팬들도 하루가 다르게 늘어나는 구글의 힘을 두려워하고 있다. 랜디 시겔은 네트워크를 통해 앞으로의 세상이 어떻게 바뀔지를 예상했다. 그는 구글어스[38]로부터 영감을 얻어 '위성사진으로 몰래 훔쳐보고 싶은 사람들(Satellite Photos of People You Want to Spy On)'과 '위성사진으로 나를 몰래 훔쳐보는 사람들(Satellite Photos of People Spying On You)'이

구글의 공동창업자 세르게이 브린(왼쪽)과 래리 페이지. 2005년 구글의 매출은 644% 성장했다.

라는 메뉴가 담긴 미래의 구글 화면을 그려냈다. 의료, 금융, 납세, 전화통화와 같이 지극히 개인적이지만 유비쿼터스 사회에서 정보화 되는 모든 것을 2084년에는 구글을 통해 공공연하게 훔쳐볼 수 있다. 또 기술의 발전으로 내 과거와 현재, 미래는 물론 내 머리 속까지 검색해 보게 되는 극단적인 미래를 나타내고 있다.[39]

사이버 진주만

2000년 12월 8일, AP 통신은 '사이버테러리즘에 대한 경고' 라는 제목으로 국가안전보장회의 리처드 클라크의 말을 인용하고 있다.

"사이버 공간에서 전쟁이 일어날 가능성이 있습니다. 많은 나라가 정보전쟁에 대비할 것이며 정보전쟁과 관련된 기관들이 컴퓨터 네트워크를 마비시킬 수 있는 기술을 개발할 것입니다. 이중 몇몇은 현재 이미 우리의 네트워크에서 정탐 활동을 하고 있습니다."[40] 클라크가 '사이버 진주만'이라 이름 붙인 이 경고에 대해 리처드 헌터(Richard Hunter) 같은 이는 과장된 경보라는 결론을 이야기했다.[41] 우리의 삶에서 가상세계의 영역이 커질수록, 그리고 가상 세계 속의 '나'인 복제이미지가 실제 인물과 같은 대우를 받게 될수록 사이버 테러리즘에 대한 경고는 중요해진다. 가상세계의 확대는 현실에까지 강력한 효과를 발휘하기 때문이다.

1) 「양극화속 빈곤인구 600만」, 경향신문, 2005.7.19.

2) 산업연구원, 2005.

3) Winpisinger, W., 『Reclaiming Our Future』, West-view Press, 1989.

4) Masuda, Y., 『The Information Society as Post-Industrial Society』, World Future Society, 1980.

5) 「21세기를 논하다: 20년 후면 현재 노동력의 5%만 필요」, 중앙일보, 2005.11.7.

6) 토마스 L. 프리드먼, 『렉서스와 올리브나무』, 창해, 2000.

7) 장 보드리야르, 『시뮬라시옹』, 민음사, 2001.

8) 통계청, 「경제활동인구조사부가조사」, 2005.5.

9) 한국은행, 「고용표로 본 한국의 고용구조와 노동연관 효과」, 2003.

10) 「투쟁없는 고용안정은 없었다」, 레이버투데이, 2005.10.21.

11) 최초의 정보화라는 말은 최초의 컴퓨터와는 물론 다르다. 정보화라는 용어의 사전적 의미는 한 사회의 정보의 양과 가치가 증대되어 가는 과정을 의미할 수 있으니 최초라는 수식어를 받기에 부적합하다. 정보화를 전기를 이용한 통신이라는 측면에서 보면 모르스의 전신기를 꼽을 수 있을 것이고, 인간 대신 계산을 수행한다는 측면에서 보면 배비지의 계산기를 꼽을 수도 있고, 또 최초의 정보의 연결의 측면에서 보자면 인터넷의 아버지인 미 국방성의 ARPANET을 꼽을 수도 있겠다. 이 책에서는 인공지능에 주안점을 두고, 최초의 컴퓨터를 만들고 인공지능에 큰 족적을 남긴 튜링을 선택하였다.

12) 흔히 최초의 컴퓨터로 알려진 에니악보다 2년 먼저 만들어진 콜로서스가 이름을 얻지 못했던 것은 이것이 군사기밀로서 70년대에 들어와서야 그 존재가 알려지게 된 것에 기인한다.

13) TX-O, 최초의 트랜지스터 컴퓨터, 1956, MIT.

14) 360시리즈, 최초의 집적회로 컴퓨터, 1964, IBM.

15) 무어는 1968년에 로버트 노이스와 인텔을 공동 창업하였다. 무어는 5년간 70억 달러를 기부하여 빌 게이츠를 제치고 미국내 '자선왕'에 등극하였다고 한다. 「美 최고 자선가 고든 무어」, 머니투데이, 2005.11.18.

16) 1985년 NEC의 SX-2는 초당 실수계산을 13억 번하였으나, 인텔 P4(2.53Ghz)의 경우 50억 번의 실수계산을 한다. http://www.netlib.org

17) Bell, J.F., 『A History of Economic Thought』, Ronald Press Co., 1985.

18) McLellan, D.tr., 『Marx's Grundisse der Kritik der Polotischen O'konomie』, Harpers, 1977.

19) 러다이트 운동 ─19세기 유럽을 강타한 기계파괴운동─ 이 일어난 이유이다.

20) 김지석·노리나 허츠, 『소리없는 정복』, 푸른숲, 2003. MS는 미국보다 법인세가 상대적으로 낮은 아일랜드에 설립한 '라운드 아일랜드 원'이란 자회사를 통해 지식재산권을 공유하는 방식으로 연간 5억 달러의 세금을 절약하고 있다. 「미국 기업 R&D 센터 아일랜드行」, 한국경제, 2005.11. 7. BMW 역시 기업에 부과하는 조세부담을 높

이려 하자 공장의 이전을 무기로 정부를 협박하여 양보를 얻어냈다.

21) 자크 아탈리, 『호모 노마드』, 웅진출판, 2005. 아탈리에 의하면, 미래의 인류는 인류의 역사에서 잠시나마 우위를 점했던 정주성(定住性)을 버리고 다시 유목민으로 돌아가게 될 것이라고 한다. 특이한 점은 양극화로 인해 집중되는 부유층과 극빈층이 모두 유목민으로 가게 된다는 것인데, 전자를 새로운 경험과 자유를 찾아 여행하는 하이퍼 노마드, 그리고 생활의 유지를 위해 타의에 의해 이동해야만 하게 되는 후자를 인프라 노마드라고 명명하였다.

22) Jones, B., 『Sleepers Wake! Technology and the Future of Work』, Oxford Univesity Press, 1982.

23) 오리오 기아리니 · 파트릭 리트케, 『로마클럽 보고서─노동의 미래』, 동녘, 1999.

24) 「동북아 중심 건설, 내부 컨센서스 부족」, 연합뉴스, 2004.2.24.

25) 튜링은 튜링테스트라는 인간과 로봇을 구별할 수 있는, 다르게 말하면 완벽하게 인간을 닮은 인공지능이란 어떤 것인지 알려주는 테스트를 개발하였다. 그것은 간단히 말해 우리가 그 인공지능에게 질문을 던져서 그 답으로부터 역으로 이것이 인간에게서 나온 답인지, 혹은 인간을 흉내 내고 있는 무엇으로부터 나온 답인지를 구별할 수 없다면, 그 인공지능은 성공한 것이라고 할 수 있다고 했다. 이 테스트의 한 형태는 영화 〈블레이드러너〉에서 데커드(해리슨 포드분)가 레이철(숀 영분)이 안드로이드라는 사실을 밝혀낼 때 사용한다.

26) 네트워크의 힘은 네트워크 사용자 수의 제곱에 비례한다─메칼프의 법칙. 그리고 한 번 이어진 연결은 결코 끊어지지 않는다. 즉 사용자의 수는 항상 증가한다.

27) 가상사회는 네트워크에서의 인간의 활동 중 정보교류나 정보흐름보다는 사회적 관계에 초점을 맞춘 개념이다.

28) 매슬로우는 인간의 욕구를 다음 5단계로 나누고 아랫단계가 채워지지 않고는 그 다음 단계에 대한 욕구가 생기지 않는다고 하였다. 1단계 : 생리적 욕구, 2단계 : 안전의 욕구, 3단계 : 소속감과 사랑의 욕구, 4단계 : 자기 존중의 욕구, 5단계 : 자아실현의 욕구.

29) 마샬 맥루한은 '미디어가 곧 메시지다'라고 했다. 물론, 그는 인쇄물이 지배하던 사회에서 TV라는 매체가 지배하는 사회로 바뀌는 것을 보고 얻어낸 깨달음이었지만, 인터넷이라는 새로운 쌍방향 매체에 그만큼 적절한 통찰은 없다.

30) 이인화, 「바츠해방전쟁─귀환하지 않는 영웅들」, 신동아, 2005.8.

31) 「"아이템 현금거래 금지 약관 불공정하다"」, 머니투데이, 2004.12.13. 그러나 NHN의 박성호 법무감사팀장은 온라인게임에서 게임내의 통제권을 게임업체가 쥐고 있어야 하는 상황에서 아이템 현금거래를 허용할 경우 게임업체의 책임이 예상 밖으로 커진다는 점에서 반대했다. 또 게임내의 캐릭터가 아직 법률주체로 인정받지 못한다는 점에서 가상사회의 법적용에 관해 우리 사회의 논의가 충분하지 못하다는 의견을 밝혔다.

32) 「기자수첩; 게임아이템 거래 1兆 시대」, 파이낸셜 뉴스, 2005.10.27.

33) 특히 인건비가 싼 중국에 이 게임을 위한 작업장이 1000여 곳이나 만들어졌다는 소식은 더욱 그 생각을 굳히게 한다. 「게임아이템 기업형 거래조직 기승」, 내일신문, 2005.9.28.

34) 인터넷 중독에 대해서는 다음을 참조. "몰입과 중독은 이런 상태를 경험하는 사람이 어떤 역할을 하는가에 따라 다르다. 예를 들면, 아무런 목표 없이 무작정 클릭을 하는 행동이나 시간을 쓰겠다는 태도로 인터넷을 탐색하는 경험은 멍하니 쳐다보는 TV 시청과 별다른 차이가 없다. 이에 비해, 자기 통제감과 효율성이 높은 사람의 경우 인터넷을 이용하는 것은 자신의 통제감을 시험하는 것과 같다. 행동을 선택하는 자유를 가지는 것은 개인이 스스로의 통제감을 극대화시키면서 '자기조절(self regulation)'을 경험할 수 있게 한다. 몰입의 상태는 이런 경험에서 나온다. 이 경험은 의식의 고양과 함께 심리적인 성숙을 일으킨다. 이에 비해 자기 통제감이 없는 몰입 상태는 바로 심리적 혼란과 무기력을 야기하며, 이것이 바로 중독 상황이다." 황상민, 「상황의 힘과 행동의 연결에 의한 사이버 중독의 심리」, 2003. 인터넷중독예방상담센터 www.iapc.or.kr

35) 「직원들 일거수 일투족 꼼짝마라?」, 오마이뉴스, 2004.12.31. http://economy.ohmynews.com/articleview/article_view.asp?at_code=229309&ar_seq=

36) 퍼레이드 출판사의 사장 랜디 시겔은 세계적인 삽화 작가로서 뉴욕타임즈 오피니언 페이지에 고정 삽화 칼럼을 싣고 있다. 한 장의 그래픽에 사회상을 정확하게 포착하는 통찰력으로 유명하다.

37) 구글 엔진은 검색결과를 판단해서 거기에 맞는 광고를 띄운다. 구글 메일의 경우 메일의 내용을 판단해서 관련된 광고를 한다. 개인의 메일의 내용을 보는 것이 사적침해라는 논란이 있지만, 사람이 아닌 기계가 본다는 점으로 책임을 회피하고 있다.

38) 구글어스는 위성사진과 고도 정보를 이용하여 지리를 알 수 있게 해주는 구글의 지도 프로그램이다. 네이버의 지도 기능을 떠올리면 쉽게 이해할 수 있다. 국내 포털의 지도 프로그램과 다른 점은 우주에서 지구를 바라보다가 점점 지구를 확대해서 우리 동네까지 찾아오는 길을 보여준다. 입체적으로 지형이 기록되어 있어 간단한 조작으로 히말라야에서 서울까지 날아오는 기분을 낼 수 있다.

39) 「인터넷 디스토피아 그린 '구글 2084' 화제」, 국민일보 인터넷판, 2005.10.24.

40) 「사이버테러리즘에 대한 경고 Security Adviser Warns of Cyberterrorism」, AP통신, 2000.12.8.

41) 흥미롭게도, 헌터는 이러한 경고가 사이버공간에 거대한 군산복합체를 만들려는 의도가 아닌가 의심하고 있다. 매우 가능성이 높은 지적이다. 한 걸음 더 나아가 헌터는 매출을 증가시키고자 하는 보안 소프트웨어 회사가 사이버 진주만 사건을 몰래 일으킬 가능성에 대해서도 이야기하고 있다. 러처드 헌터, 『유비쿼터스』, 21세기북스, 2003.

제7장

<<

생명과학과 반영구적 삶

백색혁명

2005년 여름 개봉된 이완 맥그리거와 스칼렛 요한슨 주연의 영화 〈아일랜드〉는 인간이 치료목적으로 복제되는 상황을 설정했다. 돈을 내고 미리 자신의 클론(clone, 복제인간)을 만들어뒀다가, 장기이식이 필요하게 되면 클론으로부터 장기를 빼내 병든 장기와 교체한다. 영화는 2019년의 상황이니 몇 년 안에 이런 기술이 일반화될 수 있다는 얘기다.

또 다른 영화. 서기 2009년, 자신의 의식(意識)을 이식할 젊은 신체를 기다리는 노인이 있다. 늙은 자신의 몸을 버리고 오랫동안 사랑한 여자의 마음을 얻기 위해서다. 이 노인은 1992년 자동차 경주 중 죽은 카레이서를 과거로부터 2009년으로 시간이동시킨다. 2009년이라면 복제기술이 상당히 발전했을 시기인데, 비현실적인 '시간이동' 이라니 터무니없다고 생각할 법하다. 그러나 이런 황당한 줄거리를 가진 영화 〈프리잭 Freejack〉이 개봉된 시기는 불과 13년 전이다.[1] 당시

"차라리 복제가 훨씬 현실적이지 않은가"라고 말하는 사람은 없었다. 기술혁신의 속도는 그야말로 눈부시다. 기술은 사고의 틀을 바꾼다.

21세기는 생명과학 혁명의 시대로 기록될 것이다. 획기적인 식량증산을 녹색혁명이라고 부른다면 21세기의 바이오혁명은 백색혁명(白色革命, White Revolution)이라고 부를 수 있다. 이는 백색 실험가운을 입은 연구자들이 주도하고 있으며, 무엇보다 의료 관련 산업들이 비약적으로 발전하고 있다는 점에서 그렇다. 미세 실험에서 이뤄지는 일이니 '시험관혁명(In Vitro Revolution)'이라고 할 수도 있겠다.

에릭 홉스봄(Eric Hobsbaum)의 연대 구분방식을 따르면 20세기는 1901년이 아니라 1914년 제1차 세계대전과 함께 막이 열렸다. 홉스봄식으로 구분하면 21세기는 돌리가 복제된 1996년 또는 인간유전자 1차 지도가 완성된 2001년에 본격적으로 시작됐다고 말해도 크게 틀리지 않는다.[2]

인간은 한 생명체를 구성하는 암호(유전자)를 완전히 풀게 되고, 그 암호를 변경할 수 있으며, 그 생명체와 동일한 유전자를 가진 개체를 만들어 낼 수 있게 됐다.[3] 이는 인간과 자연의 관계가 더 이상 예전과 같지 않다는 의미다. 수십만 년에 걸쳐 일어나는 변화를 단 한순간에 가능하게 할 수도 있고(병충해 내성 유전자를 삽입한 작물), 자연 상태에서라면 영원히 일어나지 않았을 일(인간 단백질을 생산하는 대장균)도 현실로 만들었다. 이제 인간은 진화의 속도와 방향을 조절할 수 있는 위치에 섰다. 흔히 하는 말로, 인간이 신의 경지에 가까워지고 있는 셈이다.

2005년 한국인은 평균 78세까지 산다. 2050년에는 평균 수명이 지금보다 4세 정도 연장된다. 혁신적 기술로 인해 평균수명이 예상보다 더 높아질 수 있다. 그러나 혜택이 지금과 같이 골고루 돌아가지는 않는다. 생명과학 혁명의 열매를 딸 수 있으려면 지불 능력이 있어야 한다. 중산층 이상에는 백수(白壽)를 누리는 사람이 흔하더라도, 서민층은 21세기 초반과 다를 바 없이 80세가 넘으면 죽음이 눈앞에 닥친다고 봐야 한다. 수명의 양극화가 뚜렷해진다. 부자는 더 젊고 아름답고 가난한 자는 더 추하고 늙어 보인다. 지금보다 더욱더. 인간에 대한 유전자 조작 기술이 상용화되면 유전자 양극화가 일어나지 말란 법이 없다. '부자의 유전자'와 '가난한 자의 유전자'는 실제로 다르게 된다. 정부는 노인과 태아 중 누구에게 자원이 더 투입돼야 하는지 고민에 빠지게 된다.

기계장치가 쇠약해진 눈과 귀, 팔다리를 대체한다. 인간의 신경계와 기계의 제어장치는 조금씩 서로 접근한다. 구조가 서로 닮아간다. 서로 연결하기도 쉬워진다. 시각과 청각을 기계로 대체한 노인은 젊은이보다 더 시력과 청력이 우수할지도 모른다. 팔다리가 로봇으로 바뀐 사람을 기계라고 하지는 않는다. 하지만 뇌의 일부가 컴퓨터로 대체되었다면 그는 인간일까, 기계일까.

기술이 발달하더라도 결국에는 죽음이 온다. 의료기술의 발달은 오늘 죽을 목숨을 내일까지 붙들어 두는 일이다. 지금 5년 만에 죽는 병이 45년 후에는 10년 또는 15년 만에 죽는 병으로 바뀐다. 2050년 죽음을 앞둔 육체는 과거보다 더욱 쇠약하며 목숨을 이어가는 데 더 많은 비용이 든다. 기술이 발달하면 의식이 없어져도 육신이 숨쉬도록 할 수 있다. 언제가 생명의 끝인지 누구도 쉽게 말할 수 없다. 생명과학 발달은 안락사가 합법화되는 시기를 앞당긴다. 의료비용 때문에라도 안락사를 법으로 금지하기 어렵다.

사람들은 삶에 집착한다. 집착이 반(半)영생을 현실로 만들어 가는 중이다. 생명에 대한 욕구는 오히려 생명을 수단으로 만들었다. 반영구적 삶이 가능한 세상에서 생명의 존엄성은 폐기될 운명에 처했다. 오래 살기 때문에 생명의 '값어치'가 떨어지는 현상이 생기는지도 모른다. 2050년에는 생명의 존엄성이 의미하는 바가 달라질 것이다. 생명마저도 지극히 시장적인 세계, 2050년 생명과학 영생시대의 모습이다.

100세 인구 40만 시대

백색혁명의 결과는 평균수명 연장이다. 1960년 한국인의 평균수명은 52.4세였다. 유아사망률이 높기 때문에 평균수명이 낮아진 까닭도 있겠으나, 환갑을 맞은 사람은 주위로부터 대단한 축하를 받았다. 1971년에 평균수명은 62.3세에 불과했으나 1990년 71.7세를 거쳐 2005년에는 77.9세로 OECD 국가 평균을 훌쩍 넘었다.[4] 한국은 일부 저개발국가를 제외하고는 세계적으로도 수명이 가장 빠르게 늘어나는 나라에 속한다.[5] 이러한 추세라면 2050년 평균수명은 남녀 각각 80.7세와 86.6세가 될 것이다. 45년 후의 평균수명이 83.3세에 이른다는 예상은 평균수명이 급격히 늘어나지 않는다고 가정한 시뮬레이션 결과일 뿐이다. 21세기 초반 생명과학기술이 도약한다면 평균수명이

90세가 되는 날도 머지않았다. 2050년 한국인은 지금 예상보다는 훨씬 더 오래 살 것 같다.

2005년 80세 이상의 인구는 약 68만명이다. 1960년에는 5만9,000명이었으니 45년 만에 열 배 이상이 늘어났다. 45년 후에도 역시 586만명으로 약 열 배가 된다. 2050년 우리나라 전체 인구의 7.2%에 해당하는 비중이다. 95세 이상은 2005년에 약 9,600명으로 집계됐다. 2050년에는 무려 43만7,000명을 헤아릴 전망이다. 인구는 2020년 이후에 줄어드는 데 비해 100세 이상 노인은 그 시기에 빠르게 늘어난다.

2050년대에 백수(白壽)를 누리는 것은 더 이상 드문 일이 아니다. 65세 이상 인구가 늘어나는 동시에 90세, 100세 이상의 노인이 급증한다. 지금 100세 노인이 관심의 대상이지만, 2050년에는 120세는 되어

표7-1   평균수명 추이

(단위 : 세)

	계	남자	여자
1971	62.33	58.99	66.07
1981	66.19	62.28	70.54
1991	71.72	67.74	75.92
2000	75.87	72.06	79.50
2005	77.90	74.84	81.52
2020	80.98	78.22	84.41
2040	82.64	80.02	85.95
2050	83.26	80.67	86.59

출처 : 통계청, 「장래인구 특별 추계」, 2005.1.

표7-2 80세 · 95세 이상 인구 추이

(단위 : 명)

	80세 이상 인구수	95세 이상 인구수
1960	59,182	—
1970	100,925	—
1980	178,222	—
1990	302,252	—
2000	483,387	7,737
2005	677,883	9,604
2010	968,890	18,614
2020	1,876,940	66,302
2030	2,710,878	161,857
2040	4,449,827	241,628
2050	5,859,483	436,882

출처 : 통계청, 「장래인구 특별 추계」, 2005.1.

야 주목을 받을 만하다.

65세 이상을 노인이라는 이유로 생산가능인구에서 제외해 버리기에는 나이 많은 노인이 너무나 많다. 2050년에는 80세 이상의 인구 비율은 2005년의 65세 인구비율과 비슷하다. 덕담 차원에서 '60 청춘'이라 말했지만 이젠 사회가 그런 변화를 요구한다. 65세를 기준으로하는 노인 구분은 과거 일자리가 충분하고 인구가 늘어나는 시기에만들어졌다. 은퇴를 하고 연금을 받는 시기가 대략 65세였다. 각국이연금 지급연령을 늦추는 추세가 계속된다면 65세는 아무 의미없는 문서상의 '기준 연령'이 되고 만다. 의료기술의 발달은 인류학적으로 전에 없던 환경을 만들어 놓았으며 그 변화는 겨우 시작이다. 번식기 이후에도 오랫동안 살아 있는 동물은 인간이 거의 유일한 종이라고 한다. 대개의 동물은 번식기 이후에 곧 생을 마감한다. 21세기에는 아예 번식기 이후의 삶이 이전보다 길어지는 일이 일어난다.[6] 이제 고령자나 초고령자의 개념을 달리해야 할 시점이다.

저출산 시대, '골라 낳기'는 필연

요즈음 부모들은 자식들을 위해 좋은 것을 아끼지 않는다. 분유, 이유식, 주스 등 아기가 먹는 음식 전부를 유기농제품으로 선택하는 것은 몇 년 전부터 유행이다. 아기를 위한 유기농 비누와 샴푸를 흔히 볼 수 있다. 강남에서는 젖먹이용 유기농 면섬유 제품들도 인기다. 먹기만 하는 것이 아니라 인체에 영향이 미미한 의복과 세제까지 고가의 유기농 제품을 쓰면 아이 하나 키우는 데 이만저만한 비용이 들어가는 게 아니다. 이런 추세는 건강에 대한 높은 관심을 반영한다. 그러나 서민층까지 아이에게 유기농이유식을 먹이는 이유는 자녀 하나가 그만큼 소중해졌기 때문이다. 자식이 여러 명이라면 젖먹이에게 그만한 비용을 들이기가 쉽지 않다.

저출산 문화에서는 부모가 자녀에게 막대한 자원을 투입한다. 머리 좋은 아이를 낳는 일에 그만큼 더 신경을 쓴다. 산모는 아이가 장애를 가지게 된다거나 난치성 질병을 타고날까 노이로제에 걸릴 지경이다. 현재 정부에서는 신생아 전원에게 무료로 2종의 선천성 질환 검사를 해주고 있다. 1차 검사에서 질환이 의심되면 추가검사도 무료로 받을 수 있다. 그러나 이 검사를 받는 비율은 50%선에 불과하다. 선천성질환은 발생 비율이 낮기 때문에 신생아 대부분이 받아야 의미 있는 통계를 얻을 수 있으며, 사업에 투입한 비용대비 효과를 나타낼 수 있지만, 부모들은 국가가 제공하는 무료 검사를 받기보다는 민간 병의원의 유료검사를 더 선호한다. 병의원에서는 6종의 선천성질환 검사를 실시한다. 부모로서는 돈이 들더라도 확인가능한 검사를 모두 받으려 한다.

건강한 아이를 갖겠다는 부모들의 마음은 태아 때부터 시작된다. 장애아 기형아가 될 미미한 가능성만 있더라도 낳지 않겠다는 부모가 많다. 2005년 보건복지부 용역과제로 실시된 「인공임신중절실태조사 결과」에 따르면 국내에서 이뤄지는 임신중절수술은 약 35만 건이며 이중 기혼자의 16%가 태아의 건강 또는 약물을 복용했다는 이유로 중절수술을 받은 것으로 조사됐다.[7] 연간 약 3만2,500명의 태아가 기형을 포함한 건강상의 이유로 낙태됐다는 것을 뜻한다.

여성 4,000명을 대상으로 한 설문조사 결과 응답자의 68%가 부모에게 유전질환이 있다면 중절수술을 허용하는 데 동의한다고 답했다. 태아에게 영향이 입증된 약물을 복용한 경험이 있다는 것만으로도 낙태를 허용해야 한다는 응답자도 80%가 넘었다. 심지어 태아에게 영향이 확실치 않은 약물의 경우에도 낙태를 할 수 있어야 한다고 답한 사람도 56%나 됐다. 이 조사에서는 당신이 특정한 상황에서 중절수술을 받겠느냐가 아닌, 그러한 경우에 낙태가 허용된다고 보느냐고 물었다. 만약 본인이 임신을 했을 경우 대부분 더 심각하게 상황을 받아들인다는 것을 고려하면 부모들이 선천성질환 또는 기형에 대해 심한 거부감을 가지고 있으며 그러한 자녀를 낳기 원하지 않는다는 것을 짐작해볼 수 있다.

모자보건법에서 낙태가 가능한 '우생학적 또는 유전학적 정신장애나 신체질환'은 8가지로 구분된다. 그러나 구체적인 질환이 명시돼 있지 않아 사소한 가능성만으로도 낙태가 가능하다. 다른 법을 통해 배아 또는 태아 유전자검사가 얼마나 다양하게 이뤄지는지 알 수 있다. 생명윤리및안전에관한법률은 유전질환을 검사하기 위한 목적 외에는 배아에 대한 유전자검사를 금지하고 있다. 이 법 시행령에 따라 태아 또는 배아를 대상으로 산전 유전자검사를 할 수 있는 질환은 62종이다. 따라서 62종의 질환이 의심될 경우 부모들이 임신중절을 선택하리라고 짐작할 수 있다. 그러나 일부 의료계에서는 태아 때 진단 가능한 선천성·유전성 질환이 1,000종에 이른다며 검사 대상 질환이 확대될 필요가 있다는 주장을 펼치고 있다. 따라서 이미 어느 정도의 선택출산이 이뤄지고 있다고 봐야 한다.

건강하고 머리 좋은 아이를 원하는 욕구는 여기서 멈추지 않는다. 배아 초기단계에서부터 유전자 구성을 알 수 있으므로 여러 개의 수정란 중 가장 뛰어나다고 여기는 것이 선택될 것이다. 수정란 중 부모가 원하는 것을 골라서 어머니에게 착상시키는 일은 지금도 제한적으로 실시되고 있다. 이른바 '맞춤아기(designer baby)'다.

지난 2004년 영국 보건부의 생식 및 배아 위원회는 혈액암에 걸린 자녀에게 필요한 조혈모세포를 얻기 위한 목적으로 불임시술을 받으려고 하는 부모들의 요구를 사실상 승인했다.[8] 이들은 불임이 아니었지만 첫째 아이가 골수를 이식받을 수 있는 면역체계를 가진 아기를 낳기 위해 시험관시술을 받았다. 1회 시험관아기 시술을 받으면 수십 개의 수정란을 얻을 수 있다. 이로부터 얻어진 수십 개의 배아 중 첫째 자녀에게 이식해 줄 수 있는 유전형질을 가진 배아만 어머니에게 착상시켰다. 현재는 이러한 맞춤아기 또는 '주문형아기'가 지극히 제한된 용도로만 허용된다.

유전자와 질병과의 관계가 점점 더 많이 알려지고, 그로 인한 사회적 불이익이 커진다면 배아의 유전자검사 허용 폭은 넓어질 수밖에 없다. 특정 유전자를 가진 경우 정신분열증에 걸릴 확률이 평균보다 몇 배 높다는 것이 입증된다면, 심한 정신분열증 환자에게 공통적으로 나타나는 유전자형이 발견됐다면, 해당 유전자검사를 허용해달라는 요구를 무시하기 어렵다. 특히 부모의 가족 중 유전자와 밀접한 상관관계가 있는 질환을 가진 가족이 있는 경우라면 더욱 그렇다. 부유한 가정이라면 해외에 나가서라도 시술을 받고자 할 가능성이 높다. 개인의 질병위험도에 따라 보험료 차등화, 고용기회 제한 등의 사회적 불이익이 따르게 될 경우 그러한 유전자는 기피대상이 된다. 수전 손택(Susan Sontag)이 꿰뚫어 본 대로 질병은 죄악이며 낙인이다.[9]

자녀에게 노벨상 수상자의 유전자를

2050년이면 선천성 또는 유전 질환을 가진 아이가 태어날까 걱정하는 일도 사라질지 모른다. 인간은 유전자를 들여다볼 수 있는 능력과 함께 그것을 변형할 수 있는 기술도 가지고 있기 때문이다. 동물에 대해서는 유전자조작 연구가 광범위하게 진행중이다. 잘 알려진 것이 황우석팀이 만든 광우병 유전자를 없앤 젖소다. 각종 질환 연구에 가장 많이 사용되는 동물인 생쥐에 대해서는 다양한 유전자 조작 모델이 있다. 얼마전 국립보건연구원에서는 치매 모델쥐를 만들었다는 보도가 있었다. 이외에도 당뇨쥐, 무면역 생쥐(SCID Mice, 면역기능을 없앤 생쥐)도 흔히 연구에 쓰인다.

아직 인간배아에 대한 유전자 조작은 기술적·윤리적인 이유로 적용되지 않았다. 현재 유전자 치료법에 대한 연구가 활발히 진행되고 있어 2020년경이면 유전자 치료가 실현될 것으로 전망된다(제11장 참조). 성인에 대한 유전자 치료가 가능해진다는 뜻은 배아에 대해서도 동일한 시술을 할 수 있는 가능성을 열어준다. 유전자 치료는 후천적인 유전자 조작이라면 배아에 대한 유전자 조작은 날 때부터 특정질환에 걸리지 않을 가능성을 높이는 기술이다.

배아 유전자검사 결과 특정질환 유전자가 발견되면 이 유전자가 기능을 하지 못하게 만들 수 있다. 또 몸에 꼭 필요한 유전자가 없거나 기능을 할 수 없는 상태라면 그러한 유전자가 작동할 수 있도록 할 수 있다. 동물에 대해서는 이미 이런 조작이 광범위하게 이뤄지고 있는 것을 볼 때 배아 유전자 조작은 기술적인 난관이 크다고 보기는 어렵다. 오히려 인간배아에 대해 이러한 조작을 하는 것이 윤리적이지 않다는 믿음 때문에 연구가 이뤄지지 않는다고 보는 것이 타당하다.

배아 유전자 조작기술이 확립된다면 '주문제작형 아기'가 가능하다. 피부색, 눈동자색, 지능, 키, 비만성향 등에 대해서도 조작이 가능해진다. 지능지수 200에 슈퍼모델급 체형에 올림픽 메달리스트의 운동신경을 가진 아이를 태어나게 하는 것이 이론적으로 가능하게 된다. 마이클 화이트와 젠트리 리의 『가상역사 21세기』에서는 이런 '슈퍼 베이비'가 맞춤 제작되는 상황을 특별한 가치판단 없이 서술했다.

"스타키스 부부는 이 세상에서 가장 완벽한 아이를 갖기로 결심했다. 뛰어난 운동선수와 세계적인 수학자가 될 수 있는, 최고의 유전자를 가진 여아를 원했다. 코스타는 배아에서 유전자 다발 하나를 제거한 뒤 그 자리에 저명한 수학자 클레멘타인 브라이스와이트와 우간다 육상선수 오타베 우타브의 유전자를 집어넣는 방법으로 그것을 해결했다…(중략)…루이스는 5,000가지의 유전병 보유 여부에 대한 검사도 받았다…(중략)…루이스는 세상에서 가장 아름다웠고 그런 딸아이가 한없이 자랑스러웠다. 루이스는 열아홉 살에 수학박사 학위를 받고 당시 그 난해하다는 군론(Group Theory) 분야에서 세계 최고의 학자가 되었다. 올림픽에도 출전하여 백 미터, 200미터 육상 부문에서 2개의 금메달을 획득했고, 400미터에서는 세계 신기록을 세웠다. 시집도 잘 가서 아이 엄마가 되었다. 내 눈에 루이스는 가장 완벽한 인간으로 보였다. 그것은……신과 나의 합작품이었다."[10]

사람들이 이렇게까지 엽기적인 '아기주문'을 하지는 않을 것이다. 자신들의 아기라는 생각이 들지 않을 것이므로. 그러나 어느 정도까지 배아의 유전자 조작을 하는 것이 타당한지 생각해 보면 답이 쉽지 않다. 질병에 대해서는 허용하자는 의견은 어느 정도 설득력이 있다. 그렇다면 어떤 질병을, 어느 정도까지 포함시킬 것인지 논쟁이 벌어진다. 정신질환도 포함시켜야 하는지, 각종 부적응장애를 포함시켜야 하는지도 문제가 된다. 유전자를 살짝 손대는 것만으로도 지능지수를 50 이상 올릴 수 있는 기술이라면 성적에 집착하는 한국의 부모들은 쌍수를 들고 환영할 만하다. 별것 아닌 약물을 복용하고도 임신중절을 하는 부모들이 적지 않다는 것을 고려해보면, 태아검사에서 약간의 가능성만으로도 낙태를 결심하는 산모가 많은 것을 보면, 미래에는 "낙태를 줄이려면 될 수 있는 한 선택출산의 폭을 넓혀야 한다"는 주장이 설득력을 얻을지도 모를 일이다.[11]

생명이라는 판도라의 상자는 이미 열렸다. 기술적으로 가능한 것을 금지할 수 없다. 아이를 하나만 낳는 부모들로서는 한 번의 임신과 출산, 양육에 투입하는 자원의 양은 점점 늘어난다. 지혜로운 아이는 창조주의 선물이거나 삼신할머니가 점지했다면 이제 인간도 아이를 선택할 수 있는 여지를 넓혀 가고 있다.

유전자 정보가 대통령을 만든다

21세기 생명과학 기술의 도약에 한국인들은 들떠 있다. 그러나 그 결과가 마냥 좋아할 일만은 아니다.

인체의 전체 유전자 지도가 공개되면서 질병과 관련 있는 유전자를 규명하는 연구가 활발하게 진행 중이다. 각종 질병에 걸릴 가능성이 높은 유전자가 어떤 것인지, 다시 말해 특정 유전자를 가졌을 경우 어떤 질병에 취약한지 알려지고 있다. 이미 일부 질병에 대해서는 특정 유전자형과 연관관계가 알려져 있고 2050년경에는 대다수 질환과 유전자형과의 상관관계를 알 수 있게 된다. 어떤 개인의 유전자 구성에 따라 앞으로 어떤 질병에 걸릴 가능성이 높은지 미리 알 수 있고, 따라서 그 질병에 걸리지 않도록 예방을 할 수 있다는 논리다.

세계 여러 나라는 고령화로 인한 의료비 부담을 견디다 못해 유전자 프로파일(Profile) 작업을 계획한다. 특히 정부가 운영하는 의료보장 체계를 가지고 있는 나라에서 우선 실시될 가능성이 높다. 또 거대 금융자본의 압력에 밀려 보험회사에 가입자의 유전자 정보를 요구할 수 있는 권리를 부여할 것이 틀림없다.

영국 정부는 신생아 전원에 대해서 유전자 프로파일을 조사하는 프로젝트를 도입하는 것을 검토한 바 있다. 영국 정부는 유전자 정보를 본인과 담당 의사에게 통보하여 적절한 예방의학적 조치를 취할 수 있도록 하려는 계획을 세웠다. 2005년 인간유전위원회는 재정상의 문제로 도입을 일단 보류키로 했다. 그러나 영국 정부는 예산 마련이 가능하다면 이 문제를 다시 논의할 태세다.[12] 아마도 21세기 초반에는 어떠한 형태로든 이와 유사한 예방의학이 도입될 것이다.

자신이 어떠한 병에 걸릴 운명을 타고 났는지 아는 것이 과연 환영할 만한 일인지 생각해 볼 문제다. 물론 일부 질환을 제외하고는 유전자가 질환에 걸릴지 여부를 100% 결정하지는 않는다. 하지만 유전자의 예언을 피할 수 없는 운명으로 받아들여 쓸데없는 우려와 불안에 빠져들지도 모른다. 질병에 대한 강박적인 두려움이 오히려 그 질병에 걸릴 가능성을 높여줄 수도 있다. 뇌종양에 걸릴 두려움을 안고 수십 년을 사느니 차라리 아무것도 모르는 것이 더 낫다고 여기는 사람도 많다.

더 큰 우려는 다른 곳에 있다. 질병 유전자 정보가 공개되면 질병은 그야말로 죄악—지금도 이미 그러하지만—취급을 당할 것이다. 질병은 사회의 비용을 유발한다. 의료비가 급증하면서 국가 또는 공적 보험제도가 보장하는 의료비의 범위는 줄어들 가능성이 높다. 21세기에는 공적 영역이 아예 사라진다는 미래예측 보고서가 한 둘이 아니다. "아픈 게 무슨 죄인가"라고 하겠지만, 앞으로 당신이 보유한 질병 유전자는 당신을 평생 따라다닐 '죄인의 낙인'이다.

우선 민간 의료보험회사는 각 개인의 유전자 정보에 따라 보험료를 달리 매기거나 아예 가입을 차단하려고 한다. 겨우 보험료 차등이라고 말하는 것은 보험료가 얼마나 늘어날지, 보험의 종류가 얼마나 늘어날지를 무시한 생각이다. 앞으로 공적 보험의 적용이 줄어들면 각 개인이 들어야 할 보험의 수와 액수가 크게 늘 것으로 전망된다. 무엇보다 자신의 신체적 약점이 자본에 노출된다는 자체가 공포로 다가온다. 지금도 국내에서는 정신과 치료 경력이 있는 사람은 생명보험 가입을 거부당한다. 보험사들은 "막대한 치료비가 들어갈 가능성이 매우 높은 가입자가 보험료를 더 많이 내는 것이 형평성에 맞는 일이며, 다른 가입자들의 보험료 부담을 줄이는 것 아니냐"고 주장한다. 그리고 온갖 고가의 최신 치료법이 실시되는 상황에서는 이런 주장에 수긍하는 사람들도 많다. 국내 보험사들은 국민건강보험공단으로부터 개인의 진료정보를 조회할 수 있게 해달라는 요구를 계속해 왔다. 최근에는 정부가 건보공단의 개인 질병정보를 민간 보험사와 공유하도록 할 것이라는 내용이 보도되기도 했다.[13] 보건복지부는 이를 공식 부인했다. 의료비가 치솟는 21세기에는 이와 유사한 방향으로 정책이 전개될 듯싶다. 한국처럼 노인으로 넘쳐나는, 따라서 GDP의 20% 이상을 의료비에 쏟아부어야 할 처지라면 상대적으로 건강한 근로활동 연령층에서는 이러한 '합리적' 정책을 찬성할 가능성이 높다.[14]

특정 질병 유전자를 가진 사람은 직업을 구할 때 차별을 받는다. 고용주들은 다수의 안전과 사회의 부담 절감을 위해서 입사 유전자 검사를 불가피한 조치라고 주장한다. 심각한 정신질환을 유발할 가능성이 높은 유전자를 가진 사람은 무기에 접근성이 높은 최전방이나 전함의 장교 되기가 아예 불가능해진다. 유전자 정보에 의한 차별을 법으로 금지하더라도 일부 분야는 허용될 것이며 암암리에 차별의 근거가 될 수 있다. 미국에서는 질병의 조기 발견을 위한 테스트를 사전 통보 없이 실시하는 일이 점차 늘고 있다. 고용의 30%가 유전자 정보 테스트 이후에 일어난다고 한다. 미국의 유태인 단체들은 동유럽 출신 유태인 가운데, 유방암 환자에게 자주 나타나는 유전자를 가진 사람이 많다는 사실을 확인한 후, 보험회사들이 이를 근거로 차별을 하지 못하게 하기 위해 힘을 모으고 있다.[15]

1997년 대통령 선거에서 당시 김대중 후보의 건강이 끊임없이 문제가 됐던 것을 떠올려 보라. 경쟁후보들과 언론에서는 고령이라 언제 심각한 문제가 생길지 모른다는 식의 공세를 계속했다. 아무리 보안을 철저히 해도 데이터가 분석돼 있는 이상 얼마든지 유출이 될 수 있다. 2027년 대통령 선거에서 유력한 후보의 질병 유전자 정보가 어떤 세력의 의도로 유출되고, 그 후보는 결국 사퇴하거나 낙선한다는 시나리오는 충분히 가능하다. 이 후보가 중증의 정신질환자들에게서 발견되는 유전자를 가지고 있다는 사실이 드러나면 상대 후보가 집중적으로 문제를 제기할 것이 뻔하다. 온건한 유권자들도 국가의 운명을 우려하여 지지를 망설이게 된다. 우리나라처럼 대선에서 지역적 구도가 뚜렷하고 박빙의 승부가 예상되는 상황에서 질환 유전자 정보는 대통령 당선자를 뒤바꿀 힘을 갖고 있다.

21세기 키메라＝인간＋기계＋동물

오래 사는 사람들이 늘어나면 기관이나 장기에 대한 수요도 늘어난다. 그러나 합법적인 공급이 갑작스럽게 늘어날 것 같지는 않다. 세포를 복제해서 장기로 키운다는 것은 그럴싸하게 들리지만 기술적인 난관도 많을 뿐 아니라 특정한 개인의 갑작스런 질병에 대처하기에는 시간이 부족하고 엄청난 비용이 소모된다. 그보다는 유전자가 변형된 돼지에서 장기를 생산하거나 기계 장치로 대체할 가능성이 높아 보인다.

인간-기계 결합의 낮은 단계는 유비쿼터스 의료에서 볼 수 있다. 이미 초기 단계에 돌입한 유비쿼터스 의료는 2020년이면 일반에 보급, 각종 질환의 사망률을 크게 낮추는 데 기여한다. 유비쿼터스 의료란 한 마디로 당신이 언제, 어디서, 무엇을 하고 있든지 당신의 신체 또는 질병상태가 체크되는 상태를 말한다. 심장발작 우려가 있는 환자들은 신체상태를 항상 체크할 수 있는 의료기기를 시계처럼 항상 차고 다니거나 아예 더 정밀한 측정이 가능한 장치를 신체에 심어둔다. 이상 징후가 감지되면 신호를 바로 의료진에게 보내고, 의료진은 가장 가까운 의료기관을 통해 응급조치를 취하거나, 비상사태를 대비한 처치를 미리 할 수 있다.

인간의 신경전달 과정을 더 이해하면 인간과 기계는 상호 소통할 수 있다. 2030년, 노화로 인해 시력을 상실한 노인이 있다. 이 노인의 각막에 맺힌 상을 신체에 연결된 장치가 인식하고 그 정보를 몇 배 증폭시켜 시신경 또는 시각중추에 전달하면 그 노인은 젊은이보다 더 뛰어난 시력을 회복한다. 청각도 마찬가지다. 사고로 신체를 잃은 사람들은 사고 이전보다 우수한 신체적 능력을 가지게 된다. 뇌-컴퓨터의 소통이 가능해지면 '600만 달러'의 사나이도 꿈은 아니다.

초고령 노인들의 필요에 따라 인간의 기관과 신경, 더 나아가면 감각까지도 기계를 닮아갈 것이다. 한편 로봇은 점점 인간을 닮아간다. 혼다의 휴머노이드 로봇 '아시모(ASIMO)'가 좋은 예다. 두 기술은 논란을 거듭하면서 발전을 계속하고 있다. 사람들은 로봇이 인간처럼 되는 것에 대해서는 막연한 불안감이 있다. 영화 〈터미네이터〉와 같이 기계가 인간처럼 인식능력을 갖게 되고, 인간에게 도전한다는 픽션(fiction)은 많다. 그러나 인간이 기계를 닮아가는 것에 대해서는, 그러한 기술이 노화와 질병을 막기 위한 의료의 형태를 가지고 있기 때문에 그만한 거부감이 없는 것 같다. 두 기술이 발전을 거듭하다보면 언젠가 인간과 기계의 구분이 모호한 어떤 수준에서 서로 만나게 될지 모를 일이다. 2050년에는 보철물과 인간의 결합이 상당수준에 이를 것으로 예상된다.

100세를 넘는 일이 흔해지면 여러 번의 이식을 받아 동물 장기 여러 개를 가진 사람도 나타난다. 심장과 신장, 간을 모두 동물로부터 이식

받은 반인반수의 생명체를 보게 될 날이 오고 있다. 새로운 요법을 실시하지 못하는 저소득층에서만 자연스럽게 늙은 노인을 볼 것이다. 2030년의 키메라[16]는 인간의 머리에, 동물의 장기, 기계 팔다리를 가진 생명체다.

진보에 의문을 제기하는 사람들은 역사적으로 언제나 있었다. 돼지 장기가 개발되더라도 무슬림과 유대교도들은 부정(不淨)하다는 이유로 용납하지 않을 수 있다. 기계를 뇌에 연결한 인간에 대해 반인반수에 빗대어 '반인반기(半人半機)'라 부르며 비판하는 움직임도 당연히 뒤따른다. 기술을 거부하고 자연으로 회귀하자는 움직임이 강하게 일어난다.

수명 양극화와 유전자 디바이드

2050년 한국인은 평균 83세까지 살 수 있다고 예측된다. 그보다는 훨씬 평균수명이 늘어날 가능성이 높다. 평균수명이란 영아사망이나 조기 사망한 사람들의 짧은 수명이 포함돼 있기 때문에 별 다른 사고가 없이 65세를 맞은 사람이라면 기대여명은 더 길어진다. 어디까지나 평균적인 값일 뿐이다.

미래의학은 개인의 상태에 따른 맞춤의학을 제공한다. 의료서비스의 값이 비싸진다. 배아 유전자 조작 기술이 보급되더라도 당분간 매우 고가의 시술일 수밖에 없다. 인공장기가 치료에 쓰이기 시작하겠지만 전통적인 약물치료 비용과는 비교가 안 될 만큼 고가일 게 뻔하다. 이밖에도 노화방지나 인공 청각·시각 기관은 여러 분야의 최신 기술이 결합된 것인 만큼 지불능력이 없는 이들에게는 무의미한 기술이다. 중산층 이상의 사람들은 지금보다 훨씬 오래 살겠지만, 저소득층의 평균수명은 그만큼 연장되지 못한다. 한정된 자원이 부유한 노인에게 몰리면 가난한 아이들은 제대로 된 의료서비스를 받을 수 없다.

경제 수준에 따른 평균수명의 차이는 지금도 쉽게 볼 수 있다. 아프리카의 극빈국에서는 유아사망률이 여전히 높다. 선진국에서 에이즈는 이제 약물치료를 잘 따르면 건강에 큰 문제가 없이 오랜 기간 생명을 유지할 수 있는 만성질환이다. 아프리카에서는 기본적인 항레트로바이러스(Anit-retroviral) 약물을 살 수 없어 수없이 많은 젊은이가 쓰러져 가고 있다. 눈을 국내로 돌려보더라도 유사한 의료 양극화 현상이 나타난다. 국민건강보험공단의 연구에 따르면 저소득층의 경우 암 같은 중병에 더 잘 걸리고, 치료율은 오히려 낮은 것으로 나타났다.[17] 10만 명 당 암발생 수는 기초수급자가 상위 20% 소득계층에 비해 남녀 각각 70%와 50%가 더 많다. 특히 식도암은 3.3배, 간암 2.3배나 높다. 치료에서도 양극화가 드러난다. 암 발병 후 3년내 사망자 비교 결과 기초수급자는 상위 20% 계층에 비해 남녀 각각 2.06배와 1.49배 더 많다. 가난하면 암에 더 잘 걸리고, 더 빨리 죽는다. 이는 평소에 건강관리를 잘 못하는 데다 상대적으로 수준이 낮은 의료서비스를 받기 때문인 것으로 풀이된다.

지금은 비난이 두려워서 드러내놓고 시도하지 않지만 회원제 병원이 등장할 날도 머지않았다. 이들은 회비를 내는 부유층에 대해서 최고 수준의 의료기술과 호텔급 서비스를 제공한다. 가난한 응급환자를 받지 않았다는 비난을 듣지 않기 위해 종합병원 형태가 아니라 몇몇 고가의 질환과 시술만 실시하는 클리닉 형태로 운영될 것이 유력하다. 또 병원이 보험회사와 연계하여 고가의 특정 회사 의료보험만 적용하게 되면 회원제 병원과 마찬가지로 운영할 수 있다. 어느 국내 최고 병원이 연회비 수천만원을 받는 VIP 회원제를 실시하는 계획을 세웠으나 비판여론을 의식해 공식화하지 않았던 것으로 알려져 있다. 대신에 병원 측은 후원회원의 형태로 수정하여 운영중이며 회원들에게는 보통 한두 달을 기다려야 하는 '명의' 진료를 곧바로 받을 수 있게 하거나 정기적 건강검진을 제공하는 등의 서비스를 제공한다.

양극화는 병원 수준의 차이에 그치지 않는다. 앞으로 개인의 유전자 프로파일에 따른 예방의학이나 각종 최신 인공장기 이식 같은 고가 의료서비스가 실현된다면 평균 수명에서 눈에 띄는 차이가 발생할 것이 자명하다.

격차는 노화방지에서 더 두드러질 것이다. 저소득층으로서는 필수 의료서비스를 부담하기에도 벅차다. 당장 생명에 영향이 없는 미용 성형수술 등 노화방지에 큰 비용을 투입하기 어렵다. 미용 성형이나 음성을 젊게 들리게 하는 수술[18] 등은 공공보험에서 전혀 비용보조가 되지 않으므로 계층에 따른 편차가 더욱 크게 나타난다.

유전자 조작 기술의 발달은 지능과 외모, 수명의 격차를 더 크게 한다. 물론 지금도 부유한 가정은 자녀에게 영양, 교육, 의료혜택 등 모든 면에서 더 나은 환경을 제공한다. 또 이러한 자녀들끼리 결혼을 할 가능성이 높기 때문에 계층에 따라 건강, 외모, 지능의 빈익빈부익부가 점점 심해지고 있다. 기술의 발달은 양극화를 더 빠르게, 더 극적으로 만들고 있다. 앞에서 설명한 맞춤아기(선택 출산)나 배아의 유전자 조작은 안전성이 입증된 후 당분간은 부유층의 전유물이 될 것이다. 이는 일부에서 말하는 '유전자 하위 계층(Genetic Underclass)'으로 표현될 수 있다. 페이스 팝콘(Faith Popcorn)과 아담 한프트(Adam Hanft)는 다음과 같이 설명한다.[19]

"유전자 검사 결과 특정 질병이 일어날 확률이 높거나 지능이 떨어지거나 아니면 다른 결점으로 고통받게 될 것으로 밝혀진 사람들이다. 유전자 검사가 갖는 사회적 위기에 대해 현재 치열한 논쟁이 진행되고 있으며, 프린스턴 대학의 생물학자 리 실버(Lee Silver)가 쓴 『에덴동산 다시 만들기 Remaking Eden』에서도 다루어졌다. 그는 유전자 검사와 유전자 복제로 '유전자 귀족이라는 현대적 유전형질 계급'을 의미하는 '유전자 조작인'과 '자연인'으로 나눠지는 사회를 만들기 위해 음모를 꾸미는 세상에 대해 경고한다. 또한 그 부모가 유전공학을 시술할 만큼의 경제적 여유가 있었던 '유전자 조작인'과 기존의 방식으로 수정된 가난한 '자연인'을 구분하는 날이 올 것이라고 예고한다."

계층이나 계급이라는 단어를 기피하는 사람들은 이러한 차이를 '유전자 디바이드(Genetic Devide)'—디지털 디바이드라는 용어처럼—와 같은 가치중립적인 용어를 붙여 불편한 마음을 감출지도 모른다.

시간이 흐를수록 부자들은 모두 젊고, 건강하며, 아름답고 똑똑하기까지 하다. 늙고, 쇠약하며, 추한 것도 모자라 지적으로 평범 그 자체인 사람들은 모두 가난한 사람들 뿐이다. 역설적이게도, 치료비를 낼 능력이 있는 부유층은 건강하고, 병원에 갈 능력이 없는 빈곤층은 오히려 더 질병에 취약하게 된다. 많은 미래학자들은 21세기 중반이 되기 전에 전국민 의료보험 같은 공공영역이 거의 유명무실하게 되고, 대신에 민간이 보험서비스를 이끌어 갈 것이라고 말한다. 민간 보험의 경우 부유한 사람들이─건강하기 때문에─보험료는 오히려 덜 내게 되고, 가난한 이들은 고가의 치료비와 보험료를 내지 못하는 비참한 현실이 도래할지 모른다. 빈곤층은 같은 병에 걸리고도 빈부에 따라 생존이 엇갈리는 것을 경험한다. 중상류층 역시 사회의 분노와 좌절감을 감지한다. 건강 격차는 한국을 더욱더 떠나고 싶은 나라로 만든다. 한국사회는 이런 혼란에 대해 어떤 대책을 마련할 것인가.

고령화, 생명의 존엄성을 죽이다

과학기술의 발달은 우리가 기대하는 수준에 훨씬 미치지 않을 가능성도 있다. 1980년대의 어린이들은 2000년이면 우주를 여행하는 상상화를 얼마나 많이 그렸던가. 지금 온갖 환상적인 수식어가 따라 붙는 생명과학 · 의학 기술들도 냉정하게 말하면 결국 죽음을 맞이하는 순간을 연장하는 것에 불과하다.

향후 몇 년 내에 알츠하이머병의 진행속도를 지금의 몇 분의 1로 느리게 하는 약물을 개발한다면, 그 결과는 어찌 보면 더 비참하다. 자신이 멍청해지고 쇠약해지는 것을 수십 년 동안 직시해야 하는 상황을 상상해 보라. 이 말기적 고통은 사회와 개인에게 온갖 윤리적, 도덕적 딜레마와 죄책감을 만든다. 현재 노인성 치매로 진단을 받으면 내게 10년쯤 질병이 진행되다가 결국 사망에 이른다. 미국 노화연구소의 신경과학팀장 마르셀-모리슨 보고라드(Marcelle-Morrison Bogorad)의 말은 의미심장하다. "목숨만 유지한 채 고통을 받으며 서서히 진행되는 증상의 병으로 죽고 싶은가? 그렇다면 알츠하이머병보다 더 오랫동안 고통스럽게 목숨을 이어갈 병은 없다. 보통 8년에서 10년 동안 계속되지만 20년까지 갈 수도 있다."[20]

현대 의학은 죽음이 언제인지도 불분명하게 만들었다. 오랫동안 외롭고 쇠약하게, 서서히 죽을 수 있게 되었다. 생명유지장치를 연결해야만 호흡을 할 수 있는 상태는 죽음이라는 데 대체로 동의한다. 그러나 호흡은 할 수 있으되 아무것도 의식하지 못하는 상태에서 눈만 멀뚱거리는 사람은 죽은 것인지 산 것인지 누구도 판단할 수 없다. 10년 후에 살아날지, 20년 후에 갑자기 깨어날지 아무도 모른다. 지켜보는 자의 지리멸렬한 고통은 절망 그 자체이다. 점점 더 많은 사람들이 그렇게는 살고 싶지 않다고 생각하고 있다.

2005년 식물인간 테리 샤이보(Terri Schiavo) 재판결과는 미국 전역을 달구었다. 부시 대통령과 공화당은 테리 샤이보에게 음식물을 공급하는 관을 제거하지 말도록 법안까지 만들었으나, 여론은 그와 달랐다. 사람들은 '죽을 권리'를 지지했다.[21] 외롭고 쇠약하게 늙으며 막대한 치료비를 쏟아붓기보다는 차라리 고통없고 안락한 죽음을 찾으려는 노인들이 늘어난다. 온갖 치료법에도 불구하고 더 이상은 노화를 지연시키지 못해 갑작스럽게 극도로 쇠약해진 초고령 노인들은 의사의 도움을 받아 스스로 최후의 순간을 결정한다. 우리가 기대하는 생명연장의 기술들보다 안락사 서비스가 훨씬 다양하고 빠르게 발전할 수도 있다.

생명의 존엄성은 고령화와 함께 사라진다. 많은 사람들이 생명유지장치를 거부한다는 유서를 작성하고 있다. 복제란 결국 목적을 위하여 새로운 생명체를 '생산'하는 과정이다. 마치 생필품을 찍어 내듯이. 생명의 존엄성이 사라지는 이유는 우리가 너무 오래 살기 때문이 아닌가 한다. 생명이 너무 오래 지속되기 때문에 가치가 떨어지는 현상은, 공급이 많은 물건이 가격이 떨어지는 원리와 유사하다. 21세기는 생명도 너무나 시장적이다. 생명은 생산의 수단이고, 너무 흔해 '땡처리'에 몰린 제품이다. 고령화 시대에 생명의 존엄성은 정치적으로나 유용할 따름이다. 더 이상 과거의 생명의 존엄성은 존재하지 않는다. 생명의 존엄성이 가지는 의미는 변하고 있다.

21세기 영생교, 바이오 신앙

다행히도 인류는 미래를 비관하기보다는 장사꾼들이 호들갑스럽게 떠들던 장밋빛 약속들이 실현될 것이라는 낙관론에 기댄다. 그러나 꿈 같은 기술발전이 이뤄진 세계에서 우리는 몇천 년 전부터 계속해 온 근본적인 질문들—인간이란 무엇인가, 존재는 무엇인가—에서 자유롭지 못하다. 우리가 창조한 것 때문에 우리는 더 혼란에 빠지기 일쑤다.

기계가 인간의 신경·인식체계와 연결된다면 기계의 일부를 뇌와 연결한 사람은 기계인지 사람인지 구분이 모호해진다. 인간-기계 하이브리드(Hybrid, 복합체)의 발달은 진짜 인간이 무엇인가에 대한 의문을 던진다. 우리가 일상에서 마주친 상대와 대화를 나누더라도 그가 인간인지 기계인지, 아니면 그 어느 중간에 위치한 개체인지에 대해서 알 수 없다. 기계를 통해 각종 신경에 대한 자극이 가능해지면 가상세계에서의 감각과 실제 감각에는 차이가 없다. 실제 자극을 느낄 때와 같은 신경이 가상세계에서 자극되기 때문에 실제와 완전히 동일한 느낌을 가지게 된다. 감각으로 실제와 가상세계를 경험하는 것이 불가능해진다. 스카이다이빙, 섹스 등 모든 것이 가상세계의 오락으로 제공된다. 사람들은 실제 경험과 가상 체험을 구별하지 못한다.

더 이상 재배나 합성된 마약은 필요하지 않다. 신경세포를 직접 자극하는 가상 마약이 합법적으로 제공된다면 기존의 약물에 집착하지 않게 된다. 이는 범죄조직이 더 이상 마약으로부터 수입을 얻기가 어려워진다는 얘기다. 정부가 굳이 마약을 법적으로 금지할 명분도 사라진다. 물론 가상 마약에 탐닉한 사람들이 사회생활을 계속하지 못해 또 하나의 사회문제가 될 수는 있지만.

2050년에는 생명과학과 뇌-컴퓨터 연결 기술을 이용해 영생을 추구하려는 움직임도 활발할 것으로 여겨진다. 2005년 5월 22일 영국 가디언(Guardian)지 일요판 옵서버(Observer)는 통신그룹 브리티시텔레콤의 미래학 팀장인 이언 피어슨 박사를 인용해 2050년쯤 인간 뇌의 다운로드가 가능해질 것이라고 전했다. 피어슨 박사에 따르면 사람이

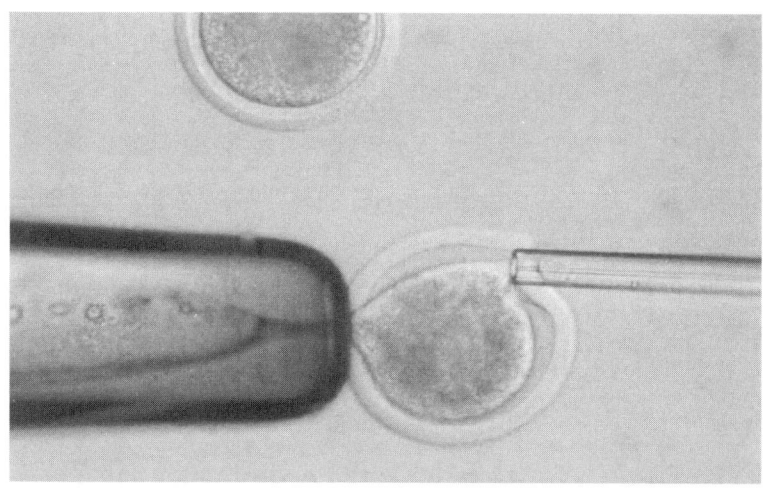

미리 핵이 제거된 인간의 난자에 체세포 핵을 주입하는 장면. 체세포 핵 이식 후 시험관 배양을 거치면 복제 배아가 된다.

죽더라도 두뇌 속 기억과 정서를 슈퍼컴퓨터에 '내려받'아 '저장'할 수 있게 된다. 정신과 의식이 영생을 누리는 일이 실현되는 셈이다.[22]

상상력은 이미 몇 년 전에 의식 다운로드로 '영생'이 실현되는 영화를 만들었다. 아널드 슈워제네거 주연의 영화 〈6번째 날 The 6th Day〉에서 한 생명과학 기업은 질병이나 사고로 죽은 사람을 복제하여 급속 성장시키고, 기억은 다운로드시켜 생명을 이어간다. 영화는 복제된 인간이 죽은 사람과 완전히 동일한 의식을 가지는 터무니없는 설정을 하고 있으며 복제와 존재의 철학적 의미는 빠진 채 황당한 해피엔딩으로 끝난다. 그러나 상상력의 끝에는—도달하는 방법은 달라질 수 있다—실현이 기다린다. 최소한 그 비슷한 반영구적 삶이라도.

인간의 의식과 영혼 복사까지 가능해진 세계에서 인간은 심각한 혼란에 빠져들 수밖에 없다. 인간이 자기 자신에 대해서 갖는 이해, 즉 정체성에 대해 심각한 의문을 제기한다. 존재란 무엇인가, 나는 무엇인가, 의식하는 것이면 살아 있는 것인가.

인간은 정말 영생을 원할까. 교훈적인 얘기들에서는 극도로 쇠약하고 질병에 찌든 그런 노인들이 죽기를 원하는 데도 생명이 계속된다는 비참한 모습이 나온다. 영원히 건강하고 아름다운 삶이라면 어떨까.

일본 애니메이션 〈은하철도 999〉는 영원한 생명을 찾기 위한 여행을 그린다. 주인공 '철이'는 길고도 험한 여정 끝에 영생을 약속하는 행성에 다다른다. 그러나 철이가 그곳에서 본 것은 영생을 거부하고 자살로 생을 마감하는 사람이다. 그는 "끝없이 계속되는 삶을 견딜 수 없다"고 말하며 숨을 거둔다. 오래 산다는 것, 90세나 100세 정도가 아니라 200년, 300년 또는 비교할 수 없을 정도로 무한한 시간을 지낸다는 것, 그것이 가지는 의미를 우리가 이해할 수 있을까.

굳이 영생을 이야기할 것도 없다. 너나 할 것 없이 120세를 살 수 있는 시대는 지금까지 역사와는 완전히 다른 세계이다. 세계 최고의 SF 소설 작가로 꼽히는 로버트 A. 하인라인(Robert A. Heinlein)은 그의 소설 『은하를 넘어서 Have-a-space-suit Will Travel』에서 외계 생물체의 입을 빌어 이렇게 말한다. "지구인은 수명이 70년 정도밖에 안돼 한 개체가 충분히 성숙하기도 전에 죽어버립니다. 이 종족이 참을성이 없고 폭력적·파괴적인 것을 이 종족에게만 책임을 물을 수 없습니다." 인간이 120세까지 살게 되면 지금보다 훨씬 지혜롭고 성숙하게 되며, 따라서 세계가 훨씬 평화롭고 살기 좋은 곳이 될지 모른다. 그러나 100세 노인들이 넘치는 사회에 대해서는 불안이 앞선다. 한 개체가 비정상적으로 오래 살게 된다면 새로 태어날 개체가 설 곳은 없다. 이곳에서 새 생명은 더 적게 태어나야 한다. 반영구적인 삶, 이것은 축복인가, 재앙인가.

1) 〈프리잭〉, 제프머피 감독, 에밀리오 에스테베즈 · 안소니 홉킨스 · 믹 재거 주연, 1992.

2) 에릭 홉스봄은 20세기의 종말을 소련이 해체된 1991년으로 보았다.

3) 홍길동과 홍길동 클론(복제인간)의 세포내 유전자의 총합은 복제방법에 따라 완전히 같을 수도 있고 아닐 수도 있다. 홍길동의 세포에서 핵(염색체가 있는 곳)을 빼내 다른 사람의 난자(미리 핵을 제거한다)에 넣어서 홍길동을 복제했다면 홍길동의 세포 중 핵에 들어 있는 유전자는 복제되지만 세포질에 있는 마이토콘드리아 속 DNA는 홍길동 클론에게 전달되지 못한다. 홍길동 클론은 난자를 제공한 여자와 동일한 마이토콘드리아 DNA를 갖게 된다. 마이토콘드리아 DNA는 외모나 유전질환과는 관계가 없으며 어떤 기능이 있는지는 규명되지 않았다. 난자 없이 복제가 이뤄졌거나 홍길동 어머니의 난자를 이용해 홍길동을 복제했다면 홍길동과 홍길동 클론의 모든 DNA는 완전히 동일하다.

4) OECD, 『Health Date 2005』, 2005, 통계청 생명표 http://kosis.nso.go.kr

5) 「한국인 평균수명 20년내 8.4년 늘어」, 한국경제, 2005.11.8. 조사대상 101개국 가운데 지난 20년 동안 한국보다 평균수명이 빠르게 증가한 국가는 방글라데시, 이집트, 니카라과, 베트남, 인도네시아, 모로코, 엘살바도르이다.

6) 최재천, 『당신의 인생을 이모작하라』, 삼성경제연구소, 2005.

7) 김해중, 「인공임신중절실태조사」, 2005.

8) 「Go ahead for 'designer baby'」, BBC News 인터넷판, 2004.9.6. 영국에서 불임시술을 받기 위해서는 정부의 승인을 받아야 한다.

9) 수전 손택, 『은유로서의 질병 Illness as Metaphor』, 이후, 2002.

10) 마이클 화이트 · 젠트리 리, 『가상역사 21세기』, 책과함께, 2005.

11) 사후피임약을 처방없이 판매할 수 있도록 허가한 나라에서는 대체로 이러한 논리가 통했다.

12) 「DNA profiling of babies rejected」, BBC News 인터넷판, 2005.3.31 http://news.bbc.co.uk/2/hi/health/4396833.stm

13) 「민간의보 내년 도입 … 의료보험 이원체제로」, 서울신문, 2005.11.18.

14) 미국은 GDP의 15% 가량이 의료비로 지출된다. 이는 노인과 극빈자층을 제외하고는 의료비 전액을 개인이 부담하기 때문에 가능한 일이다.

15) 이냐시오 라모네 외(外), 『프리바토피아를 넘어서』, 백의, 2001.

16) 키메라, 그리스 신화에 등장하는 상상속의 괴물. 사자의 머리, 염소의 몸, 용의 엉덩이와 꼬리를 가졌다.

17) 「"암은 가난병" 가난할수록 잘 걸리고 쉽게 죽어」, 한겨레, 2005.1.20.

18) 현재는 미용 성형으로 주름을 없앨 수 있을지라도 성대의 노화에 따른 목소리의 변화는 막을 수 없다.

19) 페이스 팝콘 · 아담 한프트, 『미래생활사전 Dictionary of the Future』, 을유문화사, 2003.

20) 페이스 팝콘 · 아담 한프트, 같은 책.

21) 「Right emboldened by Schiavo case」, BBC News 인터넷판, 2005.3.31. http://news. bbc.co.uk/2/hi/americas/4399011.stm

22) 「Brain downloads 'possible by 2050'」, CNN 인터넷판, 2005.5.23. http://edition.cnn. com/2005/TECH/05/23/brain.download/index.html

제8장

<<

노인 인종주의, 그 우울한 자화상

노인 인종주의, 그 우울한 미래의 자화상

　사람은 누구나 늙어가지만 누구나 노화(老化)를 자연스럽게 받아들이지는 않는다. 모든 사람에게 있어서 노화는 필연적으로 일어나는 자연스러운 과정이지만 이 노화에 대한 저항 역시 대부분의 사람들에게 나타나는 기본적인 욕구다. 사람들은 화장품이나 운동, 의학, 건강식품 따위를 통해 노화를 숨기거나 늦추려고 한다. 화장품, 라이프스타일, 제약, 의료산업의 놀라운 발전이 노화를 지연시키고 은폐시키는 데 일조했다. 그러나 노화는 여전히 두려운 현상이다. 피하고 싶다.

　노화는 30대만 되어도 그림자를 던진다. 그리고 40대가 되면 노화에 대한 우울과 슬픔의 감정을 느끼게 된다. 그러나 자식을 다 키우고 50세, 60세가 되면 생물학적 노화의 과정이 비약적으로 시작된다. 이윽고 노인이 된다. 이가 빠지고 머리가 벗겨지고 주름이 패인다. 동작은 둔해지고 기력이 쇠퇴한다. 외모와 신체가 젊음 혹은 젊은이와 확연히 구별된 노인이 탄생한다.

노인들에 대한 사회의 인식은 어떤가. 노인 스스로가 바라보는 노인은 무엇인가. 젊음은 아름답고 생동적이다. 그리고 진화이며 선이다. 반면 늙음은 추하고 정적이다. 그리고 퇴행(退行)이며 악이다. 노인은 업무능력이 좋지 않고 집중력이 떨어진다. 효율성이 낮고 신뢰성이 부족하다. 아무런 근거도 없이 노인 개개인에게 부정적 평가를 내려 버린다. 노인은 고통과 질병, 고독과 쇠약, 치매와 죽음 같은 단어들을 떠올리게 한다. 노인들도 더 이상 번식할 수 없고 아무짝에도 쓸모없는 늙어버린 생명체의 죄의식과 열등감 때문에 수치스러워한다. 프랑크 쉬르마허는 이를 '노인 인종주의' 라고 부른다.[1] 우리 사회에서 노인들은 두 번 짓밟힌다. 한 번은 노화과정 자체로 인해 쇠퇴하는 자신을 실감할 때이다. 다른 한 번은 노인에 대해 떠돌고 있는 편견과 말들, 그들을 사회에서 내모는 차별에 의해서 짓밟힌다.

서울 종로3가 종묘공원에 가보라. 종묘공원은 두 시간이나 걸리는 전철을 타고 천안에서까지 모여든다는 노인들의 공간이다. 그곳에 가면 노인 인종주의, 그 우울한 미래의 자화상을 들여다 볼 수 있다. 친구와 공짜 점심을 찾아 집결한 노인들은 종묘공원을 서성인다. 노인들은 세월을 지켜보며 아무것도 하지 않는 '무료한 하루' 를 되풀이한다. 종묘공원을 지나가는 젊은이들은 노인들을 힐끔거리며 행여나 옷깃이라도 스칠까 종종걸음을 친다. 노인들과 거리를 좁히고 있는 사람들은 오직 간식거리나 술을 팔고 있는 노점상들이다. 종묘공원에서는 그들만이 유일하게 생기를 띄고 있을 뿐이다. 서울 종묘공원은 미래사회의 우울한 자화상이다. 그들은 사회의 주류에서 대부분 소외되고 무시당하고 있다. 대부분의 젊은이들은 노인들이란 생산적인 노동에서 주변적인 역할만을 하는 처지이며, 시간이 흐를수록 그들의 능력은 급격히 위축되고 다른 사회구성원들과의 접촉도 적어진다고 생각한다.

　피터 G. 피터슨에 의하면 함무라비를 거쳐 줄리어스 시저에서 토머스 제퍼슨에 이르기까지 거리에서 노인과 마주칠 확률은 40분의 1에도 미치지 못했다. 그러나 2005년에는 미국에서 8분의 1이 됐고, 일본과 이탈리아에서는 5분의 1이 됐다. 선진국 평균은 6분의 1이다. 2050년이 되면 선진국 평균은 3분의 1로 높아진다. 프랑크 쉬르마허는 미래에 우리는 노화된 자신과 전쟁을 치르게 될 것이라고 예고했다. 150년 전 기술의 시대가 시작된 이래, 인간은 제대로 적응하지 못한 대가를 치러야 했다. 지금까지 진보에 제대로 적응하지 못해 전쟁과 내전을 치렀지만, 이제부터는 늙어가는 우리 자신들과 전쟁을 치러야 한다. 지금껏 발견된 선사시대 유골 중에서 50세가 넘은 것은 하나도 없었다. 인간이 지구상에서 살아온 시간의 99.9%는 평균 수명이 30세였다. 이제 우리는 불과 몇 세대 안에 우리의 신체, 우리의 문화에 새겨진 10만 년의 흔적을 극복해야 한다. 우리나라도 조선시대와 일제시대에 이르기까지 평균수명이 40세를 넘지 못했다. 공식 통계를 발표하기 시작한 1971년에도 평균수명은 62.33세에 머물렀다. 2005년의 평균수명은 77.9세이니 15.57세나 낮았다. 당시의 노인 비율은 3.2%였다. 거리에서 노인을 마주칠 확률이 100분의 3이었다. 하지만 지금은 11분의 1로 높아졌다. 불과 35년 만의 변화다. 앞으로 45년 후가 되면 이러한 확률은 3분의 1로 더욱 높아진다.

평균 수명의 연장은 새로운 시대를 활짝 열고 있다. 그것은 다름 아닌 노인의 시대다. 2050년에 어느 전형적인 도시의 거리에서는 2005년에 본 사람들보다 훨씬 더 나이가 많은 사람들을 보게 된다. 지금은 20대나 30대만 하는 활동을 2050년이면 70대가 함께 한다. 70대 남녀가 거리에서 드러내놓고 손을 잡고 걷는다든가 자신들의 아기를 태운 유모차를 밀고 다닐 것이다. 70대 사람들 가운데 일부는 2005년에 생각할 수도 없었던 힘과 젊음 등 육체적 능력을 갖고 있을 것이고, 그런 모습이 전혀 이상하게 보이지 않는다. 해가 바뀔 때마다 노인들의 모습이 점점 더 젊어진다. 그들은 자신이 다양한 종류의 유전자 치료를 받을 수 있다는 사실을 알고 있다. 알츠하이머, 당뇨병, 심장질환, 관절염 등으로 사망하는 사람 수는 점점 줄어든다.

노인이 주류가 되는 사회에서 노인은 더 이상 별종이 아니다. 고령화에 따라 사회도 변할 수밖에 없다. 피터 드러커는 미래사회를 한마디로 지식 사회라고 규정했다. 미래사회는 더 이상 근육이 지배하는 사회가 아니라는 얘기다. 오랜 세월 동안 폭넓은 경험을 하며 온갖 지식과 지혜를 축적해온 사람들을 모두 일터에서 몰아내는 일이 얼마나 비생산적인 일인가는 깊게 생각해볼 가치조차 없다는 뜻이다. 그들은 노인이지만 당당한 사회구성원으로서 충분한 능력과 자격을 갖추고 있다. 게다가 그들이 건강 문제로 사회에 엄청난 부담을 준다면 모를까 미래사회의 '노인'은 결코 지금까지 보아온 그런 노인이 아니다. 사회는 자꾸만 늙어 가는 데 우리는 철없이 젊음만 노래하고 있는 것 같아 안타깝다. 미래사회는 아마도 고령화에 맞게 진화한다. 은퇴연령은 더 높아질 것이고, 은퇴 전과 은퇴 후의 삶이 그렇게 뚜렷하게 구별되지 않는다. 더불어 사람들은 은퇴를 한 뒤에도 얼마든지 다른 일을 할 수 있다고 생각할 것이고, 특히 직장을 서너 번 이상 옮긴 경력이 있는 사람들은 은퇴하더라도 새로운 일을 찾는 것을 당연하게 생각한다. 은퇴는 더 이상 휴식, 여흥, 건강유지에만 신경을 쓰는 인생의 황혼기가 시작됐음을 뜻하지 않게 된다. 이제 은퇴는 사람들이 완전히 새로운 삶을 창출하고 누리기 위해 자신의 경험과 지적 능력을 활용하는 계기가 된다.

세계는, 아니 우리나라는 고령화에 대하여 별다른 대책 없이 고령사회로 돌진하고 있다. 이러한 현실에서 미래에 팽창된 노인 세대를 부양하고 책임져야 할 지금의 젊은이들이 노인에 대해 어떤 태도를 가지고 있는가는 매우 중요하다. 이들은 향후 노인 복지의 방향과 정책의 결정은 물론, 사회적 합의를 형성해 가는 주력 세대이기 때문이다. 또한 이들은 미래의 노인들이기도 하다. 노화에 대하여 두 팔을 활짝 벌려 환영하는 게 나을까? 아니면 보톡스와 비아그라까지 동원하여 저항하는 것이 나을까? 노인과 젊은이를 구별하는 사회가 생산적일까? 노인과 젊은이를 구별하지 않는 사회가 생산적일까? 노화를 창조적으로 받아들여 미래사회의 희망의 불씨를 살려낼 것인가, 아니면 노인 인종주의를 방치하거나 혹은 강화시켜 노인들을 퇴출하고 미래사회 희망 죽이기를 계속할 것인가. 지금 세계 최고의 속도로 늙어가는 한국은 선택의 갈림길에 서 있다.

노인을 공경해서는 안 된다!

노인은 여전히 공경의 대상인가. 공경은 몸가짐을 공손히 하고 존경한다는 뜻이다. 어른에게 예를 다하라는 말이다. 평생을 고생하며 살았으니 자식들의 부양을 받으며 죽을 때까지 얼마 남지 않은 여생을 편하게 지내다 가시라는 말이기도 하다. 우리나라는 어릴 적부터 젊은이들에게 노인을 공경하라고 일관되게 가르친다. 노인을 공경하라는 가르침은 인간의 탄생과 더불어 지금까지 이어져온 가장 오래된, 가장 원초적인 믿음이다. 가족문화가 발달한 우리나라에서 공경은 가장 중요한 사회적 가치이기도 하다. 그러나 노인을 공경하라는 사회적 관념은 노인 인종주의를 은밀하게 숨기고 있다. 노인을 공경하라고 말하면서 노인과 젊은이를 구별하는 장벽을 치는 것이다. 공경이라는 허울 아래 노인들을 사회와 직장에서 격리시킨다. 공경은 이제 노인 인종주의를 심화시키는 수단이 되고 있을 뿐이다. 현실적으로도 현대의 노인은 공경받기가 쉽지 않다. 고령화에 따라 노인 인구가 급증하면서 노인의 희소성도 사라졌다. 사회·경제적 환경이 달라지면서 이제 노인은 피부양자로서의 사회적 부담의 원인을 제공하는 장본인으로 지목되고 있다. 골칫덩어리로 전락한 셈이다. 이러한 상황에서 노인을 공경하라고 강요하는 것이 무슨 의미가 있는가. 차라리 공경이라는 단어를 사용하지 않는 것이 노인 인종주의를 마감하고 노인을 당당한 사회구성원으로 인정하는 지름길이 될 수도 있다.

중고교 교과서는 피상적으로는 노인에 대한 공경을 말하지만 속내로는 노인에 대한 그릇된 편견으로 가득 차 있다. 활력 있고 일하는,

일할 능력이 있는 노인 대신 공원을 배회하는 무능하고 쓸모없는 노인 일색이다. 교과서가 버젓이 노인 인종주의를 전파한다. 학생들에게 노인 인종주의를 확산시키는 것은 위험천만한 일이다. 현재의 노인들을 사회로부터 격리시킬 뿐만 아니라 미래의 노인까지 사회로부터 격리시킨다. 학생들은 현재의 노인들을 부양해야 하지만 동시에 미래의 노인이기 때문이다.

몇 가지만 나열해 보겠다. 중학교 2학년, 3학년 도덕교과서에 나타난 노인의 모습이다. "소일거리가 없는 노인들이 공원에서 무료하게 시간을 보내고 있다." "남아도는 많은 시간을 보낼 수 있는 마땅한 소일거리마저 별로 없어서, 노인들은 무료함과 소외감에 시달리고 있

종묘공원에 모여든 노인들이 약장수의 설명을 듣고 있다.

다." 과연 소일거리가 없는가. 실제로 그렇다면 그것은 사회에 의해서 강요된 무료와 소외일 뿐이다. 중학교 3학년 사회 교과서다. "노인들은 많지만 일할 젊은이들이 적어서 외국인 노동자를 고용하고 있습니다." 노인은 일하고 싶다. 다만 그들에게 일자리가 주어지지 않을 뿐이다. 중학교 3학년 2학기 국어 교과서다. "많은 젊은이들은, 노인들이 손자를 사랑한다고 생각하기 때문에 집에서 '노시면서' 아이들을 봐 주시기를 희망한다." 노인들은 놀아야 되는가. 백번 양보해서 아이를 보는 일이 놀면서 할 수 있는 일인가. 고등학교 윤리와 사상 교과서다. "끝내 새로운 것을 받아들이지 않고 여전히 재래식 방법으로 열매를 골라 먹는 것은 늙은 수컷 원숭이들이었다고 한다." 노인들은 재래식 방법만을 고집하는가. 과거의 노인들이 그랬을지 모르지만 지금은 아니다. 고등학교 사회·문화 교과서다. "가족 내에서 노인은 피부양인구로서 부담스러운 존재로 여겨지고 있는 것이다." 지금의 노인들이 피부양자로서만 존재하는가. 연금제도가 제대로 갖추어지지 않는 우리나라에서 근로를 통해 스스로 노후를 책임지는 노인이 얼마나 많은가. 또 다른 사회·문화 교과서를 보면 더욱 가관이다. "우리나라 대부분의 노인들은 장기, 바둑, 화투 등으로 시간을 보낸다. 여유 시간을 즐길 돈도 없고, 즐기는 방법도 모르기 때문이다."

이런 교육 탓인지 20·30대는 노인에 대한 부정적인 이미지를 다른 연령에 비해 훨씬 더 많이 갖고 있다. 한국보건사회연구원의 조사에 따르면 노인에 대해서 '노쇠하다', '독단적이다', '비관적이다', '경제적으로 의존적이다' 등의 이미지를 갖고 있는 것으로 나타났다. 문제는 노인에게도 있다. 노인의 경우에도 20·30대보다는 덜하지만 부

표8-1   교과서에 나타난 노인 인종주의의 사례

구 분	노인에 대한 묘사	발행사 및 발행일
중학교 도덕 1학년	공원에서 시간을 보내고 있는 노인들(사진첨부).	(주)지학사/2005.3.
중학교 도덕 2학년	소일거리가 없는 노인들이 공원에서 무료하게 시간을 보내고 있다(사진첨부).	(주)지학사/2005.3.
중학교 도덕 3학년	남아도는 많은 시간을 보낼 수 있는 마땅한 소일거리마저 별로 없어서, 노인들은 무료함과 소외감에 시달리고 있다. 더욱이 노부모와 함께 살려고 하지 않는 젊은 부부들이 많아지면서 노인들은 외롭고 불안한 노후를 보내는 경우가 많다.	(주)지학사/2005.3.
중학교 사회 3학년	노인들은 많지만 일할 젊은이들이 적어서 외국인 노동자를 고용하고 있습니다.	(주)중앙교육 진흥연구소/2005.3.
중학교 국어 3학년 2학기	많은 젊은이들은, 노인들이 손자를 사랑한다고 생각하기 때문에 집에서 '노시면서' 아이들을 봐 주시기를 희망한다.	(주)교학사/2005.9.
고등학교 사회	예시그림에 "노쇠하고 병든 부모님은 내가 직접 모시는 게 자식된 도리지. 아니야, 양로원이나 전문요양시설에 보내드리는 게 보다 편안하고 현실적인 효도 방안일지 몰라."	(주)교학사/2005.3.
고등학교 한국지리	탑골공원의 노인들(사진첨부).	(주)교학사/2005.3.
고등학교 윤리와 사상	끝내 새로운 것을 받아들이지 않고 여전히 재래식 방법으로 열매를 골라 먹는 것은 늙은 수컷 원숭이들이었다고 한다.	(주)지학사/2005.3.
고등학교 사회·문화	사회와 가족 내에서 노인은 피부양인구로서 부담스러운 존재로 여겨지고 있는 것이다(사진첨부).	(주)천재교육/ 2005.3.
고등학교 사회·문화	우리 나라 대부분의 노인들은 장기, 바둑, 화투 등으로 시간을 보낸다. 여유 시간을 즐길 돈도 없고, 즐기는 방법도 모르기 때문이다.	법문사/2005.3.

정적인 이미지를 갖고 있다. 이는 우리 사회에 노인 인종주의가 널리 퍼져 있음을 뜻한다.

이쯤해서 국가인권위원회가 실시한 '학대유형별 노인 학대 경험조사'를 살펴보자. 제일 자주 일어나는 학대유형이 19.9%로 '부양자나 가족들이 노인에게 무관심하거나 냉담하게 대한다'는 것이었다. 그 다음이 '노인의 의견을 말하면 간섭한다고 불평하거나 화를 낸다'인데 12.3%였다. '노인에게 실수를 비난하거나 자존심을 상하게 하는 말을 한다'는 것은 10.5%였다. 노인에게서 빌린 돈이나 물건을 일부러 갚지 않는다는 비율은 5.9%나 됐다.

표8-2   연령별 노인에 대한 이미지

(단위 : %)

구 분	전 체	24세 이하	25~ 34세	35~ 44세	45~ 54세	55~ 64세	65~ 74세	75세 이상
정정하다	45.5	35.5	40.5	44.8	50.1	49.2	46.2	39.2
노쇠하다	54.5	64.5	59.5	55.2	49.9	50.8	53.8	60.8
현명하다	44.9	55.3	42.2	39.6	41.5	50.9	52.4	56.3
독단적이다	55.1	44.7	57.8	60.4	58.5	49.1	47.6	43.7
낙천적이다	51.4	66.7	58.7	51.9	48.5	48.7	47.9	40.6
비관적이다	48.6	33.3	41.3	48.1	51.5	51.3	52.1	59.4
경제적으로 독립적이다	40.7	38.8	42.3	36.8	35.5	46.8	51.3	34.9
경제적으로 의존적이다	59.3	61.2	57.7	63.2	64.5	53.2	48.7	65.1

출처 : 한국보건사회연구원, 『2004년도 전국노인 생활실태 및 복지욕구조사』, 2005.

표8-3 학대유형별 노인 학대 경험

구분	학대 상황	있다	없다
방임적	스스로 식사준비를 할 수 없는 노인을 혼자 집에 내버려 둔다.	8.6	31.4
정서적	노인의 친구나 친지 등이 방문하는 것을 싫어한다.	7.7	92.3
	노인의 의견을 말하면 간섭한다고 불평하거나 화를 낸다.	12.3	87.7
	부양자나 가족들이 노인에게 무관심하거나 냉담하게 대한다.	19.9	80.1
언어적	노인에게 욕설을 하거나 고함을 지른다.	6.6	93.4
	노인에게 실수를 비난하거나 자존심을 상하게 하는 말을 한다.	10.5	89.5
경제적	노인에게서 빌린 돈이나 물건을 일부러 갚지 않는다.	5.9	94.1

출처 : 국가인권위원회, 「2002년 지역사회에서의 노인학대실태조사」, 2002.

노인은 연금이나 받고 살아라?

국민연금제도의 기원은 통일 독일을 일구어냈던 비스마르크로 거슬러 올라간다. 우리에게 철혈재상으로 잘 알려진 그는 연금제도를 도입했다. 국민에게 늙고 병들었을 때 국가가 연금을 지급할 것이라는 기대감을 주어 "다루기 쉽게" 만들려고 고안한 제도였다. 출발부터 다분히 정치적인 목적이 있었다. 이를 두고 폴 윌리스는 "연금제도는 정치적인 목적으로 도입됐다"고 핵심을 찔렀다. 연금을 수령할 수 있는 연령을 당시로서는 기대하기 어려운 70세로 규정해 놓았다. 정치적인 목적을 달성하기 위한 '뻔히 들여다보이는 제도'였던 셈이다. 비스마르크는 "연금제도가 사회주의 국가에서는 어디나 꼭 필요하다"고 주장했다. 이 말은 국민연금제도가 기본적으로 사회주의 체제를 염두에 두고 구상했음을 의미하는 말이다. 비스마르크는 '사회주의 진압법'까지 제정할 정도로 사회주의를 견제했다. 그러면서 그는 사회주의 견제를 위한 사회주의 정책을 과감히 도입하기도 했다. 국민연금의 도입도 그것의 일환이었다. 아무튼 비스마르크 이후로 대부분의 국가들은 국민연금제도를 도입했지만 근본적인 문제가 노출되고 있다. 그것은 인구 고령화로 인한 노인 연금수급자의 증가와 생산가능인구의 축소다. 게다가 인구감소까지 예고되고 있다. 인구의 감소는 젊은층, 생산가능인구로부터 시작될 것이기 때문에 미래사회는 점점 더 노인 부양 능력을 상실한다. 이렇게 본다면 국민연금제도는 출발부터 근본적인 모순을 안고 있었던 것으로 볼 수 있다. 유럽은 이미 연금제도를 유지하는데 GDP의 8분의 1 가량을 투입하고 있다. 고령화의 진전에 따라 그 비율은 계속 가파르게 늘 것으로 추측된다.

연금제도가 모든 노인에게 적용되고 지속가능성이 보장된다면 이보다 더 좋은 제도는 없다. 가능하다면 해야 한다. 과연 그런가? 우리나라를 돌아보자. 2004년 국민연금을 비롯한 4대 공적연금 수급자는 58만1,928명으로 65세 이상 노인의 13.9%에 머물고 있다. 이중 국민연금이 45만8,419명으로 11.0%를 차지해 제일 많았고 공무원연금은 8만3,658명이었다. 사학연금과 군인염금은 각각 8,877명과 3만974명이었다. 이외에 정부의 공공부조(국민기초생활보장수급자)를 받는 노인이 3만4,527명(2003년 기준, 전체 노인의 8.6%)이다. 공적연금과 공공부조를 더하면 전체 노인의 22.5%다. 즉 노인 열 명 중 두 사람은 노후소득을 보장받고 있는 셈이다. 나머지는 개인저축에 의지하거나 자녀의 도움을 받거나, 이도 아니면 근로를 통하여 해결하고 있다. 물론 공적 연금 수급자가 적은 것은 국민연금제도가 정착된 지 얼마 안됐기 때문이다. 국민연금은 10년 이상 가입해야 연금을 제대로 받을 수 있기 때문에 2008년부터 본격적인 수급자가 발생한다. 1998년부터 국민연금은 모든 국민에게 적용됐기 때문이다. 그렇다면 2008년 이후가 되면 65세 이상 대부분의 노인은 연금을 받을 수 있게 되는가?

한국개발연구원에 따르면 국민연금을 받지 못하는 비율은 2050년이 되어도 거의 절반에 육박하는 것으로 나타났다. 흔히 국민연금 비수급자를 사각지대, 최저생계비 이하의 수급자를 실질 사각지대라고 부른다. 국민연금 60세 이상 고령자 중 사각지대 비율은 2010년 66%에서 2050년 35%로 축소된다. 하지만 실질 사각지대 비율은 2010년 94.2%에서 2050년 46.4%로 더디게 축소된다. 이는 명목상 국민연금 수급자 수는 많지만 이 중 상당수가 최저생계비 이하의 소액을 받기 때문에 발생하는 것으로 보인다. 국민연금 수급 연령은 현재 60세에서 2013년부터 5년 간격으로 1세씩 늘어나 2033년부터 65세가 된다. 사각지대와 실질 사각지대 비율은 이를 반영하여 추정한 통계이다. 다만 공무원연금과 사학연금, 군인연금은 제외되어 있으므로 이를 추가하면 사각지대 및 실질 사각지대 비율은 5% 정도 내려갈 것으로 보인다. 그러나 2050년 이후에는 사각지대와 실질 사각지대가 오히려 증가하는 것으로 전망되고 있다.

국민연금은 소득이 있는 국민은 모두 가입해야 하는 강제저축제도이다. 그럼에도 불구하고 사각지대와 실질 사각지대가 나타나는 것은 무슨 이유 때문일까. 국민연금 가입자는 직장가입자와 지역가입자로 구분한다. 직장가입자의 경우 회사에서 임금을 지급하기 전에 보험료를 강제로 떼어간다. 그러나 지역가입자는 본인 스스로 보험료를 납부해야 한다. 이렇다 보니 보험료 납부를 거부하거나 소득이 없다는 이유로 납부대상에서 제외되는 경우가 많다. 2005년 국민연금 총가입자 약 1,690만 명 중 지역가입자가 약 900만 명이다. 지역가입자 중 절반 이상이 보험료 납부 제외대상이거나 보험료 납부를 거부하고 있다. 또 실직 등의 이유로 보험료납부를 중단하는 경우도 많다. 이 때문에 사각지대와 실질 사각지대가 발생한다. 국민연금이 '반쪽연금'이라고 비난받는 이유도 이 때문이다.

정부는 국민연금이 모든 국민의 노후소득을 보장한다고 홍보한다. 국민연금이면 미래가 모두 해결될 수 있다는 '연금 만능주의'를 전파한다. 이는 국민연금에 대한 국민신뢰를 높이기 위한 고육지책일 수 있다. 국민의 신뢰를 받아야 국민연금제도가 유지될 수 있기 때문이다. 또한 국민의 신뢰가 있어야 납부예외자가 축소되고 보험료 납부거부나 중단 사례가 줄어들 수 있기 때문이다. 그러나 '연금 만능주의'는 일종의 '함정'이다. 국민연금을 통한 전국민의 노후소득보장은 불가능하다. 한국개발연구원의 국민연금 사각지대 추정에서 알 수 있듯이 거의 절반이 제외된다. 어차피 반쪽연금을 벗어날 수 없는 것이다. 뿐만 아니라 현행 국민연금제도는 근본적인 개혁조치를 취하지 않는다면 지속될 수 없다. 보험료는 덜 내고 연금은 많이 받는 구조이기 때문이다. 또한 저출산·고령화 추세를 고려하면 국민연금의 전망은 더욱 어두워진다. 이러한 상황에서 굳이 연금 만능주의를 전파할 필요가 있는가.

미래사회에서도 지속될 수 있도록 국민연금제도를 개혁하고 재설계하는 노력은 당연히 지속되어야 한다. 그러나 더 이상의 연금 만능주의는 빠르게 늙어가는 우리나라의 대안은 아니다. 연금 만능주의를 확산시키는 것은 노인을 직장과 사회로부터 은밀하게 유리시키는 노인 인종주의의 다른 표현이기도 하다. 연금에 대한 의존성을 줄이는 것이 필요하다. 국민연금은 여러 가지 노후소득보장제도 중 하나일 뿐이다. 국민연금제도가 모든 노인들을 부양할 수 없다. 그들 스스로를 부양하는 방법이든, 다른 무엇이든 대안을 찾는 것이 미래의 준비이다. 국민연금이 모든 것을 다 해결할 수 있다고 선전하는 것은 국민들의 기대치만 높이는 일이다. 실제로 그렇지 않는데 그런 것처럼 환상적인 이미지만 만들어 낸다. 이런 이미지는 실재를 감추고 변질시킨다. 나아가 실재의 부재까지 감추게 된다. 차라리 국민연금의 현실과 미래를 정확하게 전달할 필요가 있다. 어떠한 장점이 있는지, 어떠한 위험이 있는지, 앞으로 국민들은 무엇을 준비해야 하는지 객관적이고 정확한 정보가 소통되어야 한다. 그래야만 미래가 공유될 수 있다. 미래는 정부의 소유도, 현세대와 젊은이의 소유이기도 하지만 노인의 소유이기도 하기 때문이다.

연금 만능주의는 '노후는 모두 국가가 책임진다' 는 무서운 미신으로 발전한다. '은퇴에 관한 국민여론조사' 에서 '은퇴한 사람에게 필요한 대부분의 비용을 정부가 부담할 것으로 보는가' 라는 질문에 우리 국민의 45.9%가 '그렇다' 고 대답했다. 영국계 은행인 HSBC가 작년 말 세계 주요 10개국에서 똑같은 질문으로 실시한 조사에서는 중국 36%, 일본 33%, 캐나다 26%, 미국·영국 20%, 프랑스 12% 등이었

표8-4 2004년 65세 이상 공적연금 수급자현황

(단위 : 명, %)

구분	합계	노령연금 (퇴직, 퇴역연금)	장애연금 (장애, 상이연금)	유족연금	연금 수급률[2]
합계	581,928(100)	519,079(89.2)	3,018(0.5)	59,831(10.3)	13.9
국민연금	458,419	412,682	2,680	43,057	11.0
공무원연금	83,658	75,373	313	7,972	2.0
사학연금	8,877	8,232	6	639	0.2
군인연금	30,974	22,792	19	8,163	0.7

출처 : 통계청, 「2005 고령자 통계」, 2005.10.

표8-5 2005~2050년 국민연금 사각지대 추정

(단위 : 명, %)

구분	60 이상 노인인구	노령연금 수급자	유족연금 수급자	국민연금 비수급자	사각지대 비율	실질사각 지대 비율
2005	6,252,664	1,135,794	226,168	4,890,702	78.2	96.4
2010	7,448,884	2,169,679	363,672	4,916,533	66.0	94.2
2020	9,647,300	3,919,802	845,549	4,881,949	50.6	80.5
2030	12,252,314	5,838,907	1,520,734	4,892,673	39.9	62.8
2040	14,392,173	7,838,493	2,103,442	4,908,238	34.1	49.8
2050	15,208,412	7,609,331	2,277,205	5,321,876	35.0	46.4

출처 : 한국개발연구원, 『안구구조 고령화와 경제적 대응과제(II)』, 2004.12.

다. '지난 1년간 은퇴 이후를 대비해 노후 준비를 했는가' 라는 질문에
는 우리 국민의 44.1%만이 '그렇다' 고 답했다. HSBC 조사에서는 캐
나다 96.5%, 중국 87%, 미국 82.5%, 영국 71% 등으로 대부분 우리보
다 훨씬 높았다. 사회주의 국가인 중국이나 복지제도가 잘 갖춰져 있
는 유럽보다 우리 국민이 국가가 뭔가 해주기를 바라는 경향이 강하
다는 사실을 알 수 있다.

국가가 모든 국민의 노후를 책임질 수 있다면 이보다 더 좋을 수는

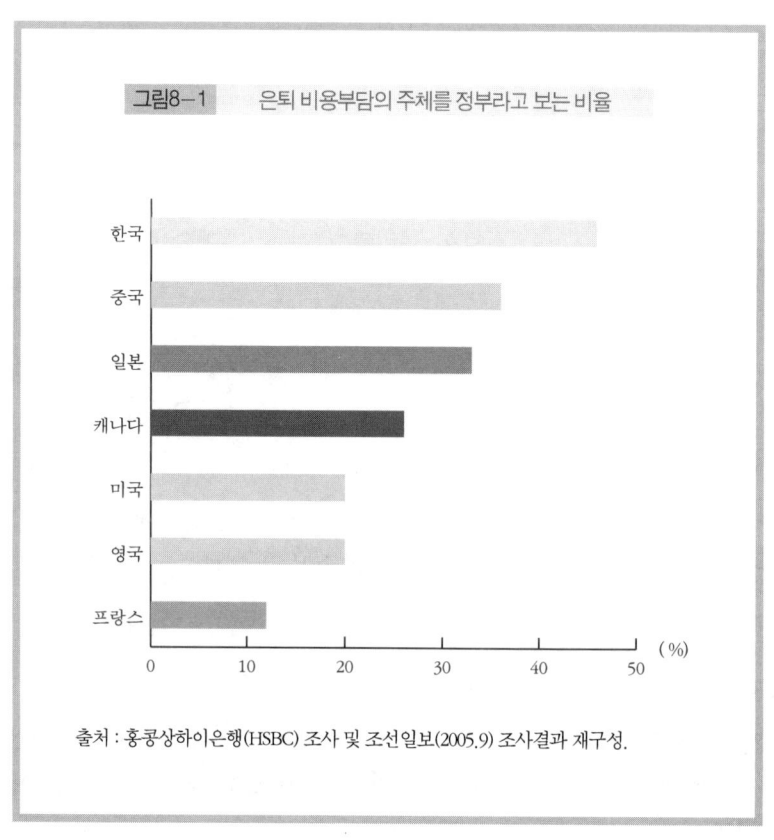

그림8-1   은퇴 비용부담의 주체를 정부라고 보는 비율

출처 : 홍콩상하이은행(HSBC) 조사 및 조선일보(2005.9) 조사결과 재구성.

없다. 할 수만 있다면 이것이야말로 최고의 선이 아니겠는가? 그러나 문제는 불가능하다는 데 있다. 우리나라의 사회보장 지출은 GDP의 10% 내외다. 아직은 절대 부족한 수준이다. 유럽 국가들은 대부분 25~30%에 이른다. 유럽보다 복지 수준이 낮은 미국과 일본도 15~17% 정도다. 유럽 수준의 복지제도를 시행하려면 지금보다 세금을 2,3배 더 거둬야 한다. 복지제도가 발달한 유럽도 정부가 모든 국민의 노후 생활을 책임지지는 못한다. 오히려 지금 유럽은 국가의 사회보장 부담을 줄이기 위한 개혁에 정권과 미래를 걸고 있다. 노후 복지에 대한 정부의 과잉약속과 국민들의 국가에 대한 과잉기대는 고령화 시대의 적절한 복지정책이 아니다.

노인은 일하고 싶다, 그리고 일해야 한다!

미래사회는 노인들이 일하는 사회다. 지금까지 주요 선진국은 물론 우리나라도 은퇴연령이 계속 낮아졌다. 그러나 은퇴연령이 높아지는 역전의 징후가 포착되고 있다. 수십 년간 지속되어온 추세가 가까운 장래에 전환점을 맞는다. 그 시기는 나라마다 처한 환경에 따라 달라진다. 피터 슈워츠에 의하면 미국에서 은퇴 연령이 바닥을 치고 올라가기 시작했다.[3] 2000년 미국인들의 평균 은퇴연령은 64세에서 63세로 낮아졌다. 이것은 그전 50년 동안 계속돼온 추세를 그대로 이은 것이다. 그런 다음 평균 은퇴연령이 다시 높아지기 시작해 2001년 64세, 2002년에는 66세가 됐다. 평균 은퇴연령 상승추세는 앞으로도 계속될 것이 분명하며, 상승 속도는 더 빨라질 것으로 추정된다. 앞으로 수십 년간에 걸쳐 미국인들은 물론 세계 모든 나라 사람들의 은퇴연령도 67세, 68세, 69세 식으로 계속 올라가며, 결국은 70대와 80대로까지 높아질 수밖에 없다. 앞으로 50년 안에 상당히 많은 사람들이 아무리 나이를 먹어도 은퇴하지 않는 상황을 맞게 된다. 이런 사람들은 100 살이 넘어서도 죽을 때까지 생산적으로 일을 계속하려고 할 것이다.

UN도 노인 근로에 대해 정부의 적극적인 역할을 권고하고 있다. 세계고령화총회(World Assembly on Ageing)는 1982년 오스트리아 비엔나에서 회의를 열고 고령화 관련 국제행동계획(International Plan of Action on Ageing)을 채택했다. 같은 해 UN은 이를 인준했다. 고령화 관련 국제행동계획은 고령화, 노인문제 관련정책과 사업의 수립·지침을 위한 최초의 국제기구다. 이 계획이 탄생된 도시를 기념하여 '비엔나계획'이라고 알려지기도 했다. 보통은 전세계 지역과의 관련성을 강조하여 '국제계획'이라고 불리고 있다. 이 계획은 인구의 고령화에 효과적으로 대처할 수 있도록 정부와 시민사회의 능력을 강화하고 노인들의 잠재적 개발능력과 의존 필요성을 알리는 것을 목적으로 하고 있다. 또한 지역적 그리고 국제적인 협력을 증진하도록 하고 있다. 건강과 영양, 노인 소비자 보호, 주택과 환경, 가족, 사회복지, 소득보장과 고용, 교육 등을 중심으로 한 62개항의 권고를 포함하고 있다. 이 가운데 소득보장과 고용 분야를 보면 각국 정부에 대하여 폭넓은 근로의 기회를 제공해야 한다고 권고하고 있다. 또 일부 고용자들이 노인 근로자들에 대한 부정적인 편견을 갖고 있다며 연령에 의한 차별 철폐와 직업생활의 평등한 처우를 보장해야 한다고 지적했다. 소득보장을 위하여 노인들에게 일할 수 있는 기회를 제공해야 된다는 충고다.

우리나라의 경우에도 노인근로는 대세를 이루게 될 전망이다. 노인에 대한 편견이 아무리 판을 쳐도, 노인 인종주의가 아무리 득세를 한다고 해도 언젠가는 노인들이 젊은이들과 차별받지 않으며 일하게 된다. 이것은 세계적이며 동시에 미래지향적인 추세이기 때문이다. 다만 그 시기가 문제일 뿐이다. 그리고 현실적으로도 노인들은 일하고 싶어한다. 아니 일해야 한다. 노인들은 돈이 필요하고 취업을 원하기 때문이다.

한국보건사회연구원의 조사에 따르면 2003년도 노인의 월평균 용돈수준은 13만3,000원에 불과하다.[4] 연령별로 보면 65~69세가 16만 5,000원, 70~74세가 12만1,000원, 75세 이상이 10만3,000원으로 나이가 많을수록 용돈이 적었다. 남자는 18만6,000원이었지만 여자는 10만 원에 그쳐 성별 양극화가 심했다. 용돈수준을 보면 10만 원 미만이 44.8%로 가장 많았다. 10~20만 원 미만은 31.5%였으며 30~50만 원 미만, 100만 원 이상은 각각 2.9%, 1.8%에 머물렀다. 흡연자가 2,000원 정도 하는 담배를 하루 한 갑씩 핀다면 한 달에 6만 원 정도가 필요하다. 오랜만에 친구라도 만나서 중저가 식당에서 와인을 곁들여 식사를 한다면 10만 원 정도가 필요하다. 우리나라의 물가수준을 볼 때 결코 만족스러운 용돈은 아니다. 노인들은 자신의 소득에 대해서 어느 정도 만족하고 있는가. 통계청에 의하면 2003년 만족한다는 비율은 고작 10.4%였다.[5] 반면에 만족하지 못한다는 비율은 52.2%나 됐다. 만족은 1999년보다 줄어들었고 불만족은 늘어났다. 65~79세 노인을 대상으로 한 '장래 근로를 원하느냐'에 질문에서도 노인 근로의 필요성은 입증된다. 조사대상의 43.3%가 취업의사를 갖고 있었다. 취업의사를 갖고 있는 노인 중 생활비를 보태기 위해서라는 비율이 20.4%였고 일하는 즐거움 때문이라는 비율이 16.4%였다.

표8-5   65~79세 노인의 취업의사 및 취업을 원하는 이유

(단위 : %)

구분	장래 근로를 원함(43.3)						장래 근로를 원하지 않음
	일하는 즐거움	생활비 보탬	사회가 필요로 함	건강 유지	무료해서	기타	
비중	16.4	20.4	0.4	1.6	3.8	0.2	56.7

출처 : 통계청, 「경제활동인구조사 부가조사결과」, 2005.

전체 국민들의 의사도 노인들과 비슷했다. 국민들은 노후대비를 위한 시급한 정부정책으로 노인 일자리 창출을 꼽았다. 삼성경제연구소의 조사에 따르면 응답자의 절반에 가까운 48.6%가 일자리를 요구했다. 연금제도 확충과 정년보장 및 연장은 각각 14.7%, 13.5%에 불과했다. 여기서 주목할 만한 사실은 연평균 소득의 많고 적음에 따라 큰 차이가 나지 않았다는 점이다. 연평균 1,000만 원 미만 가구의 경우 노인 일자리 창출이 필요하다는 응답이 58.6%에 달했다. 그러나 5,000만 원 초과 가구의 경우에도 44.3%가 노인 일자리가 필요하다고 응답했다. 특히 소득이 높은 경우에도 정년보장 및 연장이 필요하다는 응답이 늘어났다. 연평균소득 1,000만 원 미만 가구는 정년보장 및

연장에 7.8%가 찬성했지만 5,000만 원 초과 가구는 23.5%가 동의했
다. 이러한 조사결과는 노인 일자리의 필요성과 노인 근로 연장에 대
하여 국민들의 요구가 매우 강하다는 것을 알 수 있다.

표8-6   노후대비를 위해 시급한 정부정책

(단위 : %)

구분	노인일자리 창출	연금제도 확충	정년보장 및 연장	실버타운 확장	노인의료 대책	출산장려	무응답
비중	48.6	14.7	13.5	12.8	7.8	2.5	0.1

출처 : 삼성경제연구소, 「소비자태도조사」, 2004. 11.

이제는 75세가 노인

노인문제를 해결하는 아주 간단한 길이 있다. 노인의 기준과 정의
를 바꾸면 된다. 현재 65세로 되어 있는 노인의 기준을 75세 정도로
높일 필요가 있다. 그리고 65세, 혹은 70세까지 일할 수 있는 조건을
갖추면 된다. 이것은 노인 인종주의를 극복하는 길이기도 하다. 70대
노인의 대부분이 예전 60대만큼 건강한데도 왜 그들에게 70세까지 일
하라고 권하지 않는가? 미래사회의 80대가 지금의 70대, 심지어 60대
못지않은 건강을 자랑한다면 80세까지 일하도록 허락하지 않을 이유
가 어디 있겠는가.

흔히 노인은 65세 이상을 말한다. 이는 UN에서 정한 기준이다. 총

인구 중 노인 비율이 7%를 넘으면 고령화사회(Ageing Society)라고 부른다. 14%를 넘게 되면 고령(Aged Society)이며 20% 이상이면 후기고령사회(Post-aged society) 혹은 초고령사회가 된다. 우리사회에서 노인은 생업을 마치고 자녀들의 부양을 받으면서 조용하게 여생을 정리하는 시기로 치부된다. 하지만 이러한 기준은 의미를 상실해 가고 있다. 여러 가지 면에서 충분히 그럴 만한 이유가 있다. 평균수명의 연장으로 65세를 넘기고도 20~30년을 더 살게 된다. 20~30년 동안이나 아무 일도 하지 않고 죽을 날을 기다리며 살아가야 한다는 것은 심각한 사회적 차별이며 끔찍한 일이다. 노인은 증가하고 이들을 부양해야 할 젊은이들은 줄어들기 때문에 노인도 일하는 것이 현실적이다. 일하는 것은 사회적으로나 노인 스스로에게나 건강을 지켜주는 장점이 있다. 또한 일하는 것은 그 자체만으로 아름답다.

제4장에서 설명한 대로 최근 UN 인구보고서는 우리나라를 포함한 선진 8개국에서 현재 수준의 노동 인구를 유지하려면 정년을 적어도 77세 이상으로 올려야 한다고 주장한다. 고령화 문제의 심각성을 우리보다 먼저 깨달은 선진국들은 나름대로 발빠르게 대책을 마련하여 실시하고 있다. 영국 정부는 최근 정년을 70세로 연장하는 정책을 발표했다. 그 동안 젊은이들의 실업률을 낮추기 위해 정년을 앞당기던 정책을 완전히 거꾸로 되돌리는 방안이다. 정년을 늘리는 것은 심각한 재정불안을 겪고 있는 연금제도를 안정시키는 효과도 있다. OECD는 고령화에 대한 대책으로 1998년 정년을 70세로 재조정할 것을 제안한 바 있다. 우리나라에서는 이미 조선시대에 실학자 이익(李瀷)이 당시의 연령과 별자리의 수 등을 고려하여 70세에 정년을 맞는 것은

너무 이르다고 판정한 바 있다.[6] 이는 평균 수명이 40세도 채 안 되던 시절의 얘기다. 피터 드러커는 미국 정부가 공적연금제도를 채택한 1936년 당시 연금수령 연령이 65세였으므로, 당시의 평균 연령과 현재의 평균 연령을 비교하여 다시 계산할 때 나오는 79세를 정년으로 정하자고 제안한 바 있다. 피터 슈워츠는 『이미 시작된 20년 후』에서 은퇴연령을 점점 높이지 않으면 사회보장제도를 유지할 수 없다고 말했다. 또 미래사회는 은퇴연령이 점점 높아질 것이기 때문에 사회보장제도의 여유가 생길 것이라고 예측했다. 미국의 공식 은퇴연령은 2025년 이전에 75세로 늦춰질 가능성이 있다. 논란의 대상이 되고 있는 미국의 국가부채는 앞으로도 늘어날 것이지만, 장기호황이 그 부채를 갚을 수 있는 수단을 마련해준다. '대통령 자문 고령화 및 미래 사회위원회'의 김용익 위원장은 75세를 '노동 정년'으로 조정하는 것이 고령화대책의 최종적인 목표라고 밝히기도 했다.

지금 우리나라는 55세 전후로 퇴직을 한다. 그러나 이것은 많은 문제를 안고 있다. 우리나라 국민의 중위연령(전 국민을 나이 순으로 한 줄로 세웠을 때, 맨 가운데 선 사람의 나이)으로 비교해 보자. 2000년 중위연령은 31.8세였다. 2005년에는 34.8세로 늘어났다. 2020년에는 43.7세로 높아지고 2050년이 되면 중위연령은 56.2세가 된다. 쉽게 말해 57세 이상인 사람이 총인구의 절반에 이른다는 뜻이다. 지금의 퇴직연령보다 더 높아지게 되는 상황이다. 이에 대해서 최재천 교수는 '두 인생 체제(two-lives system)'를 대안으로 제시하고 있다. 정년을 재조정하느라 소모적인 투쟁을 불러일으키지 말고 차라리 기왕에 벌어지고 있는 '사오정'과 '오륙도'의 추세를 받아들이자는 주장이다. 번식

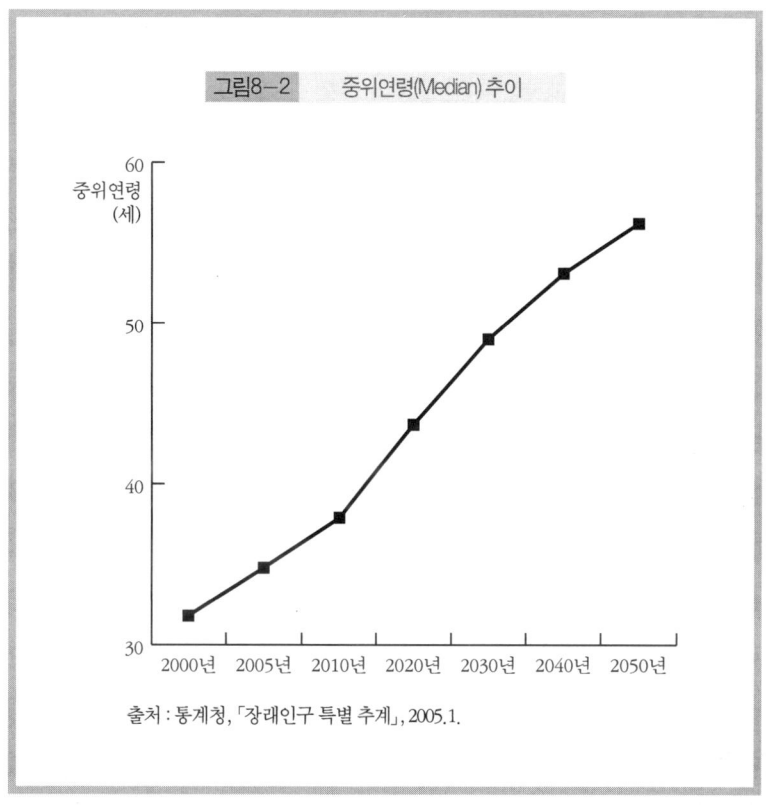

그림8-2 　　중위연령(Median) 추이

중위연령
(세)

출처 : 통계청, 「장래인구 특별 추계」, 2005.1.

기로 규정되는 제1인생과 번식후기의 제2인생을 철저하게 분리하여 살자는 제안이다. '두 인생 체제'에서는 제1인생의 직업을 제2인생으로 끌고 가지 않는 것이 원칙이다. 50세를 전후하여 제1인생에서 은퇴하고 다시 제2인생으로 뛰어들 것을 제안한다. 사회 구조 자체를 고령화에 맞도록 변화시켜 모두가 당당하게 은퇴하고 당당하게 제2의 인생을 설계할 수 있도록 하자고 역설한다. 제1인생의 직업으로부터 은퇴하고 또다시 제2인생을 위한 직업에 뛰어들자고 하는 것은 은퇴

하지 말자는 말이다. 이제부터는 죽기 전에는 은퇴란 없는 걸로 하자
는 그의 제안은 늙어가는 대한민국이 자연히 따르게 될 길이다.

1) 프랑크 쉬르마허, 『고령사회 2018』, 나무생각, 2005.
2) 한국보건사회연구원, 『2004년도 전국노인 생활실태 및 복지욕구조사』, 2005.
3) 피터 슈워츠, 『이미 시작된 20년 후』, 필맥, 2005.
4) 한국보건사회연구원, 같은 자료.
5) 통계청, 『사회통계조사보고서』, 각년도.
6) 최재천, 『당신의 인생을 이모작하라』, 삼성경제연구소, 2005.

제3부 새로운 희망을 찾아서

제9장

<<

새로운 시대의 질서

노부스 오르도 세클로룸 Nobus Ordo Seclorum

자크 아탈리는 "인류의 미래에 대해 비관론자인지 낙관론자인지" 묻는 언론의 질문에 이렇게 대답한다. "낙관론이든 비관론이든 구경꾼에게만 의미가 있을 뿐이다. 미래를 내다보고 뛰는 사람에게 비관론이냐, 낙관론이냐는 아무 의미가 없다. 나는 냉철하게 위험과 기회를 동시에 보려고 노력한다."[1] 변화는 우리를 뒤흔들고 있는데, 방관자처럼 지켜보고만 있지 말라는 충고다. 20세기말 외환위기라는 세계화의 파도는 우리를 그야말로 내동댕이쳤다. 변화에 주목하고 의미를 해석, 대비하지 않은 결과가 무엇인지 값비싼 경험을 치렀다. 세계화의 물결은 날로 강력하다. 정보는 시간적, 공간적 제약을 극복하여 전세계를 연결한다. 국가와 기업, 개인은 매순간 변화와 혁신을 요구받는다.

기회를 놓고 본다면 21세기는 요술상자와 같다. 기술발전에 따른 진보를 믿는 이들은 변화에 환호하며 다음 장면을 기다리고 있다. 최근 한국이 생명과학 분야에서 이뤄낸 진보는 인간이 신의 영역으로 다가섰다는 평가다. 복제와 사이버네틱스(Cybernetics)의 발달로 영생 비슷한 것을 꿈꾸는 사람들도 늘어난다. 정보기술의 발달은 소통의 자유를 확대하고 나아가 직접 민주주의를 실현할 수 있다는 기대를 높인다. 한국은 바로 그 전자민주주의의 사례로 꼽히는 나라다. 우주는 새로운 개척 대상지로 떠올랐다. 식량 생산성은 지속적으로 증가하여 인류가 먹고도 남을 만큼을 생산하고 있다.

기회가 비현실적으로 들리는 데 비해 위험은 구체적인 수치로 경고 사인을 보낸다. 치료비 부담으로 자살을 선택하는 노인들이 늘어나고 굶는 아이들이 수십만을 헤아린다. 나라 전체로는 점점 더 잘 살게 되었지만 빈부의 격차는 전에 없이 커졌다. 경쟁이 치열해질수록 소득, 교육, 정보의 불균형은 심해지는 추세다. 나라밖으로 눈을 돌리면 가난의 참상을 곳곳에서 볼 수 있다. 전 세계에서 연간 3,800만 명이 굶어서 죽는다. 1960년 상위 20%와 하위 50%의 소득 차이는 30배였는데, 1995년에는 60배로 늘어났다.[2] 시간이 흐를수록 부는 한 곳으로 몰린다.

양극화가 이미 만연한 현실이라면, 또 다른 위기는 이제 막 형태를 드러내려는 참이다. 21세기에 한국은 유례없는 도전에 직면했다. 노인은 늘어나고 젊은이는 줄어든다. 한국은 45년 후면 인구 다섯 명 중 두 명이 노인인 나라가 된다. 역사상 찾아볼 수 없는 이런 인구 전이(轉移)가 진행되는 상황에서 실제로 어떤 일이 일어날지 누구도 알 수 없다. 이 책이 그리고 있는 '한국 대탈출'도 발생가능한 시나리오 중 하나다.

'젊은 나라'의 시민들은 점점 더 비참한 상황에 빠져들고 있다. 부유한 북방의 나라들은 노인인구를 부양하기에도 힘에 부친다. 늙어가는 한국의 도시 구석구석에는 경쟁에서 탈락한 사람들이 넘쳐난다. '분노는 포도송이처럼' 익어간다. 폭발하기 직전의 화산처럼 연기와 수증기를 뿜어낸다.

몇 안 되는 자연과학 법칙 가운데서도 유명한 엔트로피 증가의 법칙(열역학 제2법칙)에 따르면 에너지 준위(準位)가 다른 두 물질 사이에서는 반드시 에너지의 이동이 일어난다. 물속에 떨어뜨린 잉크는 모여 있지 않고 퍼진다. 이 법칙을 사회에도 적용시킬 수 있다. 양극화는 불안하며 부자연스러운 상태다. 사회의 불안정한 상태는 갈등과 범죄가 잘 보여준다. 요컨대 양극화, 즉 불균형이 심화되는 것은 자연법칙과도 어긋난다. 언젠가 양극화가 완화되고 새로운 평형상태, 즉 새로운 질서에 도달하는 것이 순리다.

현재의 자본주의는 전에 세계를 지배하던 것과는 다르다. 극심한 양극화와 인구변화는 우리가 지금까지 알고 있던 경제와 사회에 대해 철석같이 믿고 있던 '사실'을 깨뜨린다. 노동자는 자본가보다 더 많은 '생산 수단'을 가지고 있다. 자본가들이 가지고 있는 자본은 전에 비해 하잘 것 없다. 전통적으로 돈을 잘 쓰는 젊은 층은 줄어든다. 생산성은 높아지는데 살 사람은 없어지는 셈이다. 새로운 상품을 찾아내야 한다. 기존에 공동의 재산, 무료로 쓰던 것들이 모두 유료화 수순을 밟는다.

인간은 이제 100년 이상 살 각오 없이는 불행한 노후를 보낼 수밖에 없다. 노인은 일반적으로 사회의 부담으로 취급된다. 발상의 전환이 필요한 시점이다. 노인들은 새로운 질서를 만드는 역할을 이미 시작했다. 중장년층으로 인해 자원(voluntary) 영역의 경제규모가 급증한다. 이는 21세기에도 당분간 심화될 것으로 보이는 양극화 문제를 해소하는 데에도 결정적인 역할을 담당할 것으로 예상된다. 과거에는 국민국가가 빈곤이나 노인 문제를 다루는 데 주도적인 역할을 했다. 그러나 국민국가는 이미 흔들리고 있다. 국가는 사회문제를 다 떠안을 돈도, 능력도 없다. 지역사회, 공동체는 취약계층을 가장 잘 돌볼 수 있다. 특히 제2의 인생을 사는 사람들은 자신들의 가치관에 따라 물질과 시간, 노동력을 사용하려고 한다. 종교는 그들을 동원하는 주요한 핵이 된다.

기존의 도덕과 규범은 균열의 조짐을 보인다. 일부일처제는 법적으로 유지되더라도 실질적으로 무너지고 있다. 이와 동시에 도덕적 보수주의를 강화하는 종교도 힘을 얻는다. '단일민족' 한국은 역사속으로 사라지고 '혼혈 한국' 시대가 시작된다.

새로운 세계는 새로운 질서로 움직인다. 미국을 세운 '건국의 아버지'들은 '시대의 새로운 질서, Novus Ordo Seclorum'를 세우겠다는 사명감을 품었다. 그들의 질서는 지금 세계를 지배한다. 새로운 세계가 펼쳐지고 있으며 그 변화에 대비한 자는 새로운 질서를 주도한다.

자본주의 이후의 자본주의

현실에서 자본주의는 사회주의에 대해 승리를 거뒀다. 유럽의 지식인들은 구소련과 공산주의 국가들의 전체주의나 부패를 진짜 사회주의와 혼동해서는 안된다고 주장한다. 그들은 '실현 가능한 사회주의의 미래'를 논하며, 레온 트로츠키(Leon Trotskii), 로자 룩셈부르크(Rosa Luxemburg), 칼 막스(Karl Marx)의 사상은 여전히 유효하다고 믿는다.[3] 하지만 영국, 프랑스, 독일의 사회주의 정권이 보여준 정책과 정치는 시장과 경쟁의 승리를 다시 한번 확신시켰다. 그들의 뿌리와 이름은 좌파정권이었지만 철저히 우파적 신자유주의 정책을 도입했다. 이제 이데올로기로 정당을 구분하는 것은 구태의연하다. 정책으로 좌우익을 구분할 수 없는 실정이다.

지난 100년간의 경험 때문인지 자본주의가 대세라는 인식이 퍼져 있다. 21세기에도 자본주의가 지배하리라는 믿음이다. 그러나 현실을 뜯어보면 지금 세계 경제의 현상은 우리가 알던 그 자본주의가 아니다. 자본주의의 기본적인 정의와는 완전히 배치되는 일들이 일어나고 있으며 이런 추세는 앞으로 더 강화될 조짐이다.

우선 자본가는 생산수단을 독점하고 있지 않다. 노동자가 생산수단의 상당부분을 소유하고 있는 것이 현실이다. 21세기의 가장 큰 손은 피고용자들이 갹출한 각종 연금기금이다. 피터 드러커는 이를 '연금기금 사회주의(Pension Fund Socialism)' 또는 '자본가 없는 자본주의(Capitalism sans Capitalist)'라고 불렀다.[4] 뭐라 부르든 현재의 그리고 미래의 자본주의는 과거의 그것과 같지 않다. 미국의 기관투자가들은 1992년에 미국 대기업 주식의 50%를 소유했다. 또 미국 중규모 이상 기업 장기부채의 50%를 제공한다. 용어의 정의를 기계적으로 따른다면, 피고용자가 생산수단을 소유하는 것은 자본주의가 아니라 사회주의다. 앞으로 노령화가 진전되면서 연금기금의 파워는 더 강력해진다. 미국의 연방연금 등 공적연금과 민간연금의 자산은 2004년말 현재 7조5,400억 달러로 GDP의 64.3%에 해당한다. 미국내 증시에 투자된 금액은 2조9,940억 달러로 시가총액의 17.4%를 차지한다.[5]

국내 연금기금이 국내 증시에 미칠 영향은 상상을 초월한다. 이미 국민연금은 세계 6대 연금기금이다. 2032년까지는 당기 흑자가 발생하는데, 2035년까지 적립된 기금은 1,715조 원(2000년 불변가치 기준 603조 원)에 달한다. GDP의 41.2%에 해당하는 막대한 기금이다. 국민연금기금 가운데 금융부분은 2005년 9월말 기준 155조 원으로 같은 시기 증시 전체 시가총액 624조 원의 약 24.8%에 해당하는 금액으로 불어났다.[6] 마음만 먹으면 국내 주식시장 정도는 국민연금이 얼마든지 좌지우지할 수 있다. 물론 국민연금의 금융부문이 모두 주식시장에 투자되지는 않으며 해외투자 비중도 커질 것이다. 그러나 막대한 액수가 국내 주식시장에 투입될 것은 확실하다. 게다가 2006년부터 퇴직연금이 도입되면, 연금기금이야말로 한국 자본의 지배자가 된다. 거대 기금에 대한 두려움에 대해서는 국민연금기금운용본부 스스로 인정한다. 조국준 전기금운용본부장은 "기금 고갈이 아니라 기금 홍수가 먼저다"며 "기금 홍수에 대한 대책을 마련해야 한다"고 여러 차례 강조했다.

여기서 역설적인 상황이 발생한다. 연금을 금융시장에 투자하는 자들은 고용된 자들이며, 연금의 주인은 노동자들이다. 그러나 연금기금은 투자 수익률을 높이기 위해 투자한 기업으로부터 높은 배당을 요구한다. 기업이 주주의 수익을 위해 가장 즐겨 쓰는 비용절감 방법은 대량 해고다. 종업원들의 돈이 자신들의 목을 자르는 칼날이 되어 돌아오는 셈이다.

국민연금기금은 난처한 상황에 봉착한다. 국민연금의 투자 방향은 기금운용위원회에서 결정되는데, 기금운용위원회 가입자 대표중에는 양대 노총이 있다. 국민연금기금은 시가총액 상위 기업들의 대주주이다. 동시에 이들 대기업의 노조 역시 거대 노조로서, 노동자 단체를 사실상 이끌고 있다. 국민연금기금이 대기업 노조의 이익에 반하는 경영진의 결정에 대해 찬성하는 방향으로 의결권을 행사하려고 한다면, 노조는 이에 반대하도록 압력을 가할 것이다. 기금운영위원회 표결에 의해 노조 측의 반대가 무산된다 하더라도, 노조는 국민연금에 대한 대대적인 저항을 시도할 수도 있다. 물론 구조조정의 결과 기업이 위기로부터 벗어나고 경쟁력이 강화된다면 아예 도산하는 것보다는 더 많은 고용이 유지된다. 연금기금으로서는 높은 수익을 올릴 의무가 있으므로 누군가의 잘못을 지적할 수는 없다. 분명한 것은 대량 해고를 통해서라도 주주 이익을 실현하도록 강력하게 요구하는 것이 이들 연금기금들이라는 점이다. 연금기금의 돈은 간접투자를 거쳐 투기성 자금에 동원될 수도 있다.

금융자본의 규모는 거대하기 때문에 영향도 막대하다. 1970년대 초반 1일 외환거래액은 100억~200억 달러 규모였던 것이 2000년에는 1일 외환거래액이 세계무역의 75배인 1조 6,000억 달러로 급증했다.[7] 세계화라는 설명이 가장 잘 들어맞는 것이 금융자본이다. 금융은 가장 먼저 세계화된 산업이다.

금융이 세계화 된 배경 역시 자본주의의 변질과 관련이 깊다. 돈에

국경이 없어진 이유는 1971년 금본위체제가 폐지된 것이 계기로 작용했다. 근본적으로는 제조업에서 더 이상 돈을 벌기 어려워진 탓이 크다. 실물경제에서 벌 수 있는 돈이 자꾸만 줄어들었다. 1970년대에 공급이 과잉되면서 이윤율이 떨어지기 시작한 시점과 금융의 세계화가 시작된 시점은 일치한다. 생산성이 향상되면서 팔리지 않는 물건이 쌓이기 시작했다. 따라서 노동자가 설 자리도 점점 좁아지게 되었다. '사람이 회사의 재산'이라는 말만큼 사탕발림도 없을 것 같다. '인적 자원'이란 말은 소수의 엘리트에게나 해당되는 말로 들린다. 언제부터인지 기업은 노동자를 '정리해야 할' 짐으로 인식하는 분위기다. 제러미 리프킨이 지적한 대로 노동은 소멸하고 있다. 조립 라인의 노동자만이 아니라 중간관리자 및 사무직의 대규모 감원이 대세이다. 생산성이 높아져서 물건은 넘치는데, 노동자들은 살 돈이 없다.

제조업 노동자의 수는 점점 더 감소하지만 노동조합의 정치적 영향력은 상당 기간 유지될 전망이다. 이는 농업이 산업의 주인공 자리를 내주면서 일어난 현상에서 얼마든지 유추가 가능하다. 한국을 포함한 산업화된 국가들은 농민들이 농사를 포기하면 돈을 준다. 농업 선진국들은 온갖 방법을 동원해 농업 보조금을 지급한다. 농산물이 남아서 썩어가고 있는 데도 어쩔 수 없다. 농업, 임업, 어업이 국내총생산에서 차지하는 비중은 전부 합쳐 4%에 못 미치지만 무역협상 때마다 전국적 뉴스로 등장한다.

같은 일이 제조업에서도 반복된다. 제조업 기반을 지켜야 한다는 논리에 민족주의 정서가 더해져 감정에 호소하는 노동자들의 시위는 점점 더 늘어날 것이 뻔하다. 보조금을 지급하는 것은 정치적으로 피할 수 없는 일이라 할지라도, 경제적으로는 큰 도움이 안 된다. 농업에서 경험을 통해서 익히 알고 있는 사실이다. 농업의 경쟁력을 키운다며 지금까지 재정을 투입하고 있지만 수입 농산물의 양이 늘어나는 것을 막을 수는 없었다. 보조금 비용은 또 다른 노동자들의 월급봉투에서 나간다.

런던과 월스트리트의 자본은 금융을 세계화하여 제조업에서 이윤율을 만회하는 데 성공했다. 생산성의 증가에 따라 제조업에서는 돈을 벌기 어려워졌다는 것은 좌우 경제학자의 견해가 일치한다. "블루오션을 찾으라"고 하는 것이나 "자본의 지배는 새로 정복할 땅이 있을 때까지만 지속될 수 있다"는 것이나 위기진단은 같다.

새로운 자본주의에 대한 대응은 크게 두 가지다. 우선 새로운 시장을 찾는 경쟁에 '올인' 하는 것을 생각해볼 수 있다. 만약 새로운 시장을 찾고 공략한다면 모든 것을 차지한다. 그러나 나라 안에서, 나라들 사이에 분배의 불균형은 더 심해진다. 한국은 후발 주자라는 불리함을 안고 있다. 선발 주자들이 임의로 만든 규칙이 억울하다고 해도 따라야 한다. 또 다른 선택은 아예 승자 독식의 구조를 거부하고 사회주의적 방식으로 선회하는 길이다. 사실 선진국들은 새로운 시장에서 한국의 몫이 커지도록 허용하지 않을 가능성이 크다. 그러나 현실적으로 한국은 전자를 택하였으며 앞으로도 그럴 수밖에 없다. 한국은 새로운 시장을 찾아야 한다.

인구변화는 기회다

인구변화는 탈자본주의 또는 자본주의의 변신을 유도한다. 생산성이 증가하는 데 인구가 줄어드는 것은 이만저만 심각한 문제가 아니다. 노인이 늘어나는 것보다는 젊은이가 줄어드는 것이 더 심각하다. 장기불황을 겪은 일본의 노인은 지갑을 잘 열지 않는다. 성장에 대한 기대가 없이는 주식시장도, 자본주의도 없다.

고령사회에서는 새로운 소비자가 늘어나기보다는 한 소비자의 수명이 길어진다. 노인들은 새로운 기술이 적용된 제품보다는 기존에 사용하던 제품을 그대로 쓰려는 경향이 강하다. 따라서 기업은 새로운 것을 파는 전략보다는 업그레이드를 통해서 이윤을 남기는 전략을 쓰게 된다. 물건을 파는 것이 아니라 관계를 형성하는 것이 더 중요하다. 다국적 식품기업 한국네슬레는, 식당에서 흔히 볼 수 있는 소형 커피자판기를 공짜로 설치해준다는 광고를 한다. 몇 년전까지만 하더라도 커피자판기를 설치하려면 자판기 회사에서 커피를 구입해야 하는 것은 물론이고 기계 대여비 명목의 돈을 내야 했다. 제러미 리프킨은 이러한 경향을 『소유의 종말 The Age of Access』에서 명쾌하게 정리한다.[8]

"접속 중심의 구도에서 기업의 성공은 시장에서 그때그때 팔아치우는 물건의 양보다는 고객과 장기적 유대관계를 맺을 수 있느냐 없느냐에 따라 점점 좌우된다. 산업시대에는 소비자에게 상품을 팔면서 무료 애프터서비스를 제공하는 데 주안점을 두었다. 그런데 지금은 거꾸로 되고 있다. 요즘은 후속 서비스를 통해 고객과 장기적 관계를 맺겠다는 계산으로 상품을 아예 공짜로 제공하는 기업이 늘어나고 있다."

한 개인의 삶은 그 자체로 시장이 되었다. 삶의 모든 순간을 온갖 방법으로 상품화할 경우 기업에게 그 사람의 가치는 막대하다. 기업은 이를 '평생 가치(Lifetime Value)'라고 부른다. 미래사회는 고령화로 개개인의 삶이 길어지고 저출산으로 신규 소비자가 줄어든다. 이런 사회에서 물건 자체를 팔기 위한 산업 생산은 점점 축소되기 마련이다. 노인에게 새로운 물건을 팔려고 하는 것보다는 젊어서부터 제품과 서비스에 매여 있도록 하는 것이 공급자로서는 효과적인 전략이다.

노인들은 경험과 활동, 관계를 사려고 한다. 은퇴 후 아무것도 하지 않고 보내기에는 남은 인생이 너무 길기 때문이다. 자신이 가진 시간을 여건에 따라 노동, 재교육, 여가에 적절히 배분한다. 노인이라고 여가 시간에 산책만 하기에는 육체가 건강하다. 약삭빠른 기업들은 인간적 관계를 가장하여 노인에게 접근한다. 자동차를 리스로 구매한 노인을 대상으로 취미클럽을 조직해주고 활동을 후원하는 서비스가 나올지 모른다. 수많은 여자 노인에게는 이렇게 접근하는 수도 있다. "당신의 아들은 아니지만 저희가 어머님의 자동차를 관리해 드리겠습니다." 이 노인들은 기업들이 제공하는 서비스의 실체가 진짜 애정, 인간관계가 아니라는 것을 잘 알면서도 구매하게 된다.

고령화는 금융자본에 있어서도 나쁜 소식만은 아니다. 노후가 길어지면서 연금 지급에 필요한 적립금의 규모가 커지기 때문에 자본 유입도 커진다. 앞에서 언급한 대로 한국의 금융 시장은 국민연금 하나만으로도 자금의 홍수를 맞게 된다. 적립을 하지 않고 지급에 필요한 만큼 보험료를 걷는 부과식 연금제도에서는 기금의 규모가 크지 않다. 그러나 한국과 같이 급격히 고령화하는 사회에서는 부과식 제도를 감당할 수가 없다. 고령화가 심화되면 공적연금만으로 노후를 보장하기에는 부족하다. 직종별로 또는 기업별로 퇴직연금(기업연금)이 국가가 운영하는 연금을 보완한다. 최근에는 민간 보험회사를 통해 개인연금에 가입하는 사람들도 늘어난다. 연금 자본주의 또는 연금 사회주의로 전환이 일어난 것은 고령화와 관계가 깊다.

연금기금은 한국에게 위험이자 기회이다. 결국에는 미래세대에게 무자비한 부담이 되겠지만 고령화 초기에는 활용하기에 따라 잠재력이 엄청난 금고이다. 막대한 규모의 연금은 국내 자본시장을 키우고 발달시키는 데 어떤 식으로든 영향을 미친다. 연금기금 투자에 정부의 영향력을 최소화하여 운영에 자율성이 보장되는 것이 연금기금의 미래에 가장 좋은 방향이다. 특히 국민연금은 국내 주식시장에서 우량주 중심으로 매입하기 때문에, 대기업들의 주요 대주주가 된다. 국민연금의 투자 결정 과정에 정부의 입김이 크게 작용한다면, 국민연금 때문에 기업은 정부의 눈치를 보게 된다. 새로운 관치 경제의 등장이다.

지금까지 노인은 구매자로서 환영을 못 받았다. 그러나 달리 보면 새로운 시장이기도 하다. 지배문화는 가장 빠르게 성장하는 인구집단에 의해 형성된다. 몇 년 전부터 386이 화두가 된 것은 그들이 한국의 베이비부머로서 수가 많기 때문이다.[9] TV와 대중문화는 이 세대들의 취향에 맞춰 조금씩 변하게 된다. 청년문화의 위세는 점점 약해진다.

미국의 연령컨설팅업체인 에이지웨이브에 따르면, 미국의 50세 이상 중고령자는 미국 전체 자산의 70%를 보유하고 있고, 금융자산의 77%(뮤추얼펀드의 40%, 주식보유자의 66%), 약국에서 파는 단순·일반 의약품(OTC) 소비의 51%(처방약 시장의 74%)를 차지하고 있다.[10] 그러나 이른바 '실버산업'으로 불리거나, '노인용'을 표방하는 제품이 대박을 터뜨릴 가능성은 낮다. 일본의 화장품업체인 시세이도는 1997년 '아름다운 50대가 늘어나면 일본은 변한다'는 광고 카피를 통해 시니어용 신제품을 판매했으나 '50대'라는 표현에 거부감을 느낀 여성들이 늘어나면서 실패하고 말았다. 노인의 필요를 공략하되, 노인용이라는 이미지가 부각하지 않는 쪽으로 마케팅은 이동한다. 2015년경에는 한국의 베이비부머들이 노년기에 접어들기 시작한다. 새로운 시장의 키워드 가운데 하나는 '수명연장'이다.

'가치 경제'의 도래

세계화는 거스를 수 없는 대세라고들 한다. 그러나 보수와 진보 성향을 막론한 석학들은 '전세계 단일 시장'의 부작용이 심각한 수준이라는 데 대체로 같은 목소리를 낸다. 세계화의 부작용은 극심한 빈부격차, 민족 국가의 주권 약화, 생물다양성 파괴, 문화 획일주의 등이다. 무엇보다 가장 심각한 것으로 인식되는 것이 빈곤의 문제다.

1960년에는 세계 상위 20%의 소득이 하위 20%의 약 30배였는데, 오늘날에는 이 간격이 82배로 늘어났다. 전세계 최고부자 100명은 하위 15억 명보다 더 많은 재산을 가지고 있다.[11] 빌 게이츠 한 명의 재산이 미국 인구 하위 50%의 재산보다 더 많다. 1982년에서 1998년 사이, 주변부 국가들이 상환한 금액의 총액은 원금의 4배가 넘는다. 이는 1979년 미국 연방준비제도이사회에서 갑작스럽게 금리를 인상하는 등 동시에 여러 가지 악재가 터졌기 때문이다. 어찌되었든 1998년 주변부 국가들의 채무는 1982년에 비해 4배나 증가했다.[12] 세계적으로는 연간 3,800만 명이 굶어 죽는다. 8억 명이 기아에 허덕인다. 농업 생산이 부족해서가 아니다. 기본적인 식품의 세계총생산은 수요의 110%로, 전 인류가 먹고도 남는다. 세계의 부는 점점 커지고 있으나 가장 가난한 사람들의 처지는 나아진 것이 거의 없고, 더 심해지기 예사다. 1960년에 중국과 제3세계 국가의 1인당 평균 소득은 제1세계 국가와 비교할 때 4.7%였다. 이 비율은 1998년 4.8%로 별다른 변화가 없다. 비율이 유지된 것은 그나마 중국의 고속 성장 때문이다. 중국을 제외하면 이 비율은 1960년 6.7%에서 1998년 5.9%로 오히려 떨어졌다. 선진국들의 성장을 감안하면 소득의 절대액 차이는 훨씬 더 커진 셈이다.[13]

국내에서도 양극화는 모든 분야에서 나타난다. 특히 1997년 외환위기 이후 소득 격차가 갑자기 커졌다가 일시적으로 회복되는 듯했으나 2004년 이후 다시 벌어지고 있으며 앞으로도 1997년 이전 수준을 회복하기는 어려워 보인다. 소득 외에도 교육 격차도 뚜렷하며 이는 다시 소득 격차를 강화하게 된다. 결식 아동 수는 2004년말 기준으로 41만 명에 육박한다. 자살, 가족 살해, 가족 해체도 심각한 양상으로 치닫는다. 경제가 성장하더라도 이런 문제는 해소되기 어렵다. '고용없는 성장'은 앞으로도 점점 더 많은 탈락자를 만들어 낼 것이 분명하다. 혼란과 고통의 시간 속에 새로운 움직임이 태동한다.

표9-1 소득분배구조의 변화 추이

계수	1997	1998	1999	2000	2001	2002	2003	2004	2005 1분기
1분위 계층 / 5분위 계층	1.49	5.41	5.49	5.32	5.36	5.18	5.22	5.41	5.87
지니계수	0.283	0.316	0.320	0.317	0.319	0.312	0.306	0.310	—
1인당 GDP($)	10,371	6,864	8,705	9,822	9,026	10,004	12,631	14,100	—

출처 : 통계청, 『전국가계조사』, 각년도, 2005년 1분기 가계수지 동향.

표9-2 지역별 중학생 학업성취도

	상위 지역		하위 지역
1	서울 강남(61.1점)	179	서울 강동(42.5점)
2	대전(57.4점)	178	충북(43.1점)
3	서울 서초(55.4점)	177	서울 구로(43.5점)
4	서울 강서(54.3점)	176	서울 중랑(43.6점)

출처 : 「중학교부터 학력 양극화… 대학입시까지 이어져」, 조선일보, 2004.9.10.

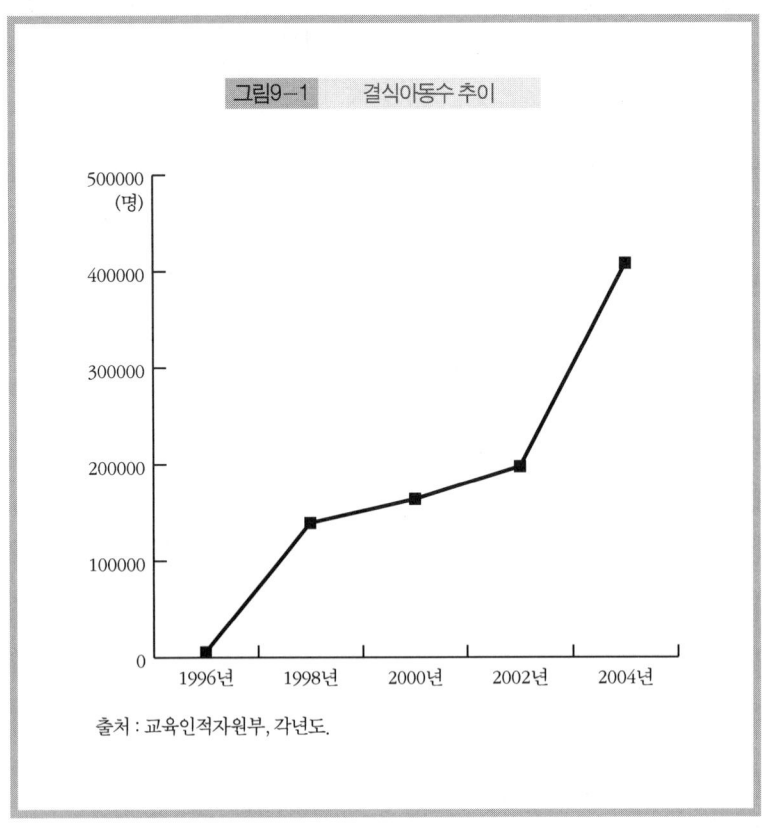

그림9-1 결식아동수 추이

출처 : 교육인적자원부, 각년도.

 파국을 막는 힘은 정부도, 기업도 아닌 제3의 영역에서 나온다. 제3의 영역은 자원(voluntary) 인력과 결합하여 사회를 지탱하는 힘이 된다. 제3의 영역은 시민사회의 비영리기관들로 이루어진다. 그들은 영리를 목적으로 일하지 않으며 취약계층을 돕거나 사회적으로 필요하지만 부족한 물품과 서비스를 공급한다. 이런 기관은 최소한의 유급인력을 고용하며, 수많은 자원자들이 무상으로 전문성을 공급한다.

 시민사회의 힘은 바로 이 이름 없는 자원 인력들이다. 이들은 아무

보수도 없이, 자신들이 옳다고 생각하는 가치를 위하여 일주일에 몇 시간씩 일하기를 주저하지 않는다. 때로는 자금 후원까지 한다. 독거 노인의 집을 청소하는 네트워크가 있다고 하자. 이 단체도 후원금을 받고, 재정 지출을 하므로 회계보고를 해야 한다. 단체가 대규모가 아닌 한 회계사를 고용할 수도 없고 회계사무소에 맡기는 것도 부담이 된다. 이때 원로 회계사가 기꺼이 이 일을 무상으로 맡아주면 된다. 시민단체로서는 재정을 절감할 수 있을 뿐 아니라, 이러한 운동이 사회적으로 확대되는 계기를 마련할 수 있다는 데서도 성공적이다. 생활이 안정된 원로 회계사로서도 이런 가치 있는 일을 하면서 비즈니스와는 비교할 수 없는 보람을 느낀다. 이 단체가 비용을 절감한 덕분에 더 많은 노인에게 서비스가 제공될 수 있으므로 사회에도 이익이 된다.

건강한 공동체는 신뢰를 구축한다. 사회의 신뢰는 건강한 경제의 조건이다.[14] 미국에는 1999년 기준으로 114만 개가 넘는 비영리 제3부문 조직이 있다. 이 조직들의 연간 예산은 6,210억 달러에 이른다. 미국 노동 인구의 7% 가까이가 제3부문에서 일하고 있다. 주목할 것은 9,300만 명 이상이 1주일에 평균 4.2시간씩 무보수로 일했다는 점이다.[15] 이것이야말로 진정한 '피플 파워'다. 그들은 '봉사자' 또는 '돕는 자'라기보다는 동반자로서 일에 참여하고 있다. 참가자들은 시간적으로 여유가 많은 이들이 아니다. 평균적인 참가자들은 전문직업을 가진 남편 또는 아내로 30~40대 중반 맞벌이 부부들이고, 교육수준이 높고, 경제적으로 안정돼 있으며 바쁜 사람들이다.

유럽에서도 제3부문이 성장하고 있다.[16] 유럽의 제3부문의 규모는

1조1,000억 달러 수준이며 정규직 유급 노동자는 1,900만 명에 달했다. 서비스 노동자 중에는 10%가 제3부문에서 일했다. 유럽 22개국에서 비영리 부문의 지출은 GDP의 4.6%에 해당한다.[17)

미국에서 자원 인력이 빠르게 늘고 있는 것은 봉사활동의 수요가 증가했기 때문이 아니다. 그들은 무엇인가 가치 있는 일, 효과적인 일, 의미 있는 일을 하고자 하는 욕구를 느낀다. 가치(value)가 이들을 움직이고 있다. 자원 인력 증가는 특히 교회를 중심으로 일어나고 있다는 것도 자원 부문이 가치관에 기반을 두고 형성되고 있음을 보여준다. 무보수 활동은 대개 지역 공동체 중심으로 이뤄지지만, 네트워크의 발달로 전세계적인 운동에도 쉽게 동참할 수 있다. 자신의 가치관에 맞는 조직이 있다면 공간적 제약 없이 생각을 공유하고 전세계적 전략을 수립할 수 있다. 이들이 살고 있는 지역은 다르지만 동시에 전세계적인 조류를 이끌어 낼 수 있게 되었다. 따라서 제3부문과 관련된 일련의 경제활동은 '가치 경제(Value Economics)'라고 부를 수 있다.[18)

가치 경제는 자본주의와 세계화의 부작용들에 대한 가장 가능성 있는 대안이다. 알콜중독 부모를 가진 아이를 돌보고, 아들이 찾지 않는 노인에게 식사를 차려주는 일을 할 수 있는 것은 지역사회의 여러 공동체 외에는 없다. 시각장애인의 아이에게 글을 가르치고, 가출한 미혼모를 받아주는 곳도 시민사회의 여러 단체들이다. 비영리기관을 동네 자원봉사자 모임들 정도로 우습게 보아서는 곤란하다. 가치 경제는 이미 상당한 수준으로 성장했다. 앞으로는 더욱더 빠르게 늘어날 전망이다.

'제2의 인생'은 가치 경제의 도화선

양극화가 심각해지자 정부의 역할을 요구하는 목소리가 높다. 잘못 짚었다. 가난은 나랏님도 구제 못한다. 부를 재분배하려는 국가 정책은 대개 실패했다. 미국, 영국, 러시아는 가장 강력한 재분배 정책을 펼쳤으나 현재 빈부 격차가 가장 심한 나라들이다. 오히려 의도적인 재분배정책을 시도하지 않은 일본이 가장 평등하다.[19] 사람 수는 적되, 효율적인 정부가 맞다. 정부는 할 수 있는 것보다 할 수 없는 일이 더 많다. 세금을 지원하기 위해서는 온갖 금지 규정들이 있기 때문이다. 지원 대상자들의 도덕적 해이는 보수주의자들의 단골 지적 사항이다. 지원에 형평성 시비를 피하기 위해서 정부는 막대한 인력을 고용해야 한다. 미래는 고사하고 현재의 정부도 그렇게 많은 인력을 고용할 여력이 없다. 고용한다고 하더라도 지원 비용보다 행정 비용이 더 커질 것이 자명하다.

정부가 사회 서비스를 확대할수록 시민 사회는 할 일이 줄어든다. 시민의 몫은 세금을 더 내는 것뿐이다. 정부 조직이 확대되면 누수되는 세금이 많아지는 것은 이제 상식이다. 유럽의 비영리부문이 미국만큼 발전하지 않은 것도 같은 이유다. 유럽인들이 자선 단체에 연평균 57달러만 기부하는 데 비해 미국인들은 2002년에 평균 953달러를 기부했다. 국제원조를 국가별로 비교하면 미국은 대부분의 유럽국가보다 못하다. 이 수치는 미국의 전체 원조 중 60%에 달하는 사적인 기부를 제외한 통계이다.[20] 공산국가에서는 국가가 아예 비영리부문의 기초를 철저히 파괴했다. 확대된 정부는 시민사회를 방해하기까지 한다. 국민의정부 이후 사회복지 전담공무원이 지속적으로 늘고 있는 것은 반길 일만은 아니다. 앞으로 한국 사회의 비영리부문이 성장하여 공동체를 돌보는 일을 하려고 할 때, 서로 경쟁관계를 형성할 가능성이 높다. 늘어난 공무원 조직은 축소를 우려하여 비슷한 일을 하는 비영리기관이 설립되거나 활동하는 것을 방해할 수도 있다. 당장 부족한 사회 서비스에 대해서는 아웃소싱을 통해서 해결하면 된다.

공무원 조직이 시민사회 영역의 긍정적인 활동을 방해하는 사례는 드물지 않다. 미국 위스콘신주의 하워드 풀러(Howard Fuller)는 장학관으로 근무하면서 흑인과 히스패닉계 청소년들이 학교교육을 제대로 마칠 수 있도록 하기 위해 노력했으나 성공하지 못했다. 방법을 바꾸기로 결심한 풀러는 장학관직을 그만두었다. 그는 1995년 '교육 수표' 제도를 도입하도록 주정부를 설득하는 데 성공했다. 주정부는 저소득층에게 학비로만 쓸 수 있는 수표를 지급했다. 전에는 주로 백인들만 다니던 사립학교에 유색인종들이 점차 늘어났다. 인종간 분리는 저절로 해결되었다. 공립학교의 정원은 15%가 줄어들었다. 공립학교는 교육쇄신을 시작했다. 교육 수표 제도 덕분에 거리로 뛰쳐나갔을 아이들을 상당수 구할 수 있었다. 이 제도가 도입되는 것을 가장 반대한 곳이 공교육 노조였다. 공교육 노조는 상당한 자금을 동원해 TV 광고까지 실시했다. 그들은 "공교육을 해체하려는 보수주의자들의 음모"라는 논리를 내세웠다. 어디서 많이 들어본 듯하지 않은가? 풀러의 노력에도 불구하고 공교육 노조는 이 제도가 전국적으로 확산되는 것을 저지하고야 말았다.[21]

한국의 자원 영역(營域)은 걸음마 수준이다. 이름난 시민 단체들도 자원봉사자들이 부족하니, 작은 단체는 언제나 인력부족에 허덕인다. 2003년 한 번이라도 자원봉사 경험이 있는 사람의 비율은 14.6%에 그쳤다. 이 비율은 1999년에도 13.0%였는데, 한국 사회의 빠른 변화에 비하면 자원봉사자 수는 좀처럼 늘지 않고 있다. 사회 활동의 통로가 되는 단체 참여율도 높지 않다. 혈연, 지연, 학연 모임이 활성화돼 있는 것과는 달리 사회단체 가입은 저조하다. 사회단체에 소속돼 있는 한국인은 2003년 44.8%로 선진국에 비해 낮다.[22] 1999년 조사결과를 보면 미국인들 중 71%가 봉사단체에 가입해 있으며, 캐나다 64%, 영국의 52%, 옛 서독이 67%이다.[23] 다만 지난 1999년 가입율이 23.1%였던 것과 비교하면 자원 활동이 늘어날 조짐이 보인다. 한국에서도 10년 내에 자원 인력, 즉 가치 경제부문이 급격히 늘어나리라고 전망된다.

고령화는 가치 경제 성장의 기폭제가 된다. 미국에서 자원 인력이 늘어나는 것은 노인 중산층의 증가와 관련이 깊다. 고용의 불안정성이 높아지면서 평생직장의 개념은 사라졌다. 50대 초·중반은 대개 첫 번째 직장 또는 직업에서 은퇴를 하는 시점이다. 제2의 인생을 시작해야 한다. 제2의 시기에 하는 일은 노동 강도와 보수가 낮은 경우가 대부분이다. 고급 지식노동자는 여전히 같은 일을 하겠지만, 제1의 인생에서보다는 더 많은 자유가 있는 형태로 일하려고 한다. 정규직에서 비정규직으로, 피고용자에서 프리랜서 형태로 전환하게 된다. 대신 좀더 가치 있는 일을 하기 원한다. 은행 간부 출신의 50대는 장애인 사업체의 재정 컨설팅을 무료로 해줄 수 있다. 60대 변호사는 어린이 인권보호단체의 법률 업무를 전담해준다. 시장에서 구매하려면 매우 값비싼 서비스들이다. 고령화는 가치 경제가 뿌리를 내리고 뻗어나가는 데 결정적인 환경을 제공한다.

최근 국내에서 논의가 시작된 '사회적 기업(Social Enterprises)' 도 자발적 움직임을 기반으로 한다. 사회적 기업은 정부나 기업으로부터 공급되지 않지만 사회, 특히 지역사회에 필요한 물품과 서비스를 제공하면서, 고용을 창출할 수 있는 조직이다. 수익 배분이 목적이 아니라는 면에서 기업과 다르지만, 영리활동을 한다는 면에서는 기업과 같다. 공동체에 필요한 복지 서비스를 전부 정부부문이 제공하는 것은 재원낭비와 비효율, 관료주의를 초래한다. 사회적 기업은 지역사회와 국가에 필요한 서비스를 제공하기 위한 자발적인 움직임으로 시작되기 때문에 다양한 자원 인력을 발굴하려고 노력한다. 또 낙후된 지역에서 일어나는 사회적 기업은 지역경제를 부흥시키고 일자리를 창출한다. 다른 OECD 국가들이 우리와 유사한 GDP를 기록한 시점과 비교할 때 우리나라는 의료, 복지 등 사회 서비스 분야에서 추가로 250만~400만개의 일자리를 더 만들 수 있다.[24] 이를 시민사회와 자원 영역에서 만들어 내고자 하는 것이 사회적 기업이다. 우리는 복지를 늘려야 하지만 정부가 이를 전담하는 것은 효율적이지 못하며 기업이 할 일도 아니다. 고용없는 성장으로 실업은 늘어만 간다. 사회적 기업은 이 두 마리 토끼를 잡기 위한 실현가능한 대안이다. 2005년 정부와 야당은 각각 사회적 기업을 국내에 정착시키는 방법을 검토중이다.

'사회주의가 아니면 야만' 이라고 믿는 이들이나 시장이 최선이라고 주장하는 측이나 모두 이 추세가 계속되어서는 안된다고 말한다.

경영자에게 막대한 보수를 주면서, 종업원을 마구잡이로 해고하는 사회는 적대감으로 차오른다. 사회는 앞으로 대가를 치르게 된다.[25] 현재 벌어지는 부의 집중은 시한폭탄이다. 언젠가 폭발하고야 만다. 우리 사회를 받쳐줄 공동의 초석은 '형제애'이자 '인간적인 길'이다.[26] 경제에서 나타나는 형제애적 부문이 비정부기관·비영리기관으로 대표되며, 자원 인력이 이끌고 있는 가치 경제이다. 한국에서 21세기 가치 경제 활성화의 열쇠는 노인에게 있다.

노인이 대학을 바꾼다

대학만큼 바뀌지 않는 곳도 드물다. 수백 년 전을 다룬 영화를 봐도 교수가 강의하고 경사진 좌석에 학생들이 앉아 있다. 교수는 중년 아니면 노인, 학생은 언제나 홍안의 젊은이들이다. 앞으로는 다르다. 강의석 앞자리는 반백의 노인들 차지가 된다.

제2의 인생을 살기 위해서는 제2의 교육이 필요하다. 은퇴자들은 제2의 인생에서 자기가 꿈꾸던 일을 하고 싶어한다. 이런 은퇴자들은 젊은이들에 비해 배움에 대한 열정이 결코 뒤떨어지지 않는다. 특히 전문직이나 관리직으로 일하던 이들은 새로운 텍스트를 읽고 이해하는 데에도 큰 어려움을 겪지 않는다. 51세에 로스쿨에 입학하여 55세에 변호사가 되지 못할 이유가 없다. 2050년이며 여자는 87세까지 살수 있다고 한다. 혁신적인 기술이 등장하여 더 오래 살 가능성도 적지않다. 55세에 변호사가 되면 넉넉잡아 25년간 변호사로 활동할 수 있다. 그는 변호사로서 제2의 인생을 살면서 법의 서비스를 받지 못하는 소외된 사람들을 위해 실비만 받고 법률 상담을 하거나 시민단체에서 일정 시간을 무보수로 일할 수도 있다. 사실 한 가지 일만 하기에는 인생이 너무 길다.

어떤 이들은 인생의 전반부에서 하던 일을 계속하기를 원한다. 그는 더 확실한 재교육이 필요한 사람이다. 그가 제1의 직장에서 물러난 이유는 아마도 경영진이 보기에 그가 하는 일에 비해서 급여가 많기 때문이다. 지식 기반 경제에 있어서 지식 노동자에게 요구하는 것은 지식이다. 지식 노동자는 항상 새로운 지식을 보충해야 한다.

제2의 고등교육에 대한 수요는 지금도 적지 않다. 방송통신대학교 입학생의 절반 이상이 30세 이상이다. 40세 이상도 11.6%나 된다. 재학생 중 편입생의 비율은 1997년 41.6%, 1998년 46.4%이며 1999년에는 50%를 상회했다. 고등교육을 다시 받고자 하는 사람이 증가하고 있다는 뜻이다. 이들의 최종학력 분포를 보면 전문대졸이 73.4%, 4년제 대졸이 20.1%로, 편입동기가 새로운 전문 지식을 습득하는 데 있음을 알 수 있다. 학생 중 직장인의 비율은 85%에 이른다.[27]

대학이 너무 많다고 난리들이다. 신입생 유치경쟁이 이만저만이 아니다. 대학들은 여전히 10대 예비 대학생에만 집착한다. 고령자 입학생은 구조조정 압박을 벗어나는 탈출구가 될 수 있다. 지식기반 사회에서 대학이 어린 신입생만을 고집하는 것은 시대에 한참 뒤떨어지는 사고다. 대학은 평생교육원에서 피상적인 과정만을 노인에게 전달할 것이 아니라, 진짜 전문적인 교육을 받을 수 있는 프로그램을 설치해야 한다. 지방대학이 은퇴자 또는 예비은퇴자들을 적극 공략한다면 기존에 그 대학으로서는 모을 수 없었던 역량 있는 신입생들을 확보할 수 있는 장점도 있다.

대학도 서서히 변신 중이다. 1999년 현재 미국대학 54%가 원격교육 서비스를 제공하고 있다.[28] 국내에는 아예 캠퍼스는 없고 온라인으로만 교육하는 사이버 대학이 여럿 있다. 기존의 일류 대학은 기득권을 유지하기 위해 다양한 전문 교육을 실시하는 데 소극적이다. 대학이 성과 위주로 평가받는 시기에는 달라질 수밖에 없다. 이미 전문 대학원이 세계적인 추세로 자리잡았다. 경영대학원이 인기이고 미디어연구소도 특화되었다. 카이스트와 한국전자통신연구원이 공동으로 최고 전문가를 강사로 초빙, '지식경영스쿨'을 만들어 경영자들의 관심을 끌고 있다. 21세기에는 고령자 교육의 흐름을 읽고, 부응하는 교육기관이 번성한다.

학무지경(學無止境), 배움에는 끝이 없다. 이 말이 지식기반 사회에서처럼 현실적으로 쓰인 적은 없다. 지식으로 일하는 미래의 노동자들에게 배움은 숙명이다. 일하지 않는 자 먹지도 말라고 했다. 21세기는 '배우지 않는 자도 먹지 말'아야 하는 세상이다. '배우고 또 때때로 익히기를 즐기'는 노인들이 늘어난다. 젊은이들이 노인을 동정할 대상이 아니라 경쟁상대로 여기는 날이 오고 있다.

일부일처제의 운명

2005년 8월 미국의 국제문제 전문지 포린폴리시(Foreign Policy)는

2040년 미래 예측을 실었다. 창간 35주년 특집 기사에서 16명의 '두뇌'들은 35년 이후 더 이상 이 땅에 남아 있지 않으리라고 예상되는 가치나 제도를 하나씩 들었다. 그중 일반인들의 관심을 가장 많이 끈 것은 자크 아탈리의 예측이었다. "2040년 일부일처제는 사라진다."[29] 평균수명이 90세가 되는 시대에 한 사람과 해로(偕老)하기에는 인생이 너무 길다고 한다.

어차피 사랑이라는 감정과 반응을 일으키는 뇌신경의 상태는 33개월 정도다. 평균 수명이 70세이든, 90세이든 결혼한 상태가 길기는 마찬가지다. 평균수명이 늘어날 것이므로 일부일처제가 종말을 맞는다고 보기는 어렵다. 또 한 사람과 이혼하고 다른 사람과 결혼하는 것은 여전히 일부일처제라고 할 수 있다. 일부일처제가 유물이 된다면 그 이유는 관계에 대한 생각이 달라지기 때문이다. 20세기에 사랑과 관계, 가족에 대한 사람들의 생각은 빠르게 변했다. 몇십 년전까지만 하더라도 동성결혼은 상상도 할 수 없는 일이었다. 지금은 유럽을 중심으로 합법화하는 나라들이 늘고 있다.

마이클 화이트와 젠트리 리는 '4방향 결혼'이라는 새로운 제도의 등장을 예언한다.[30] 4방향 결혼 개념에서 사람은 알파와 베타라는 두 가지 범주로 나뉜다. 알파형은 수완 좋고 의욕이 넘쳐나는 사람으로 직장생활도 잘하고 돈, 성공, 명예욕이 강한 유형이다. 반면 베타형은 물질적 욕심보다는 가족, 아이들, 인간관계를 무엇보다 소중히 여기는 가정적인 타입이다. 알파와 베타의 결혼은 성공 가능성이 높으나 베타와 베타의 결합, 더 심한 경우 알파와 알파의 결합은 커다란 난관에 직면한다. 따라서 알파 타입만으로 된 커플과 베타 타입만으로 된

커플이 있다면 두 커플이 함께 살면서 남편과 부인을 공유하면 안정적인 관계를 유지할 수 있다는 얘기다. 4방향 결혼에서 각 개인은 두 명씩의 남편 또는 아내를 가지게 된다.

일부일처제가 단지 이상으로만 남는다 하더라도 일부다처제 사회가 되지는 않는다. 미래학자들은 사람이 한 번에 두 명 이상의 사람을 사랑할 수 있다는 사실을 받아들이게 된다고 예견한다. 전통적으로 사랑에는 독점욕과 질투가 따른다. 사랑하는 사람이 다른 사람을 사랑하더라도 분노가 치밀지 않는다면 그것이 사랑인가. 또는 한 사람을 사랑하면서도 다른 사람을 사랑하는 것이 실제로 가능한가. 덜 사랑하기 때문에 그 사람만으로 만족하지 못하는 것 아닌가. 사실 한 번에 여러 사람을 사랑하는 것이 가능하다고 말하는 미래학자는 거의 남자다. 고종석은 다처다부제가 "행복의 총량을 크게 늘릴 것이다"라고 말했다.[31] 이들의 주장에 대해서는 "생물학적 욕구와 사랑을 혼돈하지 마시오"라는 반론이 나올 법도 하다. 일부일처제가 퇴장하기까지는 거센 저항이 기다린다.

일부일처제가 사라진다는 말은 다른 형태가 인정된다는 뜻이지 남편과 아내를 중심으로 한 전통적인 관계가 완전히 없어진다는 뜻은 아니다. 미래에도 여전히 전통적인 남녀의 결합이 주류를 형성한다. 사유재산이 사라지지 않는 한 일부일처제는 견고하다. 다부다처제의 가장 큰 문제점은 다음 세대로 재산을 이어주기가 매우 복잡해진다는 데 있다. 로버트 A. 하인라인의 SF소설에는 혼란스러운 집단혼이 등장한다.[32] 4방향 결혼에서 설명한, 부부와 부부가 동거하는 형식이 아니라 여러 명의 남자와 여러 명의 여자가 함께 결혼 관계를 형성한다.

새로운 여성을 받아들일지는 가족회의에서 결정한다. 이 집단혼에서는 집단의 재산이 다음 세대로 잘 보존이 된다. 사람들이 소유하기보다는 사용권을 가지는 경향이 늘어나는 추세가 계속된다면 일부일처제는 더 빨리 흔들릴 수 있다.

한국에는 아직도 간통죄가 남아 있다. 제도와 현실의 괴리가 이만큼 큰 곳도 없다. 한때 세계 2위로 치솟은 이혼율이나, 여전히 성업 중인 각종 성매매 알선업체들만 봐도 그렇다. 혼외 성관계에 대한 윤리적인 거부감도 약화된 지 오래다. 유난히 상속에 집착하는 성향 탓에 일부일처제 윤리가 형식적으로만 견고한지도 모른다. 현실에서 하나의 배우자만을 허용하는 일부일처제는 이미 사라졌다. 주위를 둘러보라. 가까운 이들도 비밀스런 상대를 가지고 있음을 알게 될 테니.

혼혈 한국 시대

미래학자들은 국민국가가 약화된다고 한 목소리로 말한다. 주권은 초국적 기업과 네트워크의 발달로 큰 위협을 받고 있다고도 한다. 역설적으로 종족주의는 고취되는 양상이다. 유고슬라비아는 피비린내 나는 내전을 겪고 분리되었다. 규모가 크지 않은 벨기에도 플랑드르족(Flemish)과 왈룬족(Walloons) 사이의 갈등이 심각하다. 캐나다의 불어권은 분리를 여러 차례 시도했다. 스페인에서는 공식적인 장소에서도 카스틸랴어(스페인어) 대신에 카탈로니아어, 바스크어, 갈리시아어 또는 안달루시아어를 쓰는 사람이 늘고 있다.[33] 종족주의가 부활하는 이유는 불안한 세계화 시대에 사람들은 뿌리를 필요로 하기 때문이다. 복잡하고 힘든 세상에서 사람들은 공동체가 필요하다. 한국과 일본의 경우 민족과 국가가 거의 일치한다. 동북아시아에서는 더욱 민족주의가 위세를 떨친다. 최근의 영토분쟁은 수많은 열혈 민족주의자들을 만들었다. 경제적으로는 세계화이지만, 정치적으로 때로는 문화적으로 민족주의가 힘을 잃지 않을 듯하다.

민족주의는 내부적으로는 결속을 높이는 역할을 하는 반면, 역내의 긴장을 높여 부정적인 결과를 초래하기도 한다. 전세계적으로 경제 블록 형성이 활발하지만 중국과 일본의 패권주의 탓에 한·중·일 자유무역협정 체결이 무산되었다. 일본은 전범을 추앙하는 악습을 버리지 않고 주변국들을 자극한다. 한국과 일본은 민족적 동질성이 지극히 높은 사회이며, 양국의 구성원들은 그 사실에 자부심을 느낀다. 너무 강한 민족주의는 배타적이고 편협한 사회를 만든다.

저출산은 한민족 혼혈시대를 연다. 민족적 동질성은 빠르게 파괴된다. 한국인 남자와 외국인 여자의 결혼이 불과 10년 만에 10배로 불어났다(이에 대해서는 제10장에서 다시 거론한다). 여자가 부족한 까닭이다. 가부장문화가 여전히 강력한 한국에서 아이를 적게 낳는다면 여아는 태어나기도 전에 선택적으로 제거된다. 지금도 출생 성비는 여아 100명당 남아108.7명으로 성비 불균형은 세계 5번째로 높다. 남아선별 출산 경향이 극에 달했던 1980~1990년대 남자들이 결혼적령기에 도달하는 시점이 다가온다. 1994년 출생성비는 무려 115.2에 달했다.[34] 신부 수입 증가는 더 빨라진다. 현재는 수입되는 신부들 대부분이 중국 국적의 조선족이다. 같은 민족이며 문화적으로 가장 가깝기 때문이다.

머지 않아 조선족 신부를 구하기도 쉽지 않으리라고 예상된다. 중국은 강제적으로 '한 가족 한 자녀 갖기' 정책을 실시했다. 유교 사회는 어디나 남자를 원한다. 성감별을 할 만큼 부유한 가정은 여아를 낙태하고, 그렇지 못한 부모는 태어난 여아를 죽였다. 그 결과 중국 남자들도 신부를 구하기가 어려워졌다. 중국에서는 매년 남아가 여아보다 50만명 더 많이 태어난다. 이런 추세는 지난 10년간 계속됐으며 당분간 지속될 전망이다. 이미 중국인들은 해외에서 신부를 구하는 일이 일반화됐다. 한국의 총각들은 부유해진 중국 남자들과 신부 구하기 경쟁을 벌여야 한다. 조선족뿐 아니라 베트남 여성을 구하기도 더 어려워진다. 신부를 구하기 위해서는 더 멀리, 더 낯선 곳으로 가야 한다. 더 다양한 인종과 혼혈에 가속도가 붙는다.

한국은(일본도 마찬가지다) 급격한 고령화로 인해 21세기에 대규모 이민을 필요로 한다. 실업률이 높으면서도 외국인 노동자들은 지금보다 훨씬 더 많아진다. 정치인들은 표를 위해서 국수적 민족주의로 사람들을 선동한다. 문제는 우리 사회의 인구구조에 있는 데도 말이다. 즉 고령화는 대규모 이주노동자를 불러들이고, 이는 사회의 혼란을 야기한다.

한민족이라는 정체성을 비하할 필요도 없지만, 신성화할 근거도 없다. 순혈주의는 붕괴중이다. 21세기에 우리가 나아갈 방향은 '열린 민족주의' 다. 민족은 다르지만 공존하지 못할 이유가 없다. 이 땅에 들어온 이방의 문화는 우리를 더 풍요롭게 한다.

미래는 준비하는 자에게만 온다

시간에 대한 새로운 시각을 열어준 과학자, 아인슈타인. 사람들이 그에게 미래에 대해서 질문하면 그는 이렇게 답했다고 한다. "나는 미래에 대해서 생각하지 않는다. 미래는 너무 빨리 오기 때문이다." 현재에 집중하고 행동하는 것이 가장 좋은 미래를 만드는 방법이라는 뜻일지 모르겠다. 천재에게 현재는 보통 사람들의 미래가 된다. 우리가 현재만 생각해서는 무한 경쟁 시대의 승자가 될 수 없다.

미래학자 앨빈 토플러와 하이디 토플러는 경제의 흐름이 규모의 경제에서 속도의 경제로 전환하고 있다고 진단했다.[35] 누가 먼저 시장을 점령하느냐가 승패를 결정한다는 뜻이다. 미래를 정확하게 내다보는 일이야말로 승리의 관건이다.

정부는 다가올 일을 예측하고 혁신의 방향을 안내하는데 투자할 필요가 있다. 개별 기업으로서는 미래 연구에 투자할 필요를 거의 느끼지 못한다. 일부 거대기업이나 미래에 관심을 가진다. 중소기업들은 변화에 빠르게 적응할 수 있다는 강점이 있다. 그러나 속도의 경제에서 정보에 늦는다면 강점을 살릴 기회조차 잡을 수 없다. 정부가 해야 할 일은 이런 일이다. 불행히도 정부는 변화의 안내자가 되기는커녕 뒤쫓아가기도 벅찬 경우가 대부분이다. 2005년 한국을 방문한 토플러 부부는 "경제와 기업 등 시장 영역과 정부 부문의 속도차가 향후 경제사회 발전에 딜레마를 가져올 수도 있다"고 경고했다. 기업과 경제가 1시간에 100마일씩 움직이는 데 반해 정부는 10마일 밖에 움직이지 않으니 경제를 방해할 수 있다고 지적했다.[36] 정부는 방해자가 되지 않기 위해서라도 변화를 연구해야 할 처지다.

강대국에 둘러싸인 한국은 일어날 수 있는 모든 시나리오를 가정하고 준비해야 한다. 무섭게 밀어닥치는 인구변화는 지구상 어느 나라도 겪어보지 않은 엄청난 도전이다. '늙어가는 대한민국'은 피할 수 없는 현실이다. 그로 인한 새로운 질서에 발빠르게 대비한다면 도전은 오히려 기회다. 새로운 질서에 적응하지 못한다면 한국 대탈출의 행렬은 막을 수 없다.

1) 「세계 석학에게 듣는다─프랑스 미래학자 자크 아탈리」, 동아일보, 2001.12.31.

2) 이냐시오 라모네 외(外), 『프리바토피아를 넘어서 Penser le 21e Siecle』, 백의, 2001.

3) 알렉 노브, 『실현가능한 사회주의의 미래 The Economics of Feasible Socialism Revisited』, 백의, 2001.

4) 피터 드러커 지음, 『Next Society』, 한국경제신문, 2002.

5) 미국 연방준비위원회, 「Flow of Funds Accounts historical data」 http://www.federalreserve.gov

6) 국민연금기금운용본부, 2005.11. http://www.nps4u.or.kr/fund/fund_anno_new3_2.html

7) 정성진, 『제국주의와 한국사회』, 한울, 2002.

8) 제러미 리프킨, 『소유의 종말』, 민음사, 2001.

9) 「386과 포스트386세대, 앞으로 40년간 변화 주도」, 중앙일보, 2005.3.7.

10) 「시니어 마켓을 주목하라」, 한겨레21, 제551호, 2005.3.22.

11) World Bank, 『World Development Report 2004』, 2005.

12) 이냐시오 라모네 외(外), 같은 책.

13) Arrighi, G., 「Global Capitalism and the Persistence of the North-South Divide」 Science and Society, Vol.65, No.4., 2001.

14) 프랜시스 후쿠야마 , 『트러스트』, 한국경제신문, 1996.

15) 제러미 리프킨, 같은 책.

16) 미국과 유럽은 제3부문이 활성화된 경로가 상당히 차이를 보인다. 미국은 국가의 복지 서비스가 제공되지 못하는 분야에 대하여 시민사회가 역량을 모은 것이며, 유럽은 국가의 사회복지가 축소되는 과정에서 제3부문이 아웃소싱 형식으로 복지 서비스를 맡게 되었다. 시민사회 영역이 미국에서 먼저 활성화된 것은 이런 까닭이다.

17) Salamon, N.M. and Anheier, H.K., 「The Civil Society Sector」, Society Vol.34 Iss.2, 1997.

18) 여기서 사용된 '가치 경제(Value Economics)'는 경영학에서 말하는 '가치 경영(Value Management)'과는 다른 개념이다. 가치 경영의 '가치'는 이익을 말하는 것이고 '가치 경제'에서 '가치'는 '옳고 중요하다고 인식되는 생각 또는 정신'이다.

19) 피터 드러커, 『자본주의 이후의 사회』, 한국경제신문, 1993.

20) 기 소르망, 『Made in USA 미국 문명에 대한 새로운 시선』, 문학세계사, 2004.

21) 기 소르망, 같은 책.

22) 통계청, 『2004 한국의 사회지표』, 2005.

23) 프랜시스 후쿠야마, 『대붕괴 신질서』, 한국경제신문, 2001.

24) 전병유, 노동연구원 내부자료, 2004. 황덕순 「한국의 사회적 일자리 발전과정과 정책과제」(『사람입국 · 일자리 정책 심포지움』 자료집, 2005)에서 재인용.

25) 피터 드러커, 『Next Society』, 한국경제신문사, 2002.

26) 자크 아탈리, 『합리적인 미치광이』, 중앙M&B, 2000.

27) 이양호, 『평생교육 정책론』, 학문사, 2002.

28) 이양호, 같은 책.

29) 「Here Today, Gone Tomorrow」, Foreign Policy, Sep. Oct. 2005.

30) 마이클 화이트・젠트리 리, 『가상역사 21세기』, 책과함께, 2005.

31) 고종석, 『서얼단상』, 개마고원, 2002.

32) 로버트 A. 하인라인, 『달은 무자비한 밤의 여왕』, 잎새, 1997.

33) 피터 드러커, 『자본주의 이후의 사회』, 한국경제신문, 1993.

34) 「한국의 남아 출생비율 세계적 수준」, 연합뉴스, 2005.10.31.

35) Toffler, A. and Toffler, H., 『Creating a New Civilization: The Politics of the Third Wave』, The Progress & Freedom Foundation, 1994.

36) 「인터뷰, 세계적 미래학자 앨빈 토플러」, 연합뉴스, 2005.9.6.

제10장

·····························< <

여자는 남자의 미래다

보부(保夫)를 기다리며

여성이 '남성과 같아지'는 것이 평등인 줄 '착각하던' 1970년대식 페미니스트들이 조롱받은 지는 오래다. 원조 여권운동가들은 여자를 2등 인간 취급하는 세상을 견딜 수 없었다. 그들은 여자가 남자에 뒤지지 않는다는 것을 증명하는 데 필사적이었다. 의욕이 지나쳤던지 그들의 주장은 1980년대 이후 비판에 압도당했다. 여성을 남성화하는 것을 양성평등으로 착각하고 있다는 '반성'은 같은 여자들 사이에서 더 강했다. 여권론자들이 바라던 여성의 모습은 남성 호르몬을 투입해서 근육과 결후가 불거지고 수염이 숭숭 돋은 괴물처럼 묘사되기도 했다.

"사람은 여자로 태어나지 않는다. 여자가 되는 것이다." 시몬느 드 보봐르(Simone de Beauvoir)는 저서 『제2의 성 Le Deuxieme Sexe』에서 여성성에 관한 혁명적인 화두를 던졌고, 이는 곧 양성평등의 구호가 되었다. 그러나 이 구호는 빛이 바랬다. 20세기 후반, 여성학자들 그리고 일부 인류학자들의 저항에도 불구하고 생명과학과 유전학 그리고 진화론자들은 간단히 이 명제를 뭉개버렸다. 사람은 여자로 태어난다. 처음부터 여자이다.

여자는, 남자와 다르다. 남자가 여자보다 지능이 더 우수한지, 과학과 수학을 더 잘하는지, 공간지각력이 더 우수한지, 팀플레이를 잘 하는지는 끊임없이 연구자와 일반인의 관심을 끌어 모은다. 그 결과 우리는 경험적으로 알고 있던 성향의 차이를 과학적으로 규명하고 있다.

'입증된' 차이는 성역할을 구분하는 것에 정당성을 부여한다. 여자는 원래 모성을 갖고 있으며 아이를 돌보는 능력을 타고 났다고 알려져 있다. 남자는 자신의 유전자를 널리 퍼뜨리는 데 관심이 우선하며 양육에 대한 책임감이 약한 방향으로 진화했다는 주장이다. 이런 경향은 동물의 세계에서도 유사하다. 따라서 여자가 아이를 보살피는 것은 자연의 섭리라는 믿음이 널리 퍼져 있다. 연장선상에서, 결혼한 직장여성은 가정을 직장 일보다 우선 순위에 놓기 때문에 남자보다 생산성이 떨어질 수밖에 없으므로 더 적은 임금을 받는 것이 정당하다고 생각한다.

성차(性差)에 대한 잘못된 믿음 가운데는 근거가 매우 약한 것도 많다. 한국 남자들은 '여자들이 사회성이 약하며 협력하는 일을 잘 못한다' 고 공공연히 말한다. 여자들의 승진이 늦는 것은 '여자들에게 더 큰 책임' 이 있다. 그러므로 차이를 거부하지 말고 받아들이라고 한다.

남자는, 여자와 같지 않다. 그러나 (이 글을 읽는)당신과 나는 같은가. 세상 어느 누구도 같지 않다. 흔히 남자는 분석능력에서 앞서고 여자는 커뮤니케이션능력이 뛰어나다고 한다. 그러나 증권사에 근무하는 남자 PR매니저는 여자 애널리스트보다 사람을 잘 사귀겠지만 주식시장을 더 잘 분석하지는 못한다. 개인에게는 남녀가 평균적으로 어떻게 다르다는 것은 별 의미가 없다. 각자에게 중요한 것은 자신이 타인과 어떻게 다른가 하는 점이다.

과거에는 성(性)역할 분담을 따르지 않기란 거의 불가능했다. 사회는 육아와 가사를 여성의 역할로 규정했으며 가정을 벗어난 경제활동은 거의 허용하지 않았다. 20세기부터 여성은 가정을 벗어나서 남자와 같은 업무를 수행하며 경쟁을 벌이기 시작했다. 여성들도 가사를 관리하는 것 외에 다른 목표를 가지고 자아를 성취하고자 하는 욕망을 가진다. 여성이라는 이유로 또는 남성이라는 이유로 특정한 역할만을 맡기거나 자신이 잘 할 수 있는 일을 포기하도록 강요하는 것은 부당하다. 전통적인 성별 분업을 강요하는 사회에서 수많은 개인이 희생당한다.

아이를 돌보는 보모(保姆, Nanny)는 이름에서도 드러나듯이 여자의 직업이다. 그러나 어떤 남자들은 신문사 중견 여기자보다 아이를 잘 돌볼 수 있다. 개인의 선택이 무엇보다 존중되는 추세가 계속된다면, 21세기 한국에는 남자 직업 보모들이 나타날 것이다. 남자 보모는 아이에게 신체활동을 더 많이 하게 하는 등의 장점으로 어머니들에게 인기를 끌 수도 있다. 무엇보다도 아이들은 성역할이 고정돼 있지 않다는 것을 체험으로 익히게 된다. 일하는 어머니들은 이 때문에 더 남자 보모를 선호할지도 모른다. 이미 미국에는 남자 보모들이 늘어나는 추세이다. 어떤 사람들은 남자 보모를 보모라는 영어 단어 nanny

대신에 남자를 뜻하는 man과 nanny의 합성어인 manny라는 용어로 부르기도 한다. 한글로 치자면 보부(保夫)가 되는 셈이다. 남자 보모는 극히 드문 예외를 빼고는 역사적으로 처음 등장하는 현상이다.

사회가 변화하는 결정적인 계기는 호주제 폐지다. 1960년대 전세계적인 여성 해방운동이 있었다면, 한국에는 2005년 그에 비견될 호주제 폐지가 있었다. 호주제 이후의 한국은 가족 제도와 남녀 역할 분담에 극적인 변화를 경험할 날이 가까워졌다.

21세기 '한국 대탈출'의 흐름을 막기에는 남자들의 노력만으로는 부족하다. 여성의 노동력 없이 2020년 이후의 생산인구 감소라는 고개를 넘기란 불가능하다. 더욱이 우수한 능력을 인정받은 여성들이 크게 늘어나고 있다.

한국은 21세기에 이르기까지 여성의 포기를 강요한 결과로 세계 최저의 출산율이라는 대가를 치루는 중이다. 한 인간은 성별이 아니라 그 개인으로 평가되기를 원한다. 한편 최근 보수주의 학자들은 여성이 개인의 자유를 추구할수록 가정과 사회의 안정이 흔들린다고 주장하는데, 이에 동조하는 사람들 역시 적지 않다. 이 지점에서 사회의 역할이 필요하다. 여성 개인의 행복 추구가 공동체에도 이익이 될 수 있도록 사회 서비스가 제공돼야 한다. 그렇지 않다면 21세기의 한국 대탈출에 여성 두뇌들이 대거 합류할 수밖에 없다.

결혼 파업과 '독신노파 세대'

저출산 문제가 사회 쟁점으로 떠오르자 30대 부부들이 한결 같이 하는 말. "애 키우는 데 얼마나 돈이 많이 드는데, 국가가 보육을 책임 져야지." 40대의 대사는 "사교육비 부담 때문에 애를 안 낳는 거지." 여성계에서는 양육의 부담이 여성들을 '출산 파업'으로 몰아갔다고 말한다.

한국에서 출산율이 급락한 직접적인 이유는 여자들이 결혼을 안 하거나 늦게 하기 때문이다. 통계를 분석하면 결혼한 여성의 출산율은 지난 10년간 거의 변하지 않았다. 그러나 초혼 연령이 높아지면서 첫 번째 아이를 출산하는 시기가 늦춰지고 그 결과 여러 명의 자녀를 출산하기 어려워지는 결과를 가져왔다. 합계출산율을 구하는 공식의 분모는 가임여성의 수이며 분자는 각 나이의 산모가 낳은 자녀의 수이다. 15세만 되면 가임여성으로 집계되지만, 가임여성 중에서 미혼인 채 자녀를 출산하지 않는 여성이 많으면 분모에 대한 분자의 수가 줄어들 수밖에 없다. 지난 1975년의 여성 평균 초혼연령은 22.8세였는데, 2004년에는 27.5세로 무려 5년이나 늦어졌다. 30년 전이라면 이미 자녀를 둘 정도 낳았을 나이의 여성들이 이제 막 결혼을 하고 있다는 뜻이다. 따라서 급격한 출산율 하락의 가장 큰 원인은 출산 파업보다는 '결혼 파업'이라고 보는 것이 타당하다.

만혼 추세는 남녀 공통적인 현상이지만, 여성에게서 더 두드러진다. 여자들이 결혼을 미루는 이유는 여러 원인이 작용하겠으나 (일찍) 결혼하는 것이 '손해'라고 판단하기 때문이다. 개인은 '합리적으로'

결혼을 미루는 선택을 한다.

경제적 이유로 인해서 결혼 후에도 직장을 유지하는 여성이 많아졌다. 여성은 직장 일을 하면서도 가사관리자로서의 책임을 진다. 그러나 남성의 가사 참여 정도는 좀처럼 늘지 않고 있다. 한국 기혼 남성의 게으름은 가히 세계적이다. 우리나라 기혼 남성은 하루 31분, 여성은 평균 3시간 59분 가사노동을 한다.[1] 맞벌이 가정의 남편의 가사 노동은 하루 32분으로, 부인이 전업 주부인 남자보다 고작 1분이 더 많을 뿐이다. 결국 일하는 아내는 전업 주부만큼의 가사노동을 맡아야 한다. 자녀 문제로 직장 일을 단기이든 장기이든 중단해야 할 경우 자녀 문제는 당연히 여성에게 책임이 돌아간다. 가사와 자녀 양육은 가정 구성원 모두의 책임이라는 의식이 없다. 남녀 할 것 없이 "남자가 집안 일을 얼마나 돕는가"라고 말한다. 그러나 실상 남자는 가사를 도와야 할 것이 아니라 해야 한다. 남의 일이 아니기 때문이다. 성별 분업 구도가 21세기에도 해소되지 않는다면 일을 쉴 수 없는 서민층 또는 빈곤 여성들은 여러 명의 자녀를 가지기 점점 힘들어진다. 일하는 엄마는 가난의 또 다른 모습이 될지 모른다. 이미 자녀수는 부의 상징이라는 말을 흔히 듣는다. 서민들은 여러 명의 자녀에 둘러싸인 부부를 선망의 눈으로 바라본다. 리콴유 전총리는 성역할 분담이 출산율을 낮추는 문제에 대해 정확히 지적했다. 그는 "유럽 일부 국가에서 아버지가 어머니의 역할을 분담하면서 출산율이 회복되었다. 그러나 아시아 가정에서 이런 변화가 일어나기 어렵다."[2]

최근에는 양육이 직장생활보다 더 가치 있는 일이라는 말도 자주 들린다. 가정이 소중하며 육아는 가치 있는 일이라고 주저 없이 말하는 한국 남성들이 가사에 거의 동참하지 않는 것은 아이러니다. 결혼 파업을 중단하게 하려면 결혼이 여성에게 '손해'가 되지 않는 사회가 되어야 한다. 가사 노동은 점점 줄고 있는 데도 여성들이 노동량을 과장하고 있다고 해서는 곤란하다. 문제는 여자들이 손해를 본다고 믿고 있다는 점이다.

1970년대 이후 20여 년간 출생한 결혼 파업 여성들은 2040년쯤이면 '독신노파 세대'라는 새로운 사회 그룹을 형성할지 모른다. 부모도, 배우자도, 자식도 없이 홀로 사는 여자 노인들이다. 최근 제일기획은 70년대 출생자들의 결혼 기피 경향을 조사한 결과를 발표했다.[3] 독신노파 세대는 소위 '적령기'를 놓친 후 결혼 시장에서 아예 제외된 채 늙은 여자 노인들이다. 반면 남성들은 20세기 말부터 외국 여성과의 결혼에서 돌파구를 찾았다. 한국 여성들이 결혼을 두려워하며 망설이는 동안 신부 수입은 급증, 2004년에는 10년 전의 8배를 넘어섰다. 같은 기간 신랑 수입은 3배로 늘었을 뿐이다. 1994년에는 여자의 국제결혼이 더 많았으나 2004년에는 남자가 여자의 2.5배나 된다. 2040년 경는 독신노파 세대는 높은 자살률 등으로 사회문제가 될 가능성이 높다. 성별 분업을 강요한 결과는 남녀 모두의 불행이다.

표10—1   외국인과의 혼인

(단위 : 건)

	1994	2004
한국 남자 + 외국 여자	3,072	25,594
한국 여자 + 외국 남자	3,544	9,853

출처 : 통계청, 「혼인통계」, 각년도. http://kosis.nso.go.kr

출산 장려정책을 의심한다

저출산의 원인을 결혼 파업으로 본다면 요즘 유행하는 '출산 장려 정책'은 근본적인 해결책이 아니다. 부유한 농촌 여성의 출산축하금으로 20만원을 지급하는 데 왜 도시 하층 근로자의 세금이 쓰여야 하는지 도무지 알 수가 없다.[4] 출산율이 급락하는 동안 결혼한 여성의 출산율이 크게 변하지 않았다는 것은 열악한 보육환경에서도 2명은 출산했다는 것을 뜻한다. 이런 정황으로 볼 때 자녀를 키우는 데 드는 비용의 일부를 도와주는 것으로 상황이 크게 변하지 않을 것이라는 추측이 가능하다. 지금과 같은 만혼 추세가 계속된다면 출산율이 떨어진 속도만큼 빨리, 또는 우리나라가 고령사회로 접어드는 2018년 이전에 2.0 수준으로 출산율을 다시 올리는 것은 불가능하다. 서른에 결혼하고 건강한 상태로 자녀 둘을 낳으려면 30대 중반까지를 출산과 양육에 온전히 바쳐야 한다.

우리나라보다 먼저 저출산을 겪은 나라들이 출산 장려정책을 실시했다고 알려져 있는데, 이는 오해가 아닌가 한다. OECD 조사에 따르면 2003년 기준으로 자국의 출산율이 '너무 낮다(too low)'고 인식하고 있는 국가는 한국과 일본을 포함한 16개국이다. 그러나 이 가운데서 출산 장려정책을 공식적으로 채택하고 있는 국가는 역시 한국과 일본을 포함한 10개국이다. 스위스, 포르투갈, 노르웨이뿐 아니라 출산율이 세계 최저 수준으로 한국과 비슷한 스페인, 이탈리아 정부는 출산율에 대해 개입하지 않는 정책을 택하고 있다.[5]

표10-2　　　자국 출산율에 대한 OECD 회원국의 인식

적당하다	너무 낮다	너무 높다
오스트레일리아, 벨기에, 캐나다, 덴마크, 핀란드, 영국, 아일랜드, 아이슬란드, 네덜란드, 뉴질랜드, 스웨덴, 미국	오스트리아, 스위스, 체크공화국, 독일, 스페인, 프랑스, 그리스, 헝가리, 이탈리아, 일본, 한국, 룩셈부르크, 노르웨이, 폴란드, 포르투갈, 슬로박공화국	멕시코, 터키

출처 : OECD, 「Trends and Determinants of Fertility Rates: The Role of Policies」, 2005.

표10-3　　　출산율에 대한 OECD 회원국의 정책

방 치	유 지	출산 장려	출산 억제
벨기에, 캐나다, 스위스, 독일, 덴마크, 스페인, 핀란드, 영국, 이탈리아, 네덜란드, 뉴질랜드, 포르투갈, 노르웨이, 스웨덴, 미국	오스트레일리아, 아일랜드, 아이슬란드	오스트리아, 체크공화국, 프랑스, 그리스, 헝가리, 일본, 한국, 룩셈부르크, 폴란드, 슬로박공화국	멕시코, 터키

출처 : OECD, 같은 자료.

2005년 정부는 출산율 제고를 위해 중산층에게도 5만원 정도의 보육비를 지원하겠다고 밝혔다. 선진국들은 보육비 지원(childcare subsidy)을 아동복지 또는 여성의 경제활동 촉진 차원의 정책으로 실

시하고 있으며 이를 직접적인 출산 장려정책으로 보지 않는다.

시행 중이거나 거론되는 출산 장려정책이 효과를 거두게 될지도 의문이다. 이탈리아나 스페인에서도 아동 수당이나 소득세 감면을 실시하고 있지만 출산율은 세계 최저다. 수당 지급 정책은 출산 장려는 오히려 실패한 채 젊은 세대의 세금부담만 키울 우려도 있다. 중산층 가정이 월 5만 원이 부족하여 자녀를 덜 가지는 것이 아니라는 점은 누구나 안다. 이는 경제적인 이유로 늦게까지 결혼을 하지 못하거나 결혼을 하고도 한 자녀밖에 없는 가난한 근로자의 돈을 걷어서, 자녀를 여럿 낳을 수 있는 부유한 가정을 돕는 꼴이다. 상대적으로 가난한 계층의 돈을 걷어 부자에게 주는 것은 '옳지 않다.'

바람직하기는, 자녀를 낳을 의사가 있음에도 불구하고 결혼 후 두 자녀를 갖기에는 '늙어' 버려 출산을 하지 못하는 일은 없도록 돕는 일이다. 출산을 하고도 경제활동을 계속할 수 있는 환경을 만들어야 함은 물론이다. 답은 남자들에게 있다. 여자들이 결혼을 두려워하지 않도록 사회가, 그리고 남자가 변해야 할 시점이다.

'가족 우선'의 족쇄를 깨라

결혼 시기는 개인의 문제다. 정부가 빨리 해라, 늦게 해라 할 성질의 것이 아니다. 앞에서 우리는 만혼 또는 독신 성향 때문에 출산율이 떨어지고 있다고 했다. 만약 출산이 결혼에 종속돼 있지 않은 사회라면 결혼을 다소 늦게 하더라도 출산율이 이처럼 급격하게 떨어지지 않았으리라는 가정이 가능하다.

유럽에서 상대적으로 높은 출산율을 기록하는 나라들은 공통적으로 혼외 출산 비중이 높다. 프랑스, 노르웨이, 뉴질랜드, 아이슬란드는 출산율이 1.8이 넘는 나라들인데, 전체 출산에서 혼외 출산이 차지하는 비율이 40%를 넘는다. 핀란드, 덴마크, 영국 역시 출산율이 상대적으로 높은 편이며, 혼외 출산 비율은 40% 선이다. OECD 회원국의 혼외출산과 출산율의 관계를 보면 혼외출산 비율이 높은 나라가 출산율이 높다는 것을 알 수 있다.[6)]

역설적이게도 가족과 결혼의 가치를 강조하는 사회에서는 오히려 출산율이 낮다. 대표적인 예가 이탈리아와 스페인, 그리고 폴란드이다. 모두 가톨릭 전통이 뿌리 깊으며 이 때문에 이혼이 허용된 것도 최근의 일이다. 가족 내부의 유대감이 강하며 어머니의 역할이 강조된다. 전통적인 성역할 분담 문화가 뿌리 깊게 박혀 있어서 여성이 가정관리자의 책임을 떠맡는다. 직장을 가지는 비율도 다른 유럽 국가들에 비해 낮다.

아시아의 유교문화권에서도 이와 거의 흡사한 현상을 관찰할 수 있다. 유교문화권에는 가부장적인 전통이 여전히 강하다. 가정 일은 여성의 몫이며 결혼한 여자는 노동시장으로부터 기피 대상이 된다. 한국, 일본이 전형적인 예이며 홍콩, 대만, 싱가포르 등 화교가 주도하는 아시아 국가는 모두 출산율이 낮다.

유럽과 아시아의 저출산 국가들은 혼외 출산이 사회적으로 용인되지 않는 것도 공통점이다. 노르웨이와 프랑스 등은 혼외 출산이 출산율 유지에 중요한 역할을 하고 있는 것과는 대조적이다.

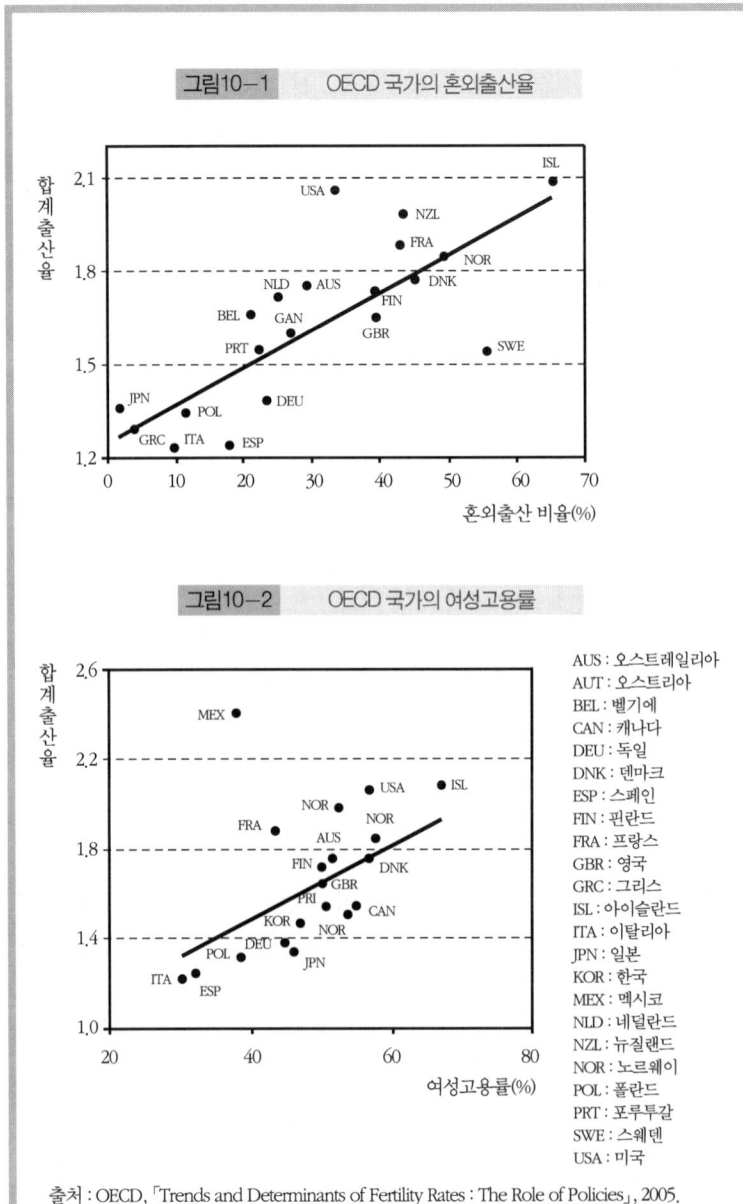

그림10-1 OECD 국가의 혼외출산율

합계출산율 / 혼외출산 비율(%)

그림10-2 OECD 국가의 여성고용률

합계출산율 / 여성고용률(%)

AUS : 오스트레일리아
AUT : 오스트리아
BEL : 벨기에
CAN : 캐나다
DEU : 독일
DNK : 덴마크
ESP : 스페인
FIN : 핀란드
FRA : 프랑스
GBR : 영국
GRC : 그리스
ISL : 아이슬란드
ITA : 이탈리아
JPN : 일본
KOR : 한국
MEX : 멕시코
NLD : 네덜란드
NZL : 뉴질랜드
NOR : 노르웨이
POL : 폴란드
PRT : 포루투갈
SWE : 스웨덴
USA : 미국

출처 : OECD, 「Trends and Determinants of Fertility Rates : The Role of Policies」, 2005.

'가족 우선'의 규율은 기혼 여성의 출산율을 높이지도 못한다. 한국과 달리 이혼율이 낮은 스페인, 이탈리아의 출산율이 낮은 것이 이를 설명한다. 가족 가치를 중시하는 나라의 남성들은 '남자가 직장에서 일하는 동안 여자는 아이를 돌보며 남편을 기다리는 단란한 가정'을 꿈꾼다. 하지만 옳건 그르건 집안에만 머물러 있기를 원하지 않는 여자들이 늘었다. 어떤 남자들은 경제적인 이유로 아내가 일하기를 바라면서도 가사를 분담하지 않는다. 자신이 그렇게 자랐기 때문이다. 여자들은 그런 "부당한" 결혼을 하기보다는 될 수 있으면 미루려고 한다.

도덕적 보수주의자들은 가정을 중시하는 사회, 이혼이 흔하지 않은 사회가 오히려 출산율이 낮다는 결과에 당혹스러워한다. 프랜시스 후쿠야마는 일관된 어조로 이혼과 가족해체 등 도덕적 붕괴 현상에 우려를 표명한다. 그러나 가족 구조가 유지된 나라가 오히려 저출산을 보이는 결과에 대해 우물쭈물하며 스스로 혼란스러운 모습을 보인다.[7]

"일본과 한국이 지금까지 '대붕괴'에 저항해왔다는 사실은 경제적인 선택을 할 때 문화가 얼마나 강력한 영향을 미치는지를 증명한다. 두 나라의 문화는 여성에게 전통적 역할을 요구하는 경향이 있으며 차별법을 유지함으로써 여성의 노동참여를 제한해왔다. 특히 한국 유교는 가부장적 가족 형태를 폭넓게 지지한다. 유럽에서도 문화가 중요한 역할을 한다. 이탈리아, 스페인, 포르투갈은 가족구조가 달라지지 않은 대표적인 나라들이다(흥미로운 것은 스페인과 이탈리아의 경우 이혼율과 사생아 출산율이 유럽에서 비교적 낮은 수준인데 반해 출산율은 유럽에서 가장 낮다는 사실이다. 둘 사이에 상관관계가 있는지는 생각해 볼 만하다. 뚜렷한 증거는 없지만 이혼이 상대적으로 드문 스페인과 이탈리아 여성들은 아이를 적게 낳음으로써 자기통제를 추구하는지도 모른다)."

21세기 초반 20년 동안에도 '가족 우선'의 믿음은 깨지지 않을 것이다. 한국의 남녀 모두 주류의 '건강 가정'에서 벗어나는 것을 두려워한다.[8] 게다가 국내에서 성역할 분담의 틀이 흔들리기도 전에 외부에서는 역풍이 불어닥쳤다. 1980년대부터 미국을 중심으로 가족 해체는 사회 안정에 부정적인 영향을 주며 구성원의 불행을 가져온다는 주장이 호응을 얻었기 때문이다. 가족과 남녀 관계에 있어 보수성이 강해지는 추세다. 보수화는 21세기 시작과 함께 더 강화되고 있는 것으로 보인다. 도덕적 보수주의가 인기를 끌고 있는 것은 후쿠야마의 주장이 크게 호응을 얻고 있는 데서도 알 수 있다.

"18세기에는 부모가 질병으로 조기사망한 것이 부모를 잃는 까닭의 절대다수를 차지했지만, 20세기 말에는 주로 부모의 결단에 의해 부모를 잃는 경우가 많아졌다는 차이점이 있다. 일부 학자들은 이 같은 과거의 사례를 들어 오늘날 편모나 편부 가정의 비율이 높아도 이것은 통념만큼 어린이에게 나쁜 상황이 아니라고 강변하는데, 황당한 주장이라고 할 수 있다…(중략)…가족이 사회적 자본의 원천이며 전달자라는 두 가지 역할을 하고 있다는 사실을 감안할 때 핵가족 제도의 퇴조는 심각한 사회적 파장을 불러일러킬 것이다."[9]

"정부가 사생아를 위한 정부보조금을 지급함으로써 (사회질서를 확립하는데)역효과를 낸다면 이러한 조치를 중단하도록 압력을 넣어야 한다는 얘기다."[10]

후쿠야마는 혼외 출산으로 태어난 아이, 즉 미혼모의 아이를 지원하는 것은 사회질서를 확립하는데 역효과를 내므로 납세자들이 반대해야 한다는 주장을 펼쳤다. 1992년 미국 대통령 선거에서 공화당 후보 댄 퀘일(Dan Quayle)은 '가족의 가치'를 강조하며 TV가 미혼모의 삶을 미화한다며 비난했다. 퀘일 후보는 가족의 가치에 대하여 '문화 토론'을 제안했다. 미국에서 종교사회학으로 이름이 알려진 버지니아 대학교 제임스 데이비슨 헌터(James Davison Hunter) 교수는 이와 같은 이혼, 가족 형태, 여성의 역할 등을 둘러싼 일련의 대립을 '문화 전쟁'이라고 명명했다. 문화 전쟁의 승패는 1990년대 말에 이르러 확연히 '가족의 가치'로 기울었다. 이러한 분위기는 한국에도 영향을 미칠 수밖에 없다.

우리 사회에서 '가정의 안정'과 '여성 개인'의 갈등은 매우 크다. 공동체의 안녕과 개인의 행복 추구가 일치하지 않는 대표적인 경우다. 가족 해체가 늘어나는 사회는 수많은 아동을 혼란과 방황으로 몰아간다는 지적도 전체적으로, 통계적으로는 맞는 말이다. 그러나 혼외 출산과 이혼이 바람직하지는 않더라도 사회적으로 낙인을 찍어 기피하는 것은 각 개인에게는 부당한 처사다.

억압적 사회에서 개인은 거부당하지 않는 선에서 합리적 판단을 한다. 맞서 싸워서 손가락질을 받느니 회피한다. 그 결과가 급격한 출산율 하락, 이혼율의 증가다. 지난 10여 년 동안 희생보다는 홀로 서기를 선택하는 여자들이 늘어났다.

가정을 강조하는 사회 속에는 희생하는 개인이 있다. 개인의 희생을 바탕으로 하는 '건강 가정'은 허위다. 가짜 건강 가정의 신화는 21

세기 초반에도 변함이 없으리라 사료된다. 한국의 가정은 속으로 점점 더 곪아 간다.

헤라의 복수

여자만이 희생자는 아니다. 사회적으로 규정된 '남성성'을 따르느라 남자들도 고통받는다. 그리스 신화에서 결혼생활과 가정, 주부의 여신인 헤라는 남편 제우스의 가정파괴 행위－외도－에 대해 참지 않았다. 헤라는 언제나 무서운 복수를 했다는 신화를 기억하라. 가족을 돌보는 일을 등한시한 노년 남성에게 돌아오는 것은 아내와 자녀의 차가운 시선이다. 최근 언론들은 중년 이후 '처량한 남성' '고개숙인 아버지'의 얘기를 여기저기서 다루고 있다.[11] 가장이 '큰 소리' 치던 시대는 지났다며 비감에 젖은 톤으로 현실을 개탄한다. 그러나 버림받은 아버지 또는 가장은 그가 가정의 일에 철저히 무관심했던 결과다. 남편은 '힘든 직장일'을 이유로 집에서는 잠과 TV로 소일했다. 일이 없는 날에도 일찍 들어가기보다는 선후배와 술자리에서 밤을 지새며, 휴일마저 직장 동료들과 등산을 떠났다. 늙고 갈 데가 없으니 가정을 찾는다. 아내의 반응은 '너무 늦었다'일 밖에.

남녀 갈등을 다루는 전문가들은 '빠르게 변하는 한국 여성에 비해서 변하지 않는 남성들' 사이의 인식차이가 심각하다고 진단한다.[12] 여성들은 서구의 남녀 관계와 역할 분담을 합리적인 것이라고 판단하고 있으나 남성들은 자신의 어머니가 수행하던 역할이 당연히 여성의 모델로 여긴다. 호주제 폐지의 선봉에 섰던 곽배희 가정법률상담소장은 인터뷰에서 "빛의 속도로 변하는 시대흐름에 적응하지 못하고, 여성들에 비해 의식변화와 학습 진도가 늦은" 남성들이 "당혹스러움과 고통"을 느끼고 있다고 지적한다. 곽소장의 말이다. "40~50대 이상의 남성들은 그동안 남성우월주의 시대에 보호를 받고 자라 아무런 면역성이 없어요. 그동안 억압받고 눌려왔던 여성들이 자기자리를 찾으려는 움직임을 자신들에 대한 복수나 억압으로 여기니 더욱 분하고 억울할 겁니다. 법 제도까지 양성평등이 되었으니 아마 더 힘들고 혼란스럽겠지만 그러면서도 왜 내가 바뀌어야 하는지를 의식하지 못하고 아내나 사회만 원망하는 이가 많아요."[13]

여성운동가만 이렇게 생각하는 게 아니다. '남성의 전화' 이옥이 소장의 진단도 같다. 여성은 경제활동에 따른 의식변화가 급격하게 이뤄지는데 남편의 가부장적 의식의 변화는 이에 비하면 너무 느리다고 말한다. 이 소장은 "남녀 불평등으로 인해 많은 여성들이 받는 불이익에 비해 남성들의 고통이 작을 수도 있겠지만 위기와 변화에 대한 적응 능력이 여성보다 훨씬 떨어져 고통이 배가 되는 것"이며 "가부장적 가치관의 영향을 받으며 자란 남성들이 준비가 안 된 상태에서 닥쳐 온 변화 앞에서 혼란스러워 하고 있다[14]고 결론지었다."

남자들이 지고 있는 과도한 부담, 남성성에 대한 집착은 몸과 마음의 병으로 이어진다. 50대 남성의 사망률은 인구 10만 명당 821.7명으로 같은 연령대 여성 사망률(276.1명)의 3배가 넘는다.[15] 자살도 3배가 넘는다. 이는 40대와 50대에서 동일한 현상이다. 한 사회내에서 여성이 남성보다 오래 사는 것이 생물학적으로 당연해 보일 수 있으나 우

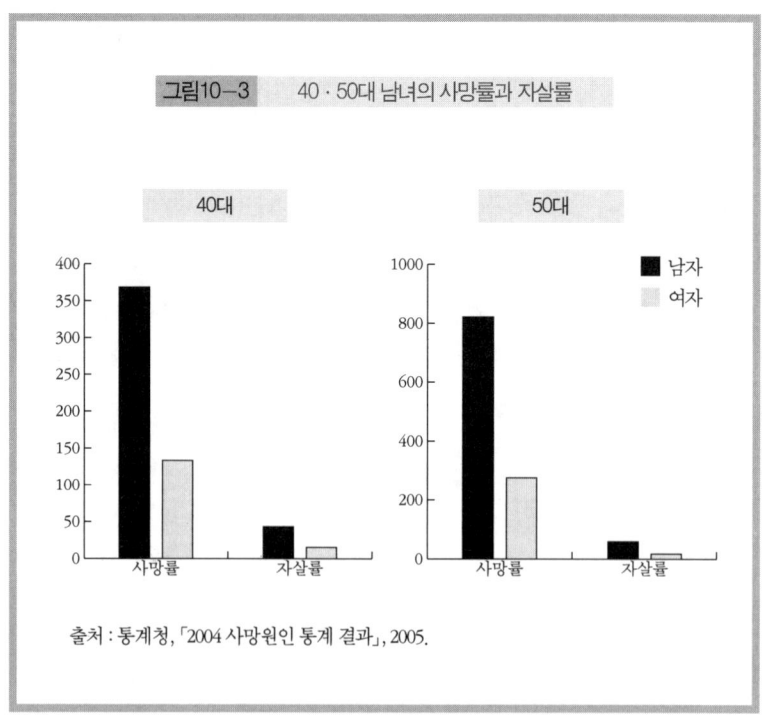

그림10-3　40·50대 남녀의 사망률과 자살률

40대

50대

■ 남자
□ 여자

출처 : 통계청, 「2004 사망원인 통계 결과」, 2005.

리는 그 차이가 너무 크다. 외국과 비교해도 한국 남성들이 상대적으로 더 빨리 죽는다. 한국인의 평균 수명은 OECD 평균보다 길다. 그럼에도 불구하고 40대 남성의 사망률은 회원국 평균 340명으로 한국이 더 높다. 남자들은 소위 남성성에 집착한 나머지 위험한 환경에 더 많이 노출되고, 심리적 고통도 커져서 더 빨리 죽는다는 말이다. 성 차별로 고통받는 것은 여자들만이 아니며 결과는 부메랑이 되어 남자들에게로 돌아온다. 이는 짧게는 한 사람의 일생에서 '소외되는 가장'으로 나타나며, 길게는 유전적으로 남성 전체의 '높은 조기 사망률'로 발현되는 것 같다.

비극적이게도 남자들은 보수적 인식에서 벗어나기보다는 진보적인 양 이중적인 태도를 보인다. 한국 남녀의 이중성은 전세계적인 가치관 조사인 '세계 가치조사(The 2000 Wave of the World Values Survey)'에서 그대로 드러난다.[16] 이 조사에서는 가정과 성별 역할에 대한 질문을 던져 남녀의 가치관 차이를 비교했다. 질문은 '일자리가 부족할 때에는 남자를 먼저 배려해야 한다' '미혼모는 부정적인 것이다' '여자는 아이가 있어야 만족한 삶을 누린다' 등 6개였다.

예상대로 대부분의 OECD 국가에서는 남자가 여자보다 더 보수적인 생각을 가지고 있었다. 그러나 한국을 포함한 3개국은 남자가 여자보다 덜 보수적인 것으로 드러났다. 특히 한국은 3개국 중 남녀의 인식 차이가 가장 큰 것으로 나타났는데, 이는 여자들이 남자보다 훨씬 더 보수적이라는 것을 의미한다. 이런 응답 경향은 젊은 여성에서도 동일했다. 설문결과는 국내 전문가들의 일치된 견해와는 완전히 반대로 나타났다. 남자들이 자신의 보수성을 드러내지 않기 위해서 실제보다 진보적으로 답했거나, 여자들이 자신의 생각보다는 사회에서 바람직하다고 여겨지는 방향으로 답했기 때문이다. 아마 둘 다일 것이다. 응답자가 드러나지도 않을 설문조사에서까지 한국 남녀는 가면극을 벌인다. 세계 가치조사 결과는 한국인이 전통적인 남녀 역할 분담이 시대착오적이라는 인식을 하고 있으면서도 여전히 견고한 사회적 기제에 매여 있다는 사실을 보여준다.

여자 없이 이길 수 없다

영화나 드라마는 온통 신데렐라 콤플렉스를 자극하는 얘기들이다.
신데렐라의 갖가지 변형들이 인기를 끄는 것은 역설적으로 현실성이
거의 없기 때문인지 모른다. 신데렐라 콤플렉스와 반대되는 증상으로
'알레레드닉 증후군(Allerednic Syndrome)' 이란 게 있다. 알레레드닉은
옛날 이야기에 등장하는 주인공 왕자의 이름이다. 알레레드닉 왕자는
공주와 결혼한 후 공주를 하녀로 만들어 버린다. 알레레드닉 증후군
에 걸린 현대 남자들은 똑똑하고 성공한 여성과 결혼한 뒤 그 아내의
발에서 유리구두를 벗긴 후 강제로 부엌 일과 육아에만 전념하게 만
들려고 한다.[17]

현대판 신데렐라는 드물지만 알레레드닉은 도처에 있다. 한국에는
더 많다. 여성의 사회진출이 확대되었다고는 하나 우리나라 여성들의
경제활동 참가율은 2004년 현재 53.9%로 OECD 평균(60.1%)에도 미
치지 못한다.[18] 한국보다 여성의 노동시장 참가율이 낮은 회원국은
이탈리아(50.6%) 멕시코(42.8%) 터키(27.0%) 뿐이다. 특히 전문대졸 이
상의 고학력 여성의 경제 참가율은 2003년 현재 한국이 57.6%로 가장
낮다. OECD 평균은 78.1%로 무려 20%포인트 이상 차이가 난다. 여성
의 사회활동이 극히 제한적인 이슬람 국가 터키(69.9%)보다도 낮다.
최근 여자의 교육수준은 남자와 동등해졌음에도 불구하고 경제활동
참가율은 높아지지 않음에 따라 사회적 자원이 낭비되고 있다.

다른 조건이 모두 같다고 가정할 때 2050년에 2000년과 동일한 노
동력을 유지하기 위해서 필요한 누적(cumulative) 이주노동자(이민자)

의 수는 무려 총인구의 35%에 이른다. 사실상 불가능한 얘기다. 다른 대안은 노동시장 참가율을 대폭 끌어올리는 방법이다. 외국인 노동자 없이 2000년의 노동력을 유지하려면 노동시장 참가율을 약 20%포인트 상승시켜야 한다.[19] 그러나 한국이 급속한 경제성장을 이룩한 지난 40년간 노동시장 참가율은 11%포인트가 늘어났을 뿐이다. 남자의 노동시장 참가율은 78.2%(OECD 평균 80.3%)로 더 늘릴 여지가 많지 않다. 따라서 여성, 특히 사장되고 있는 전문대졸 이상 여성의 노동력을 활용하는 길이 가장 좋은 방법이다. 한국이 역사상 초유의 인구변화를 큰 혼란 없이 넘길 수 있기 위해서는 여자의 힘이 가장 절실하다. 21세기의 글로벌 경쟁에서 누가 우위를 차지하느냐는 여자들의 참여를 얼마나 확보하느냐에 달렸다.

역사적으로 볼 때 인류를 먹여 살린 것은 남자가 아니라 여자였다. 세계적으로 여성의 노동량은 남성을 훨씬 능가한다. 아시아 아프리카의 농업 노동, 개도국들에서 염가로 제공되는 산업노동과 평생 무보수로 바치는 출산, 육아와 가사노동까지 합하면 여성 노동은 전세계 노동량의 약 3분의 2를 차지한다.[20] 자녀를 출산하는 것을 제외하고도 여자들의 노동 참여 수준은 남자들과 같았다. 거실에 앉아서 한가로이 차를 마시는 유한마담은 19세기 이후 부유층에서도 예외적인 모습이다. 농장, 가내 수공업 공방, 또는 소규모 상점에서는 살아남기 위해서 부부가 함께 운영했다. 조선시대에 경제적으로 무능한 선비 남편을 먹여 살리는 일은 아내의 몫이었다. 20세기가 시작될 때까지만 해도 의사의 아내는 예약을 받아주고, 병원 문을 열어주고, 환자의 병력을 기록하고, 청구서를 보내는 일을 도맡았다. 이때까지는 여자가 할 일과 남자가 할 일이 따로 있었다. 그러나 20세기 중반 이후 대거 등장한 지식작업은 '유니섹스'이다. 여자들이 하겠다고 '설쳐서'가 아니라 양성이 모두 똑같이 잘 할 수 있기 때문이다.[21]

21세기에는 지식산업의 비중이 더 늘어난다. 여성의 진출도 덩달아 확대될 것이 분명하다. 2005년 현재 국내 전문가들 가운데 여성이 차지하는 비중은 46%에 이른다. 최근 여성 전문가들이 빠르게 늘고 있는데 불과 4년 전에 비해 5%포인트가 늘어났다.[22][23] 전통적으로 남자의 학문으로 인식되던 경영학분야에도 여성의 진출이 늘었다. 2005년 연세대학교 경영대학 입학생의 49.8%는 여자였다고 한다. 1990년에는 3.5%에 불과했다. 지식작업은 남녀 모두 잘 할 수 있다는 드러커의 지적대로, 공부와 면접만으로 뽑는 고시에서 여성 비율이 늘어났다. 2005년 외무고등고시에선 여성합격자 수가 52.6%를 차지해 사상 처

최근 여성 국가원수가 속속 등장하고 있다. 왼쪽 큰 사진은 앙겔라 메르켈 독일 총리. 작은 사진 왼쪽 위부터 글로리아 마카파칼 아로요 필리핀 대통령, 바이라 비케 츠라이베르가 라트비아 대통령, 타르야 할로넨 핀란드 대통령, 헬렌 클라크 뉴질랜드 총리, 메리 매컬리스 아일랜드 대통령, 찬드리카 반다라나이케 쿠마라퉁가 스리랑카 대통령.

음으로 절반을 넘어섰다. 수석과 최연소 합격도 모두 여성이 휩쓸었다. 사법고시 여성 합격자 비율도 1995년 8.77%에서 2004년 24.38%로 10년 새 3배나 늘었다. 2004년 사법·외무·행정·기술고시뿐 아니라 변리사·공인회계사·세무사·감정평가사 등 주요 국가자격시험 8개 수석은 모두 여성에게 돌아갔다.[24]

여성의 약진에 대해서 남성들은 '여인천하'라는 식으로 불안감을 표시하거나 '공부만 잘하지 사회성은 떨어진다'는 식으로 평가절하한다. 그러나 인적 자원 부족을 앞두고 있는 한국으로서는 여성의 참여가 절대적으로 필요하다. 무한 경쟁시대에 이런 인적 자원을 배제하고서 한국의 미래는 없다.

호주제 이후의 사회

지식산업 발전에 따라 여성이 동등한 대우를 받을 수 있는 환경이 조성되었다. 그러나 한국 여성의 노동시장 참가율은 산업화된 국가로서는 매우 낮은 편이다. 특히 고급인력의 참여율이 저조하다. 이유는 우선 기업이 남성 인력을 먼저 선발하고, 여성 인력을 먼저 해고하는 경향 때문이다. 우리나라는 2020년까지는 생산가능 인구가 증가한다. 따라서 3D 업종을 제외하고는 인력 부족이 심각하지 않다.

여성의 경우 20대 후반부터 30대 중반까지 노동시장 참여율이 급격히 떨어지는데, 이는 출산과 육아로 인해 노동시장을 떠나기 때문이다. 따라서 여성 인적 자원의 활용을 위해서는 출산과 육아로 인해 노동시장을 떠나는 기간을 최소로 줄이고, 경력 공백이 복귀에 방해가 되지 않는 분위기가 필요하다. 경제활동을 하는 여성이 많아지면 출산율이 낮아질 수 있다는 우려도 있다. 그 결과 장기적으로 인력자원 확보에 부정적이지 않겠느냐는 추측도 가능하다. 그러나 세계적인 추세는 그와 반대라는 것이 꽤 널리 알려져 있다. 여성의 고용률이 높은 나라일수록 오히려 출산율이 높은 경향을 보인다.[25] 일본, 이탈리아, 스페인 여성들은 결혼 후 전업주부로 머물러 있는 여성이 많지만 그렇다고 자녀를 많이 낳지 않는다. 늦게 결혼하고 자녀수는 오히려 더 적다.

인적 자원 부족에 직면할 한국의 선택은 자명하다. 여성의 사회 진출이 늘어나도록 유도해야 한다. 어떻게? 유럽은 우리보다 앞서 노동력 부족에 직면한 사회로서 여러 가지 정책 연구를 실시했다. OECD의 최근 보고서에 따르면 보육비 지원과 유급휴가가 그나마 여성의 경제활동 참가율을 높이는 데 기여하는 것으로 드러났다.[26]

아동수당이나 소득세 감면은 오히려 역효과가 났다. 자신이 키우기보다는 다른 사람의 손에 맡기도록 유도하는 정책이 여성의 사회진출을 늘렸다는 뜻이다. 이런 정책이 과연 옳은가에 대한 논란은 계속될 공산이 크다. 그러나 21세기 초반 변화의 중심은 여성을 노동시장으로 끌어내는 방향으로 기울고 있다. 한국 역시 2005년 말 보육비 지원을 늘리겠다고 발표했다. 단기적으로는 정부가 보육비 등을 지원하더라도 여성의 노동시장 참가를 늘리지는 못한다. 치열한 경쟁속에서 여성 홀로 주부와 직장인의 일을 둘 다 잘하기란 무리다. 특히 상대적으로 매우 저조한 전문대졸 이상 여성의 경제활동 참가율은 배우자와 사회의 변화 없이는 달라지기가 거의 불가능하다.

　길게 보면 한국이 처한 현실은 변화를 일으키고야 만다. 시기는 2020년 경이다. 생산가능 인구가 줄기 시작하면 여자들이 싫다고 해도 나가서 일을 해야 할 상황이 온다. 생산가능 인구가 줄어든 상황에서는—조세 부담 때문이든, 저성장 때문이든—맞벌이를 하지 않고서는 먹고 살기 힘들어진다. 그리고 여자들은 국가의 부름에 응답한 대가로 지금보다는 더 동등한 대우를 받는다. 20세기 초반 두 차례의 세계대전 이후 여권이 급격히 신장한 사실로부터 이런 추론이 가능하다.

　여성의 시대는 의외로 더 빠를지도 모른다. 우리는 결정적 계기로 2005년 호주제 폐지를 주목한다. 한국의 남편들은 가족을 소홀하게 대한다는 혐의를 받고 있다. '좋은 남편' '좋은 아버지'가 되지 못해 이혼을 하게 될 경우 그 결과 남편들이라면 악몽으로 여길 만한 일들이 기다린다.[27] 기존 민법에서는 어머니가 자녀의 친권과 양육권을 가지고 이혼하더라도 호적상으로는 이혼한 어머니와 자녀는 가족이 아니었다. 그러나 새로운 법에 따르면 이혼한 여성도 자녀와 부모관계를 인정받게 됐다. 이혼 후 어머니와 함께 살던 자녀는 재혼 후 새 아버지의 성으로 바꿀 수 있다. 과거에는 미혼모 어머니의 성을 사용하다가 생부가 나타나 인지신고를 하면 자동적으로 아버지의 성을 따를 수밖에 없었다. 그러나 개정된 민법에 따르면 어머니의 성과 본을 계속 사용할 수 있다. 남편들에게 가장 충격적인 부분은 '친양자 제도'가 아닐까 한다. 15세 미만의 양자를 입양할 경우 호적에 양부모의 친생자로 기재되어 친자녀와 동등한 법적 권리를 행사할 수 있게 된다. 법률상 3년 이상 혼인중인 부부는 가정법원에 청구해 아이를 친양자로 입양할 수 있다. 재혼 부부의 경우, 혼인 기간이 1년 이상이면 어머니나 아버지를 따라온 자녀를 친양자로 입양할 수 있다. 내 친자식이라도 이혼 후 남의 자식으로 돌변한다는 뜻이다.

이혼 후 자녀의 성이 바뀌었다고 자녀가 아버지를 완전히 잊을 리야 없다. 그러나 배우자와 이혼으로 자주 만나지 못한 어린 자녀와는 정서적으로도, 법적으로도 연결고리가 끊어지는 것이나 마찬가지다. 이혼 전 아버지는 일주일에 하루도 자신과 시간을 보내지 않았던 사람이라면 생물학적 아버지는 자녀에게 큰 감동을 주지 못한다. 실제로 일어날 가능성과는 별개로 호주제 폐지는 남자들을 압박해 온다.

남자는 아버지로서의 권리를 지키기 위해 달라지기 시작한다. 어느 날 갑자기 "당신이 내게 해준 게 무엇인가"라는 말과 함께 이혼을 요구받지 않기 위해. 부성애 결핍이 아니고서는, 남편들은 외도를 감행하기에 앞서 자녀를 잃을 각오를 해야 한다. 남편들은 이혼을 과거만큼 쉽게 결정할 수 없다. 또 이혼하더라도 양육권을 지키기 위해 필사적으로 노력한다. '가족 친화적' 또는 '여성 친화적'인 남성이 대세가 되면 자연스럽게 여성의 사회활동은 탄력을 받는다. 이러한 변화는 21세기 한국이 겪게 될 일련의 혼란을 극복하는데 필수적이다.

홉스봄의 세기 구분은 여성의 역사에도 적용된다. 한국에서 여성의 세기는 2005년 호주제 폐지와 함께 시작되었다.

자매애 그리고 유토피아

인류의 역사는 남성이 기록했다. 주연과 조연도 전부 남자들이었다. 남성의 역사는 침략과 전쟁과 파괴의 역사다. 그러나 여성은 지키고 생산하고 보살피는 역할을 맡았다. 남성은 정복에 집착했으나 여성은 공존하는 법을 알았다. 생존을 위해서는 남성성과 여성성이 모두 필요하다. 지금까지는 남성성이 더 가치 있는 것으로 대접받았다. 그러나 기술의 발달로 산업의 성격이 변화함에 따라 여성성이 진가를 발휘하고 있다. 네트워크는 수직적·위계적이 아니라 관계지향적이다. 하이퍼텍스트는 연상과 직관을 타고 네트워크에서 뻗어나간다. 무엇보다 인류가 생존하기 위해서 여성성에 호소해야 할 상황이다. 20세기 인류는 이미 자멸하고도 남을 만큼의 무기를 만들었다. 전쟁은 공멸을 가져온다. 21세기에 우리는 여성성에서 평화의 실마리를 찾는다. 자매애(Sisterhood/Sorority)는 미래에 새롭게 추구되는 가치이다. 지난 20여 년간 시장과 경쟁은 최고의 가치로 군림했다. 그러나 소수의 승자를 만들기 위해서 수십 배나 많은 사람들은 일터에서, 공동체에서 탈락했다. 전장에서 패배한 이들은 비참한 빈곤으로 또 자살로 내몰렸다. 자매애는 연약한 존재들을 끌어안고 보살피는 가치이다.

형제애(Brotherhood/fraternity)의 밑바탕에는 적대감과 경쟁이 도사리고 있다. 역사적으로 형제의 관계는 상호 경쟁의 관계였으며 서로 죽이기를 불사했다. 신화와 역사에는 형제간, 부자간 존속살인이 반복해서 나타난다. 카인은 아벨을, 솔로몬은 압살롬을 죽였다. 세조는 형의 아들을 죽여 형의 혈통을 끊었고, 경종이 승하한 후 영조가 독살했다는 설이 끊임없이 제기됐다. 남성의 공동체에서는 형제들끼리도 피흘리고 죽이기까지 경쟁한다.

자매애는 박애와 이해, 협력의 관계를 형성한다. 신화와 심리학에는 '형제 살해(fraticide)'나 '존속 살해(parricide)' 심지어 '모친 살해(matricide)'라는 말이 자주 등장한다. 그러나 '자매 살해'라는 용어는 없다.[28] 주변을 살펴보더라도 삼촌보다 이모를 더 좋아하는 것은 본능적으로 보인다. 기르고 돌보는 여성성은 자연 파괴를 막아주는 방패가 된다. 돌보고 보살피는 성정을 함양하는 일은 남녀에 구별이 없다.

아마도 인간은 타인을 완전한 자매애로 포용할 수는 없을 것이다. 그러나 자매애를 발휘하여 보다 더 평화로운 세상을 추구할 수 있다. 자매애로 넘치는 세상은 유토피아는 아니더라도 그 비슷한 것에 조금 더 다가갈 수 있게 해준다.

1) 통계청, 「2005년 통계로 보는 여성의 삶」, 2005.

2) 「Here Today, Gone Tomorrow」, Foeign Policy, Sep. Oct. 2005.

3) 「10년전 '신세대' 지금은… "결혼 No! 돈 OK!"」, 국민일보, 2005.10.31.

4) 중앙선거관리위원회가 단체장들의 출산장려금 등에 대해 한때 불법선거운동으로 제동을 걸었다. 저출산이 심각한 나라에서 '시대착오적'이라는 이유로 유야무야됐으나 충분히 일리가 있는 지적이었다.

5) 유럽의 선진국들이 직접적인 출산 장려정책을 꺼리는 이유는 문화적·역사적인 요인을 반영한다. 유럽에서도 20세기 초반 전체주의 국가에서 출산 장려정책이 실시된 바 있다. 그 목적은 강력한 군대를 양성하고 해외로 팽창하려는 의도였다. 출산 장려정책은 특별한 인종을 선택적으로 늘리려는 차원에서 실시되었다. 출산 장려는 전체주의적, 우생학적 정책으로 인식되고 있기 때문에 대부분의 유럽 선진국들은 거부감을 가지고 있다. 한 마디로 "21세기에 무슨 나치식 발상인가"라는 판단이다.

6) OECD, 「Trends and Determinants of Fertility Rates: The Role of Policies」, 2005.

7) 프랜시스 후쿠야마, 『대붕괴 신질서』, 한국경제신문, 2001.

8) 건강가정기본법이 2005년 시행된 이래, '건강 가정'이 가부장적 이데올로기를 강요한다는 비판이 계속 제기되었다. 정부는 이 법의 명칭을 바꿀 계획이다.

9) 프랜시스 후쿠야마, 같은 책.

10) 프랜시스 후쿠야마, 같은 책.

11) 「울고 싶은 남자들」, 동아일보, 2005.8.29~9.3, 「아버지! 세상은 당신을 변하라고 한다」, 뉴스메이커, 2005.5.6, 「마흔 남자 이야기」, KBS스페셜, 2005.5.21.

12) 이재경, 「저출산 젠더분석과 정책과제연구」, 2005.

13) 「유연경이 만난 사람 ; 곽배희 가정법률상담소장」, 뉴스메이커, 2005.3.31.

14) 「2005한국의 중년 남자들 … 문득문득 왜 이리 허전할까」, 동아일보, 2005.8.29.

15) 통계청, 「2004 사망원인 통계 결과」, 2005.

16) 전세계 40개국을 대상으로 가치와 관련된 일관된 체계의 질문을 하는 조사로서 국가간 비교가 가능하다. 미시간 대학의 로널드 잉글하트(Ronald Inglehart)의 주관으로 1981년 이래 간헐적으로 실시됐다. 여기 실린 내용은 1999년~2001년 조사로 가장 최근의 것이다.

17) 이 용어는 영국 에섹스 대학의 조너선 거슈니(Jonathan Gershuny) 교수가 처음 사용한 것으로 알려져 있다.

18) OECD, 「Employment Outlook 2005」, 2005.

19) IMF, 「World Economic Outlook」, 2004.

20) 이영자, 『중국여성 잔혹풍속사—작은 발 한쪽에 눈물 한 동이』, 에디터, 2003.

21) 피터 드러커, 『Next Society』, 한국경제신문, 2002.

22) 「전문가의 46%가 여성… 사상 최대 규모」, 연합뉴스, 2005.9.29.

23) 전문가는 물리학, 생명과학, 사회과학분야에서 높은 수준의 전문지식과 경험을 기초로 과학적 개념과 이론을 응용해 해당 분야를 연구개발·개선하거나 높은 수준의

지식을 이용해 의료, 학교, 사회서비스, 문화예술 등에서 활동하는 사람을 말한다. 과학, 컴퓨터, 공학, 보건의료, 교육, 행정경영, 법률, 사회서비스, 종교, 문화예술, 방송 등의 분야에서 일하는 사람이 여기에 해당한다.

24) 「여인천하—학교서 시작되다」, 조선일보, 2005.10.12~15.

25) OECD, 「Trends and Determinants of Fertility Rates: The Role of Policies」, 2005.

26) OECD, 「Policies to Increase Labour-Force Participation of Women and Older Workers」, 2005.

27) 여성가족부 위민넷 http://know.women-net.net/wknow/home/main.jsp

28) 자크 아탈리, 『합리적인 미치광이』, 중앙M&B, 2001.

제11장

<<

새로운 시장, 새로운 기회

유목민의 만나와 메추라기

모세의 인도 아래 이집트를 탈출한 유대인들은 광야에서 식량부족을 겪는다. 그들은 '젖과 꿀이 흐르는 가나안'으로 이동하느라 농사를 지을 수가 없었다. 게다가 이스라엘 민족은 농경부족이 아니라 유목민이다. 모세의 기도를 들은 여호와는 '만나'와 '메추라기'를 내려준다. 하늘에서 내려오는 만나와 메추라기는 거두기만 하면 되었다. 보는 대로 가질 수 있었다. 그러나 저장은 불가능하여, 하루만 지나면 먹을 수 없게 되었다. 유대인들은 매일 만나와 메추라기를 새로 모아야 했다.[1]

21세기는 다시 유목민의 시대다.[2] 사람들은 배움과 일, 오락을 찾아 끊임없이 이동한다. 이동하면서 결정하고 행동해도 시간이 부족하다. 멈추어 있는 자라도 네트워크상에서 무한히 떠돈다. 새로운 유목민에게 만나와 메추라기는 생명과학(biotechnology, BT)과 정보통신(information and communication technology, IT)이다. '네오 노마드'에게 제조업은 양식이 되지 못한다.

사람들은 새로운 시장을 찾느라 혈안이 돼 있다. 생산성 향상에 따라 제조업은 공급 과잉상태에 도달했다. 일자리도 줄어들었다. 로자 룩셈부르크는 "자본의 지배는 정복할 지역이 있을 때까지만 지속된다"고 갈파했다. 그의 말은 부분적으로만 맞다. 자본의 지배가 끝나는 것이 아니라 자본은 새로운 시장을 계속 개발하고 있다. 금융산업의 세계화는 제조업으로 이윤을 남기기 어려워지기 시작한 시점과 맞물려 있다. 20세기에 발견된 신대륙이 정보통신과 생명과학이다. 생명과학에 대한 환상적인 청사진이 언론에 오르내리는 이유도 사람들이 새로운 시장에 투자하고, 그 기술이 상업화되기를 바라는 데서 비롯되었다. 각국은 신대륙의 주도권을 장악하기 위해 지원을 아끼지 않고 있다. 미래사회는 규모의 경제이자 속도의 경제이기 때문이다. 각국 정부는 기술 예측 보고서를 속속 발표하며 두 분야의 발전전략을 수립, 실천해 나간다.

정보통신의 발전은 20세기 후반 '신경제(New Economy)' 라는 용어를 탄생시킬 정도였다. IT 버블이 꺼진 후에도 정보통신이 주요한 미래산업이라는 데 아무도 이의를 달지 않는다. '속도의 경제' 를 가능하게 하는 힘은 정보통신 기술이다. 언제, 어디에 있든지 업무를 계속할 수 있다. IT는 공간의 제약을 거의 제거했다. 가상 현실에서 완벽하게 현실을 재현하는 수준을 넘어서 인간의 기억을 조작하는 데까지 영역을 넓혀간다.

생명과학은 고령화시대에 수요가 보장되는 기술이다. 흐린 눈과 귀를 밝게 해주고 고장난 장기를 건강하게 바꿔준다. 질병은 미리 예측이 가능하고, 유전자를 변화시켜 아예 질병에 걸리지 않게 할 수 있기까지 하다. 전문가들의 예측에 따르면 30년 내로 이런 기술이 등장하거나 상용화된다. 인류는 새롭게 성장하는 시장을 필요로 하고, 사람들이 생명연장 기술을 구매하리라고 믿고 있으므로 이 산업은 쇠락하지 않는다.

정보통신은 그 자체보다 다른 분야를 통해서 변화를 주도한다. IT는 BT와 함께 인간에게 주어진 유한한 생명이라는 시간적 제약을 뛰어넘으려는 시도를 한다. 20세기 후반부터 생명과학의 혁신은 정보처리 기술의 발달로 가능했다. 벤처기업 셀레라지노믹스가 20개국 컨소시엄을 앞지른 이유도 정보처리 기술을 적극 활용했기 때문이다.[3] 정보통신과 생명과학은 서로 결합(convergence)되어 새로운 시장을 창출한다. 나노테크놀러지(Nano Technology, NT)는 IT의 한계를 극복하는 방법을 제시한다. 디지털의 세계는 보다 '인간적'으로 변신하게 된다.

반영구적 삶을 추구하는 과정에는 적지 않은 혼란이 따른다. 부작용이 있더라도 생명과학 찬양은 그치지 않는다. 새로운 시장이 개발되는 과정에서 과거에는 사고팔 수 없다고 생각하던 존재들이 거래 대상이 되고 있다. 전에는 공짜였던 지식이 이제는 새로운 고부가가치 상품이 되었다. 발견에 특허가 부여되고, 그러한 지식을 이용하는 데에는 비용을 지불해야 한다. 출처가 무엇이든, 기존 소유주가 누구였든 생물에 대한 권리를 먼저 주장하는 사람이 이용권을 독점한다. 북미 원주민들이 살고 있던 땅에 백인들이 선을 긋고 자신들의 소유를 주장하였듯이. 생명과학 특허를 선점하지 않으면 경쟁자들의 소유가 되고, 비싼 가격을 지불할 수밖에 없다. 지금 할 수 있는 일은 신대륙을 가능한 한 많이 확보하기 위해 노력하는 일이다. 세계 각국은 항상 죄수의 딜레마에 빠져 있다.[4] 공범이 약속을 깨고 비밀을 누설하여 자신만 손해보는 상황이 발생할 수 있으므로 각자는 최악의 상황을 배제하지 않은 채 미래의 트렌드에 대비해야 한다.

유대인들이 만나와 메추라기를 매일 새로 채집해야 했듯이 21세기 유목민의 지식도 날마다 새롭게 보충되어야 한다. 정보통신과 생명과학은 진보를 거듭한다. 지식기반 경제에서 지식은 나날이 새롭게 보충될 필요가 있다.

황금의 땅을 찾아서

20세기 말 세계는 '신경제'에 환호했다. 정보통신 특히 인터넷을 기반으로 한 닷컴 업체들은 주식시장에 광풍을 일으켰다. 기술이 없이도 회원을 많이 끌어 모았다는 이유로 투자를 받고, 주식시장에 성공적으로 진입했다. 물건을 팔던 회사들이 상표와 이미지만 파는 기업으로 변해갔다. 회사의 모든 생산업무를 아웃소싱하고 의사결정자만 남겨둔 기업은 혁신을 실천했다 하여 추앙받았다. 뭔가 잘못되고 있다는 것을 느꼈다 하더라도 목소리를 낼 수 없다. 주식시장은 투자자들의 기대를 먹고 자란다. 부유층과 서민층을 가릴 것 없이 은퇴자의 생계자금이 주식시장에 들어갔다. 아무도 거품이 사라지길 바라지 않았다.

거품은 결국 꺼졌다. 21세기 초반에 IT 성장은 둔화되고 후퇴하였다. IT 분야의 저성장은 1990년대의 버블이 붕괴되는 과정이었다. 그러나 이제 시장조사기관들은 IT 분야의 성장을 예측하고 있다. 정보통신 분야의 시장조사기관인 IDC 조사에 따르면 2008년에는 세계 IT 시장 규모는 1조2,000억 달러로 성장할 것으로 예상했다.[5] 앞서 시장조사기관 가트너는 그보다 더 많은 1조6,500억 달러가 된다고 전망을 내놓았다.[6]

국민의정부 시절 집중적인 투자 덕분에 한국의 IT 분야는 세계적인 수준에 올라섰다. 이런 기회는 쉽게 주어지지 않는다. 한국은 다른 산업에서 후발 주자로서 불리한 게임의 법칙을 적용받았다. IT 산업이 GDP에서 차지하는 비율은 13%이며 생산액은 연평균 1996년 이후 2001년 말까지 연평균 20% 이상씩 증가하고 있다. 외환위기 극복의 1등 공신은 IT 산업이라는 말이 맞다.[7]

IT는 산업 전체를 지식화하여 생산성과 효율을 올려놓았다. 최근에는 성장에 미치는 그 역할이 더 중요해졌다. 이유는 다른 신기술 분야의 기반이 되는 기술 역할을 하기 때문이다. 바이오혁명은 IT가 없이는 불가능했다. 신약 발굴의 초기 단계는 화학반응이 아니라 컴퓨터 시뮬레이션으로 대체되었다. 질병과 치료에 중요한 단백질에 어떤 물질이 결합할지를 컴퓨터가 계산해 낸다. 국내 생명과학 벤처기업 크리스탈지노믹스의 조중명 대표는 비아그라 성분과 체내 단백질과의 결합을 규명했다. 조 박사팀은 컴퓨터 시뮬레이션을 통해 단백질의 구조를 분석하고 약물 분자와 어떻게 결합하는지를 밝혀냈다.[8] 조 박사의 논문은 황우석 박사보다 먼저 최고 권위의 과학잡지 네이처 표

지를 장식했다. 특정 유전자 또는 단백질의 기능을 알아내는 것도 정
보처리 기술 발달로 전보다 훨씬 빨라졌다. 방대한 유전정보나 아미
노산 배열을 빠르게 분석하는 일은 대용량 컴퓨터 없이는 불가능하
다. 정보처리기술과 BT가 합쳐진 학문을 바이오인포매틱스
(Bioinformatics)라고 부른다. IT와 BT의 융합은 이미 실용화되어 있고
그 범위가 더 넓어지고 있다. IT는 모든 분야의 방법론이 되었다.

　　BT는 IT보다 더 젊은 학문이다. 지금까지 BT 분야의 성장 전망은

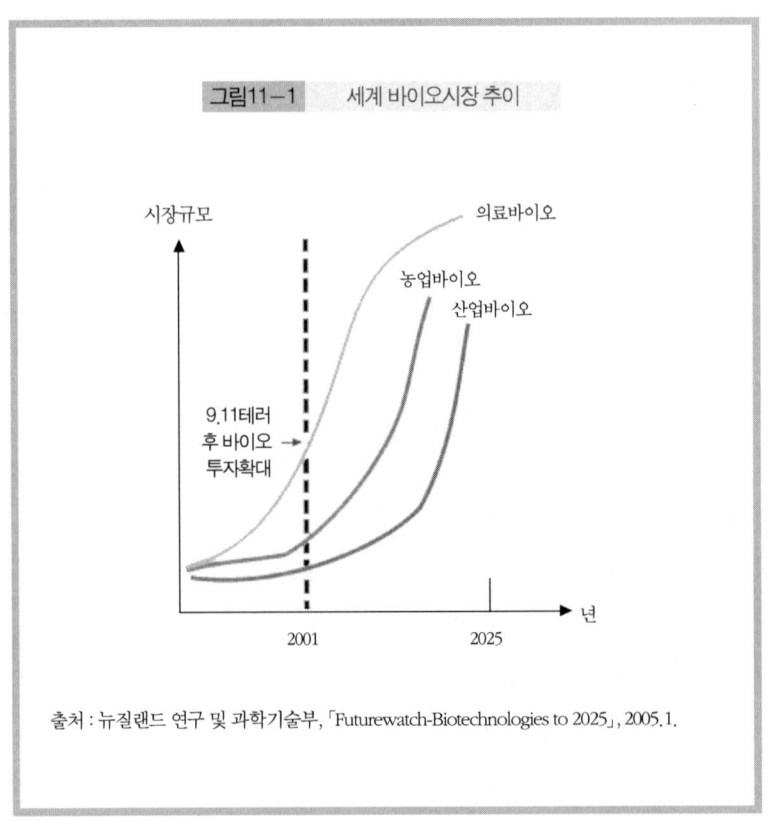

그림11-1　세계 바이오시장 추이

출처 : 뉴질랜드 연구 및 과학기술부, 「Futurewatch-Biotechnologies to 2025」, 2005.1.

IT 분야보다 더 낙관적이다. 오래, 건강하게 살고자 하는 욕망은 그 어떤 욕구보다 강한 것 같다. 불과 2년 전부터 유행하기 시작한 '웰빙'이라는 트렌드는 지금 일상이 되었다. 세계적 컨설팅 기관인 매킨지 예측에 따르면 BT 분야는 가파른 곡선을 그리며 성장한다. 이런 전망에 발 맞춰 각국은 바이오분야의 예측서를 발표하여 업계와 소비자들의 기대를 부풀린다. 가장 대표적인 예가 2004년 발표된 뉴질랜드의「퓨처워치; 바이오테크놀러지 2025 Futurewatch; Biotechnologies to 2025」이다. OECD는 이 보고서에 대해 '대단히 뛰어난 사례'라고 평가했다.[9] OECD 역시 전세계적인 관심을 반영하여, 올해부터 2년 동안 2030년의 '바이오경제'를 예측하는 프로젝트를 수행키로 했다.[10]

산업의 전분야에서 인력 감축이 이뤄지고 있으며, 성장 전망도 어둡다. 그나마 IT와 BT 분야에서는 공공과 민간 부문의 연구개발 투자에 힙입어 새로운 기술이 지속적으로 등장하고 있다. 새로운 고용이 창출된다. 제조업에서 사라진 일자리만큼 IT와 BT에서 생성되기는 어렵다. 그러나 두 신대륙을 먼저 발견하는 나라는 모든 것을 가진다. 신산업(新産業)의 만나와 메추라기는 먼저 발견해서 모으는 자가 주인이다.

발전의 방향은 컨버전스

한국인의 사망원인 2위는 뇌졸중을 비롯한 뇌혈관계 질환이다.[11] 뇌졸중 또는 심장발작이 발생할 가능성을 얼마나 낮추느냐, 또는 발작 후 얼마나 빨리 응급조치를 하는가는 사망률에 큰 영향을 미친다. 심장박동이 정지된 후 1분 안에 세동 제거기로 충격을 가하면 생존 가능성이 90%이다. 1분이 지날 때마다 생존 확률은 7~10%씩 줄어든다. 뇌졸중이나 심장발작이 언제 일어날지는 알 수 없다. 만약 심혈관계 질환 환자의 몸 상태를 측정할 수 있는 장치를 인체에 부착(또는 이식)하고 이상 신호가 감지되면 즉시 의료기관에 전송되도록 한다면 사망률을 크게 줄일 수 있다. 이 환자가 어디에 있든, 무엇을 하고 있든지—잠을 자고 있더라도—문제 발생 여부를 확인할 수 있게 해준다. 이러한 유비쿼터스 의료는 위급상황에만 국한되지 않는다. 남극에서 근무중인 연구원들은 의료서비스를 제대로 받기 어렵다. 남극 연구원이 진단장치·장비를 조작하면 검사 결과를 한국에 있는 의료진이 판독하여 진단과 처방을 내릴 수 있다. 이른바 원격 의료다. 원격 의료도 상시 의료 서비스를 가능하게 한다는 점에서 유비쿼터스 의료의 개념에 포함된다. 유비쿼터스 의료는 IT의 발달로 가능해진다. 기존 의료 기술에 IT가 접목되면서 평균수명을 늘릴 수 있는 대표적인 예다.

진단 칩의 개발 과정에도 IT가 결정적인 역할을 한다. 질병으로 인한 사망률을 낮추는 효과적인 방법은 조기진단이다. 암도 대부분은 조기 치료하면 완치된다. 진단시약, 진단장치 분야가 주목을 받고 있는 이유다. DNA칩은 21세기 초반에 처음 등장했으며 2010년대에는 통상적인 진단 과정이 될 전망이다. 개인의 유전자 전체를 분석하여 질병 가능성을 알 수 있게 해주는 유전자 프로파일 작업 역시 대용량 정보처리 기술이 필수적이다. 구성원의 유전자를 일일이 판독하고,

비교분석하기 위해서도 그렇다.

나노테크놀러지는 IT와 결합하여 디지털의 약점을 보완할 것으로 전망된다. 20세기 중반, 0과 1만을 기본으로 하는 컴퓨터의 등장은 디지털이라는 이름을 빌려 빠르게 아날로그 기기를 대체했다. 디지털은 신기술이라는 포장을 빌려 기기와 장비에 적용되었으나, 일부에서 아날로그는 여전히 건재하다. 디지털이 접근과 조작이 쉬운 이산성(discreteness)을 무기로 속도를 앞세워 찾아왔다면, 아날로그는 과거에 대한 향수, 또는 디지털이 흉내낼 수 없는 연속성(continuity)을 장점으로 내세워 최후의 영역을 고수했다. 가상화와 NT의 발달로 인해 디지털이 마침내 아날로그를 몰아내는 날이 오고 있다. 음반시장이 그 좋은 예다. 오랫동안 LP는 음반시장을 지배해 왔다. CD가 더 작은 크기와 깨끗한 음질로 세상에 나왔지만, HiFi[12]를 듣는다는 사람들은 CD가 무미건조하고 차가운 음악이라며 LP를 고수했다. 아직은 디지털 뮤직이 실제 소리를 완벽하게 재생하지 못한다. NT가 충분히 발달한다면, 인간의 귀속의 세포가 나노의 세계에서 디지털이듯이 디지털과 아날로그의 경계가 사라질 날도 멀지 않았다. 디스플레이시장도 마찬가지다. 화소수와 색상의 영역은 갈수록 넓어진다. 귀와 마찬가지로 눈도 나노영역에서는 디지털이다. 몇 개의 세포가 흥분해서 몇 개의 뉴런이 뇌에 신호를 전달했는가가 인간이 받아들이는 전부이다. NT 발달의 결과, 디지털은 아날로그를 완벽하게 포함한다. '아날로그' 세상은 결국 나노-디지털(Nano-Digital)이다.

여러 개의 신기술이 하나의 장비로 결합 또는 수렴(convergence)되면 엄청난 시장을 형성할 것으로 기대된다. 컨설팅 기관 매킨지에 따르면 BT와 IT의 결합인 바이오인포매틱스 시장은 2005년 300억 달러에서 2020년 3,000억 달러 규모로 성장이 예상된다. IT와 NT의 결합인 나노일렉트로닉스 시장은 2020년 1조 달러에 이르리라는 전망이다. NT와 BT 결합의 산물인 바이오센서칩 시장은 2020년에 1조9,000억 달러에 달한다고 한다.[13]

표11-1	컨버전스 시장 추이		

(단위 : 억 달러)

	2005	2010	2020
바이오인포매틱스(BT+IT)	300	1,300	3,000
나노일렉트로닉스(IT+NT)	225	3,000	10,000
바이오센서칩(NT+IT)	1,612	5,261	19,000

출처 : 매킨지, 2005.

호모 유비쿼터스

내 옆에 보이는 사람이 지금 내 옆에 있다는 것을 나는 어떻게 알수 있을까? 나는 그의 모습을 본다, 그가 말하는 것을 듣는다, 그리고그의 냄새를 맡고, 그의 형체를 만질 수 있다. 조작주의(操作主義, Operationalism)의 입장에서 이것은 감각에 의한 인간의 존재로 정의될수 있다.[14] 인간은 100년 전까지만 해도, 공간적으로 충분히 멀리 떨어져 다른 인간의 존재에 관해 알 수 없었다. IT는 유사감각(pseudo sense)[15]을 통해 인간에게 부과된 공간적 제약을 없애고 있다. 오늘날

30초 내로 지구 반대편에 있는 친구와 목소리를 주고받는 일은 보통 사람에게도 아무 일이 아니다. 또한 우리는 매일 지구 반대편에서 벌어지는 일을 보고 있다. 물론 그렇다고 우리가 지구 반대편에 있는 친구가 지금 내 옆에 있다고 생각하지는 않는다. 가상 세계를 대하는 경향은 다음 두 가지로 나타난다.

옆에 있는 사람과 할 수 있었던 일을 지구 반대편에 있는 사람과 할 수 있다면, 굳이 그 차이를 둘 필요가 없다고 볼 수도 있다. 우리가 메신저로 전 세계에 흩어져 있는 수십 명과 대화를 나눌 때, 어차피 그들이 내 옆에 있건 없건, 그것은 크게 중요하지 않다는 생각이다. 나 역시 대화를 나누는 그 순간 나의 의식은 지금 이곳에 있지 않다. 그 순간에 메신저의 참가자들은 네트워크를 타고 가상세계 속에서 존재하고 있다. 1990년대 중반, 최초로 인터넷이 퍼져가던 시절 '텍스트머드(text-MUD)' 라고 불리는 온라인 롤플레잉게임이 인기를 끈 적이 있다. '텍스트' 라는 말에서 알 수 있듯이, 그곳에서 게이머의 상태 및 주위 환경은 모두 그래픽이 아니라 문자로 나타났다. '문자 환경' 은 처음 적응을 어렵게 하였을 뿐, 조금만 시간이 지나면, 내가 지금 가상세계에서 존재한다는 느낌을 주는 데는 오늘날의 화려한 온라인 롤플레잉게임에 전혀 뒤처지지 않았다.[16]

IT 기술은 그 상태로 만족하지 않는다. 가상세계는 실제 세계와 점점 유사해 지고 있다. 모니터에서 펼쳐지는 가상세계는 현실과 구별할 수 없을 정도이다. 휴대폰의 스피커가 점점 작아지고 궁극적으로 귓속으로 들어갈 것이다. 대화를 하게 되면, 마치 옆에서 이야기하듯이 느낄 날도 머지 않았다. 물론, 사용자의 편의를 위해 전화가 왔을 때 뒤를 돌아보는 일은 없도록, 이것이 전화라는 신호는 필요하다. 디스플레이도 마찬가지다. 가까운 시일은 아니겠지만, 언젠가는 콘택트렌즈 안으로, 혹은 뇌파를 자극하여 시신경에 영향을 주는 방법일 수도 있다. 상대방이 실제로 어디에 있든 바로 눈 앞에 있는 것처럼 느껴지게 한다.

오늘날은 가상세계에서 대화를 하기 위해서는 메신저를 실행시켜야 하고, 쇼핑을 하기 위해서는 쇼핑몰의 홈페이지로, 은행 업무를 위

그림11-2   가상세계의 원조격인 '텍스트머드' 화면

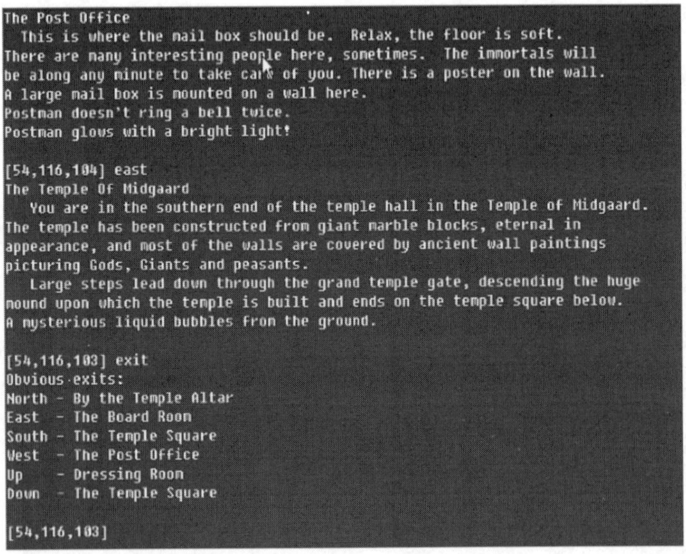

```
The Post Office
   This is where the mail box should be.  Relax, the floor is soft.
There are many interesting people here, sometimes.  The immortals will
be along any minute to take care of you. There is a poster on the wall.
A large mail box is mounted on a wall here.
Postman doesn't ring a bell twice.
Postman glows with a bright light!

[54,116,104] east
The Temple Of Midgaard
   You are in the southern end of the temple hall in the Temple of Midgaard.
The temple has been constructed from giant marble blocks, eternal in
appearance, and most of the walls are covered by ancient wall paintings
picturing Gods, Giants and peasants.
   Large steps lead down through the grand temple gate, descending the huge
mound upon which the temple is built and ends on the temple square below.
A mysterious liquid bubbles from the ground.

[54,116,103] exit
Obvious exits:
North - By the Temple Altar
East  - The Board Room
South - The Temple Square
West  - The Post Office
Up    - Dressing Room
Down  - The Temple Square

[54,116,103]
```

우체국, 이사실 등 주변 상태가 모두 글로 설명되어 있다.

해서는 은행 홈페이지로 가야 한다. 앞으로는 가상세계의 모든 행동을 마치 실제 행동하듯이 하게 되리라고 본다.[17] 인터넷 쇼핑의 한계는 실제 그 제품을 볼 수 없다는 점인데, 가상의 자아가 가상세계의 쇼핑몰을 돌아본다면 온라인 상거래의 결정적인 약점이 극복된다. 가상세계가 현실의 감각을 완벽하게 재현한다면, 나는 여기에도 존재하게 되고 저기에도 존재하게 된다. 호모 유비쿼터스(Homo ubiquatus)의 세계가 펼쳐진다.

운송수단의 발달과 함께 인간의 활동영역은 넓혀져 왔다. 그리고 이제 모든 것이 가상세계로 통합되면서 인간의 활동영역은 정보화가 가능한 모든 영역이 되었다. 육체노동은 인간을 동력으로 사용하는 일이다. 육체노동을 위해서는 가상세계는 무용지물이다. 그러나 정신노동의 결과는 가상세계에서 정보로 전달할 수 있다. 육체노동 필요량이 줄어들고 고용이 줄어드는 시기에 가상세계가 확대되는 것은 단순한 우연의 일치가 아니다. 오프라인에서 사라진 고용은 온라인에서 발생한다. 새로운 일자리를 누가 더 많이 만들어 내는가는 누가 IT 신대륙을 먼저 개척하는가에 달려 있다. 인간은 기술의 발달에 따라 가상세계를 더 현실처럼 만들고, 그곳에서 부가가치를 창출하려고 하고 있다.

2015년 육백만 달러의 사나이 현실로

생명과학 기술이 활발하게 응용될 분야는 무엇보다 질병의 치료와 예방 및 노화방지 영역이다. 과학자들은 질병상태의 기관을 새 것으로 교체하거나 그것이 불가능하다면 아예 질병에 걸리지 않도록 하는 방법을 찾는다.

간이나 신장기능이 심각하게 손상된 환자는 이식을 받으면 건강을 되찾을 수 있다. 당뇨병이나 파킨슨병에 걸린 사람은 줄기세포로부터 췌장세포나 신경세포를 만들어 손상된 세포를 대신할 수 있다. 진단받은 후부터 서서히 죽음을 향해 가는 퇴행성 질환으로부터 해방되거나 진행 속도를 훨씬 더디게 하는 방법이 21세기 초반에 가능해질 것으로 예상된다.

가장 혁명적인 변화가 예방의학 분야에서 일어나고 있다. 각 개인의 유전자 구성, 특히 질병(정신질환까지도)과 관련된 유전자 정보를 미리 알 수 있기 때문이다. 우선 사람들은 자신이 걸리기 쉬운 질병을 미리 알 수 있으므로 특정 질환을 예방하기 위해 생활습관을 바꾸게 되고 여러 가지 예방조치를 취한다. 기술이 더 진보하면 아예 해당 유전자의 작용을 억제하여 질병을 예방할 수 있다.

먼저 한국인이 잘 걸리는 질병에 대해서 간단히 살펴보도록 하자. 현재 한국인의 3대 사망원인은 암, 뇌혈관질환, 심장질환이다. 생명과학과 치료기술의 발달로 인해 이들 질환으로 인한 사망자 수는 매우 줄어들거나, 사망원인이 되더라도 그 시기가 아주 지연될 것이 분명하다.

우선 암의 경우 개인별 유전자 구성을 확인하게 되면 어떤 암에 걸릴 확률이 높은지 파악할 수 있다. 그러한 암에 대해 집중적인 진단을 하면 조기진단이 가능하다. 암치료의 관건은 조기진단이다. 심혈관계

질환이나 심장질환의 경우도 이와 마찬가지로 예방이 가능하다. 불가능하다면 심장을 이식받거나, 줄기세포로 새 심장세포를 만들면 된다. 나노기술의 발달로 인해 혈관속을 청소하는 나노로봇을 만들어 혈관에 주입하는 방법도 개발될 것으로 본다. 이 나노 혈관 청소부는 지방찌꺼기로 좁아진 혈관을 넓게 해서 혈관이 막히는 것을 막아준다. 그 결과 심장근육에 산소가 제대로 공급될 수 있다. 나노 청소부는 뇌혈관 질환에서도 마찬가지 역할을 한다. 고혈압, 당뇨병, 고지혈증을 앓고 있다면 이런 나노 청소작업이 사망률을 떨어뜨리는 데 큰 도움이 된다. 이런 꿈 같은 기술이 등장하는 시기는 몇십 년 후가 아니다.

국가과학기술자문위원회는 지난 2005년 5월에 과학기술 예측조사의 결과를 공개했다.[18] 또 캐나다 국가과학회의는 2004년 헬스케어분

표11-2   과학기술 예측조사 2030

2013	인터넷 이용 가상병원
2013	전자의무기록
2014	의학영상시스템
2016	세포치료제(줄기세포)
	고혈압 당뇨 발생 원인 규명
2018	유전자치료
2020	스마트 필('나노캡슐')[21] 혈관 청소 나노로봇
2022	뇌 인지기능 규명

출처 : 국가과학기술자문위원회, 2005.

표11-3   의료 바이오 기술 등장 예측

2000	유전형별 맞춤의약품(1998)
	DNA칩(2003)
2005	배아진단 및 선택
	국경 생체 인식
	세포단위 실시간 바이오센서(2005~2010)
	약물 단백질 생산 동물(2006~2008)
2010	동물장기 인체 이식(2007~2014)
	DNA백신
	나노 진단
	DNA칩 일반화
	뇌-기계 연결
	노화방지 약물
2015	바이오 인공 장기(Bioartificial organs, 2010~2020)
	유전자 치료(2010~2020)
	줄기세포 치료(2012~2020)
	DNA요법
	인공자궁(Articial womb)
2020	
2025	
2030	장기 생산

출처 : 뉴질랜드 연구 및 과학기술부(Ministry of Research, Science and Technology), 2004.

야의 기술발달 예측을 발표했다.[19] 뉴질랜드 과학부의 퓨처워치 보고서는 이보다 더 풍부한 내용을 깊이 있게 다루고 있다.[20]

보고서들을 종합해 볼 때 2020년까지는 줄기세포를 이용한 세포치료제가 개발될 것으로 예상된다. 뿐만 아니라 유전자 이상으로 인한 질병을 후천적으로 치료하는 유전자 치료법이나 체내의 정확한 위치에서 약효를 발휘하도록 디자인된 '스마트 필(Smart Pills)'이 등장한다는 데 대해서도 각국 전문가들의 의견이 일치한다.

뇌-컴퓨터 연결(interface)은 2040년경 가능해진다. 미국 조지아주 에모리 대학의 신경학자인 필립 케네디(Phillip Kennedy)는 몸이 마비된 환자가 생각만으로 컴퓨터의 커서를 움직이게 하는 뇌 이식물을 개발했다. MIT의 과학자들은 올빼미원숭이(owl monkey)의 뇌에서 로봇에게 전기 신호를 보내 로봇이 원숭이 팔의 움직임을 실시간으로 모방하는 것을 확인했다.[22] 뇌-컴퓨터의 소통이 가능해지면 '600만 달러'의 사나이도 꿈은 아니다.

지혜의 공유 vs 새로운 시장

2005년 11월11일 인터넷 음악 공유 사이트인 소리바다는 법원으로부터 음악 파일공유 서비스 중단 가처분결정을 받자 "완전 개방형 P2P 프로그램을 배포하겠다"며 초강수를 두었다.[23] 송사 상대측인 한국음원제작자협회는 길길이 날뛰었다. 만약 소리바다 서버에 음악파일이 저장되지 않더라도 P2P(네티즌 사이에서 파일을 교환하는 것)가 무한히 자유롭게 이뤄진다면 음반기업들은 돈을 벌지 못한다. 네트워크에 접속하면 다른 사람으로부터 무상으로 음악파일을 받아 쓸 수 있는데 음반을 구매할 이유가 사라진다.

IT 인프라의 발달은 IT화된 상품의 시장성을 위협한다. IT와 BT가 새로운 시장이 되려면 지적재산권(IP) 문제가 해결돼야 한다. 음악뿐 아니라 모든 창작물이 같은 문제에 봉착한다. 저작권을 가진 개인과 기업은 세계적으로 적용되는 법을 동원하여 지적재산권을 보호받으려고 애쓰고 있다. 그러나 정보 고속도로가 갈수록 발전하는 21세기에 파일 공유를 막을 방법은 없어 보인다. 온갖 창작물이 클릭 한 번으로 국경을 넘는다.

'공유'는 IT와 BT를 새로운 시장으로 발전시키려는 사람들에게 엄청난 타격이다. 저작권을 가진 기업들은 지적재산의 '사회주의'에 대항하여 공유가 불가능하도록 하는 법적·기술적 수단을 마련하고 있다. 미래에 창작물의 공유는 극도로 어려워진다. 스탠포드 대학의 법학 교수인 로런스 레식(Lawrende Lessig)은 '공공의 지적재산'이라는 개념은 2040년이 되기 전에 사라진다고 예언했다.[24]

BT 분야의 지적재산권 부여는 더 충격적이다. 몇 년 전부터 과학자가 어떤 생명체로부터 유용한 유전자나 단백질을 발견하면, 발견자에게 독점 사용권이 주어지기 시작했다. 새로운 창조물에는 특허가 부여되더라도 이미 존재하던 물질을 발견한 데 대해서는 독점사용권을 주지 않는 것이 특허를 부여하는 기본 원칙 가운데 하나다. 미국을 비롯한 여러 나라의 특허법은 '자연에서 이루어진 발견'에 대해서는 특허를 주지 않는다. 실제로 1928년 어떤 미국인이 텅스텐이라는 금속에 대해 특허를 신청했지만 미국 특허상표국은 이를 받아들이지 않았다. 연방 법원도 비록 특허 출원자가 텅스텐과 그 제련법을 발견한 것은 사실이지만 이 물질은 아득한 과거부터 자연 상태로 존재해 왔으므로 이것은 어디까지나 '발견'이지 '발명'으로 간주해서는 안 된다는 판결을 내려 특허상표국의 결정에 근거를 제공했다.[25] 마리 퀴리가 라듐을 발견했다고 해서 20년간 라듐 사용의 독점권을 퀴리에게 주어야 한다고 생각한 사람은 없었다. 지금 생명과학에서 그런 '비상식적'이었던 일이 이뤄지고 있다.

미국 특허상표국은 1987년 기존 입장을 완전히 뒤집는 정책을 발표했다. 생명체의 일부분도 특허를 낼 수 있으며 누구든 가장 먼저 그 성질을 규명하여 상품화하는 사람은 지적재산권에 준하는 보호를 받을 수 있게 되었다. 자기 몸에서 나온 세포라도 자신이 소유권을 주장할 수 없다. 몇 해 전 캘리포니아 법원은 신체의 소유권에 대한 새로운 판결을 내렸다. 알래스카의 사업가 존 무어는 자신도 모르는 사이에 자기 세포에 특허가 부여되었다는 사실을 알게 되었다. 무어는 희귀성 암에 걸려 캘리포니아 대학병원에서 치료를 받은 적이 있었다. 병원 연구진은 무어의 비장 세포에서 암세포와 싸움을 돕는 단백질이 분비된다는 사실을 발견했다. 연구진은 무어의 세포로 세포주(cell line)를 만들어 1984년 특허를 받아 내었다.[26] 무어는 자신의 세포에 대한 재산권은 자신에게 있다며 캘리포니아 대학을 상대로 소송을 제기했다. 법원은 캘리포니아 대학의 손을 들어 주었다. BT가 시장의 총아가 된 시대에 새로운 판단기준이 수립된 셈이다.[27]

아이슬란드는 1999년 전국민의 유전자 프로파일을 작성·분석하며 그로부터 얻어진 유전자와 질병간의 정보를 활용할 수 있는 권리를 생명과학 기업 디코드(DeCode)에 매각하기로 결정했다.[28] 프라이버시 침해라며 일부 아이슬란드인들은 위헌 소송을 제기했다. 몇 년이 걸린 소송 끝에 2003년 7월 아이슬란드 대법원은 전국민 유전자 프로파일 작성이 헌법이 보장하는 프라이버시 침해로 인정된다고 판결했다. 현재 프로파일 작업은 거부의사를 밝히지 않은 국민을 대상으로만 실시되고 있다. 계약을 체결한 디코드는 다국적 제약회사 로슈와 머크의 관계사로서 2003년 1분기 1,300만 달러의 순손실을 기록하고, 2004년 같은 기간에도 1,200만 달러의 적자를 냈음에도 불구하고 투자 컨설턴트들은 이 기업에 대해 긍적적인 전망을 내놓았다.[29] 이는 생물 특허가 미래에 엄청난 부가가치를 지니고 있음을 뜻한다.

인류가 경험에서 얻은 지식이 모두 사유화되고 있다. 선진국은 개발도상국에서 수천년 전부터 사용하던 천연 약물을 비롯한 생물종의 유전자에 대해서 먼저 분석했다는 이유로 특허를 부여받고 있다. 미국과 유럽, 일본에서 특허를 가지고 있는 한국의 생물종도 다양하다.

공공의 지적재산을 사유화하는 것이 타당하냐는 질문이 제기되지만 시대의 조류는 명백하다. BT에 투자한 자본을 위해서는, 새로운 시장이 더 번성하기 위해서는, 먼저 발견한 이에게 독점사용권을 주게 된다. 한국이 IT와 BT를 기반으로 성장하려면 공공의 재산을 사유화하는 데 적극 나서야 한다는 결론에 도달한다. 소리바다는 결국 완전개방형 P2P 프로그램 배포를 포기했다. 소리바다 양정환 사장은 P2P 프로그램을 배포할 경우 P2P를 완전히 차단하는 기술과 법이 더 빨리 현실화될 가능성을 우려했을 것이라는 일부의 해석에 동의한다.[30] 양정환 사장의 '선의'에도 불구하고 지적재산의 보호는 더 강해질 수밖에 없다. 그렇지 않으면 제조업을 대체할 '기대주'에 아무도 돈을 투자하지 않을 것이며 새로운 시장은 성장하지 않는다. 장래에 생명과학 지적재산은 사유화하지 말자는 국제적인 약속이 만들어질 가능성이 거의 없다. IT와 BT로 '먹고 살겠다'는 한국은 공공재산의 사유화라는 미래에 빠르게 대응해야 한다.

1) 구약성경 출애굽기 16장.

2) 자크 아탈리, 『호모 노마드 유목하는 인간』, 웅진출판, 2005.

3) 벤처기업 셀레라지노믹스가 국제컨소시엄을 앞섰다는 것을 인정하지 않는 사람도 많다. 불완전한 지도를 부랴부랴 공개했다는 주장이다. 그러나 10년 이상을 끌어 온 컨소시엄을 단 몇 년 만에 따라잡은 비결은 정보처리 기술을 적극적으로 도입했기 때문이라는 데에는 대체로 동의한다.

4) 2명 이상의 공범이 각각 분리되어 수사관의 취조를 당할 경우 끝까지 범행을 부인하지도 자백하지도 못하는 상태에 빠지는 것. 이유는 경찰이 다음과 같은 제안을 하기 때문이다―자백을 해서 수사를 도우면 감형을 받지만 끝까지 부인하다가 다른 공범의 자백으로 범죄가 입증되면 형이 늘어난다. 각 죄수로서는 끝까지 부인하다가 자신만 더 중한 형을 받기보다는 차라리 자백을 택하게 되는 경우가 많다. 자백을 하면 최소한 공범보다 오래 수감되지는 않는다. 서로를 완전히 신뢰하는 관계가 아니고서는 상대방의 배신을 상정하는 것이 합리적이라는 판단에 이르게 된다.

5) 「세계 IT 시장규모 올 1조弗 돌파」, 서울경제, 2005.1.31.

6) 「세계 통신시장 성장지속 … 2008년 1조6500억 달러」, 연합뉴스, 2004.9.9.

7) 정보통신부, 「IT 산업 육성계획 2002~2007」, 2002.12.

8) 엑스레이크리스탈로그래피(X-ray crystalography). 단백질을 결정으로 만들어 3차원적 구조를 파악한다.

9) "An Excellent recent example is the New Zealand government's report Biotechnologies to 2025." OECD 「Proposal for a major project on the Bioeconomy in 2030; A Policy Agenda」, 2005.5.

10) 한국 역시 2005년 5월 비슷한 보고서를 발표했다. 뉴질랜드 보고서를 참조한 흔적이 엿보인다. 그러나 내용의 풍부함과 치밀함에 있어서 뉴질랜드 보고서보다 뒤떨어진다.

11) 통계청, 「2004 사망원인 통계」, 2005.9.

12) 'High Fidelity'의 약자로 고품질의 음악을 뜻한다.

13) 「IT · BT · NT 융합 청사진 나온다」, 연합뉴스, 2005.5.10.

14) 미국의 물리학자 P.W.브리지먼이 전개한, 주관적 관념론의 성격을 띤 철학적 사고 방식을 뜻한다. 과학적 개념이나 용어의 의미를 명확히 하려는 의도에서 출발한 것으로, 모든 개념이나 용어는 물리적 또는 정신적 조작에 의해 정의되어야 한다는 주장이다. 예를 들어 '길이'라고 하는 개념은 자를 이용하여 길이를 측정하는 조작을 할 때 비로소 정의된다. 인간의 오감 중에 미각으로 다른 인간의 존재를 인식하는 경우는 극히 드물기 때문에 제외하였다.

15) 전자기파와 음파는 재생이 간단하고, 파를 수용하는 인간의 감각기관도 단순하다. 인간의 눈에는 색깔을 구분하기 위해 단 세 종류의 세포가 있다. 그러나 후각의 경우 5백만 개의 세포가 직접적으로 만 종류의 다른 분자를 구별하기 때문에 재생이 매우 어렵다. 사람이 일일이 기억하기에도 너무 많다. 「베스커빌가의 사냥개」에서 셜록

홈즈는 "범죄 전문가가 구별해야 하는 75가지 냄새가 있다"고 지적하면서 편지지의 향으로 한 여인의 신원을 밝힌다.

16) 이것은 인류가 오랫동안 경험해 왔던 구전되는 이야기(Storytelling)를 들으면서 자신이 주인공인 양 상상하던 습관에 크게 의존하고 있는 것 같다. 상상은 가상세계의 중요한 토대라는 점에서 이야기와 일치하지만, 가상세계와 이야기의 가장 큰 차이는 타인의 존재이다.

17) 유사한 상황이 영화 〈매트릭스〉에 구현되어 있다. 주인공 네오(키아누 리브스분)는 어느 날 자신을 찾아 온 모피어스(로렌스 피쉬번 분)로부터 '실제 세계'를 알 수 있게 될 붉은 알약과 전에 살던 일상으로 돌아가게 될 푸른 알약을 선택하라는 요구를 받는다. 네오는 붉은 알약을 먹고서 인류가 가상의 세계만 인식하는 상태에 있다는 것을 깨닫는다. 굳이 장자의 '나비의 꿈' 이야기를 꺼내지 않더라도 지금 우리가 가상의 세계에 살고 있지 않다고 입증할 수 없다. 사족을 달자면, 매트릭스에서는 컴퓨터가 인체를 에너지 공급원으로 쓰고 있는데 그것은 매우 비효율적이다. 인류에게 가상세계를 줄 정도로 똑똑한 컴퓨터라면 적어도 인류를 배터리로 쓰지는 않을 것이다.

18) 국가과학기술자문위원회, 「과학기술 예측조사 2030」, 2005. 5.

19) National Research Council of Canada, 「Canada's Bio-Health」, 2004.

20) 뉴질랜드 연구 및 과학기술부 웹사이트. www.morst.govt.nz

21) 약효를 발휘해야 할 목표를 스스로 찾아가서 작용한다는 뜻에서 '똑똑한 알약'이라는 이름으로 불림.

22) 페이스 팝콘·아담 한프트, 『미래 생활 사전』, 을유문화사, 2003.

23) '완전 개방형 P2P' 배포준비중」, 연합뉴스, 2005. 11. 11.

24) 「Here Today, Gone Tomorrow」, Foreign Policy, Sep.-Oct. 2005.

25) 제러미 리프킨, 『소유의 종말 The Age of Access』, 민음사, 2001.

26) 세포주는 특정 성격을 가진 동일한 세포들을 무한히 얻기 위해 만들어진 세포의 한 종류를 뜻한다.

27) 제러미 리프킨, 같은 책.

28) 「For Sale in Iceland; A Nation's Genetic Code」, Washington Post, 1999. 12. 1.

29) 「Iceland Court Ruling Stalls Medical Database」, CIO Magazine, 2004. 7. 15. http://www.cio.com/archive/071504/tl_iceland.html

30) 「소라바다를 위한 변명」, 아이뉴스24, 2005. 11. 17.

제12장

<<

일극에서 다극으로, 서구에서 아시아로

유토피아, 지구촌 세계정부를 꿈꾸며

미래의 지구는 산소와 오존이 고갈되어 질식할 위기에 처한다. 인류는 생존의 위기를 맞는다. 태양계 밖에 존재하는 별인 '엡실론 인디'는 막대한 산소원(源)과 오존원이 존재한다. 지구인들은 엡실론 인디로 우주선을 보낸다. 이 우주선은 태양계 밖으로 보낸 최초의 유인 우주선이었다. 그 해가 2053년이다. 그로부터 53년 후 이 우주선은 천신만고 끝에 지구로 귀환한다. 이들 모두는 떠날 때 30대였지만 이제는 80대 노인이 되어 돌아오고 있었다. 22명이 죽었고 53명의 아이들이 새로 태어나 생존자는 166명이었다. 이들은 지구인들에게 알려줄 희소식을 갖고 있었다. '엡실론 인디'의 기체가 호흡에 적합하고 그것을 이용하는 데 별로 어려움이 없을 거라는 거였다.

우주선이 2106년 지구에 착륙하고 대원들이 밖으로 나서자, '세계정부'를 구성하는 13명의 인물들이 그들을 맞아주었다. '세계정부'는 23년 전인 2083년에 인류의 재산을 관리하고 각 나라가 세계헌법을 준수하게 하기 위해 만들어졌다. 세계는 평화와 경제성장의 시대, 예술이 활짝 꽃피는 시대,

인류가 일찍이 경험해보지 못한 황금시대에 들어와 있다. 과학과 문화의 가장 위대한 희망이 실현되고 지정학적 갈등과 생태학적 불안은 거의 해소되거나 많이 사라진 듯했다. 모든 나라의 국민들이 자기들 나라의 조직을 철저하게 재검토하면서 새로운 세상을 만드는 데에 동참하기로 결정을 한 모양이었다. 그렇게 되기까지는 많은 사연이 있었다. 우주 여행자들은 사람들로부터 그동안 있었던 일에 대한 얘기를 들었다.

2053년 그들이 우주로 여행을 떠나기 전 세계는 암담하고 비관적이었다. 시베리아의 수자원을 놓고 유럽 · 대서양 동맹과 중국 · 이슬람 동맹 사이의 갈등이 고조되던 때였다. 두 동맹은 전쟁이 발발할 경우를 대비해서 만반의 준비를 하고 있었다. 양 진영에서 가공할 살상무기를 개발할 것이라는 소문이 나돌았고, 지구의 90억 인구 중에서 20억 명이 목숨을 잃게 되리라는 얘기도 있었다. 몇몇 나라에서는 신비주의 교파의 걸인 무리가 도로를 점거하고 도시를 약탈하면서 세상의 종말을 예고하고 있었다. 그런 혼돈 속에서 유럽 대서양 동맹의 지도자들은 우주 탐사를 구상하였다. 그들이 우주로 떠난 후 두 진영의 긴장이 절정에 다다랐을 즈음에 갑작스럽게 변화의 바람이 불기 시작했다. 인류가 곧 파멸하고 말 것이라는 위기감이 두 동맹의 대립을 억누르고 경제성장과 과학기술의 혁신이 사람들의 야망을 새로운 방향으로 이끌었다. '세계정부'가 구성되고 단일한 세계화폐가 통용되기 시작했으며 세계 모든 곳에서 기아와 가난이 추방되었다. 과학발달에 힘입어 환경문제는 해결되었고 대부분의 사람들은 실업과 범죄로부터 해방되어 150세까지 천수를 누렸다.

'세계정부'는 자크 아탈리가 『합리적인 미치광이』에서 예언하고 있는 2106년 미래 지구촌의 모습이다. 아탈리의 상상처럼 전쟁도 갈등도 없는 형제애에 바탕을 둔 지구촌을 하나로 묶는 정부가 구성될 수 있을까. 인류는 '하나뿐인 지구(Only One Earth)'를 보존하기 위하여 환경 및 에너지 문제 등 공동의 문제에 대처할 수 있을까. 각 지역별로 사회·경제적인 발전을 이룩하기 위해서 전 지구적인 차원에서 상호공존 및 번영을 추구하는 것이 가능할까.

지금 세계는 어두운 전망으로 가득 차 있다. 세계 초강대국 미국을 일컫는 '불량배 슈퍼파워(rogue superpower)'에 대한 세계의 반감도 큰 불안요소이다. 제4차 세계대전으로 불리는 테러도 점점 늘어나고 있다. 테러리즘은 미국에 대한 공격이기도 하지만 세계무역에 대한 경고이기도 하다. 미국 중심사고에서는 이를 반세계화의 추세라고 부르기도 한다.[1] 미국과 중국은 서로를 잠재적인 적으로 보고 있다. 지금까지 중국의 경제력이 미국에 비해서 크게 뒤떨어져 있기 때문에 두 나라의 경쟁은 드러나지는 않고 있다. 그러나 중국의 경제가 커지면 커질수록 경제력에 걸맞는 아시아 패권, 나아가 세계 패권을 추구하게 될 것이므로 미국과의 갈등은 심화된다. 핵 제조기술의 확산과 보유국가의 증가로 핵전쟁에 대한 우려도 계속 높아지고 있다. 자크 아탈리는 핵 제조기술은 너무 쉽기 때문에 핵보유를 막을 수 없을 것이며 핵 발사 단추를 누가 더 빨리 누를 수 있느냐에 대한 경쟁만이 남아 있다고 말했다.[2] 마이클 화이트와 젠트리 리는 2016년 인도와 파키스탄이 핵전쟁을 일으키게 될 것이라고 예언하기도 했다.[3]

이슬람과 미국의 충돌도 세계 평화를 위협하는 요소다. 새뮤얼 헌팅턴은 미국과 이슬람의 대결을 문명충돌이라고 규정해서 논란을 불러일으켰다. 헌팅턴의 지적이 옳든 그르든 양자 간의 대결구도는 쉽게 해소되지 않는다. 최근에는 이슬람 인구가 폭발적으로 증가하고 있어 인구통계학적으로 보면 이슬람의 도전은 더욱 거세질 전망이다. 이슬람 국가들은 수십 년간 대단히 높은 인구 증가율을 기록하고 있다. 연간 약 3% 정도 증가한 때도 여러 번 있었다. 이것은 유럽의 10배가 넘는 숫자이다. 1980년대에 이슬람교도는 세계 총인구의 약 18%를 차지했고 1990년대 말에는 20%를 상회함으로써 기독교도의 수를 능가해, 2025년에는 세계 인구의 거의 30%를 점유하게 되리라고 추정된다.[4]

동아시아의 긴장도 완화될 기미가 아직은 보이지 않고 있다. 중국과 대만의 군사적 충돌 위험은 여전히 해소되지 않고 있다. 북한 핵을 둘러싼 주변국의 갈등도 언제든 불거질 태세다. 동북아시아의 경우 영토분쟁까지 격화되고 있다. 한국과 일본의 독도분쟁, 중국·일본·대만의 센카쿠 열도 분쟁, 일본과 러시아의 쿠릴열도와 사할린 분쟁은 전쟁으로 비화될 만큼의 폭발력을 지니고 있다. 일본의 과거 아시아침략에 대한 사과 문제를 놓고 아시아 각국이 벌이는 신경전도 동북아시아의 이질성과 긴장감을 더욱 높여주는 핵심 키워드이다. 이밖에 수많은 문제들이 있다. 중국의 민족분쟁, 아프리카의 에이즈 창궐, 일부 선진국의 인구감소, 또한 전 지구적으로 진행되는 고령화와 재정불안, 에너지전쟁과 물 부족 사태, 부의 양극화 등도 인류에게 큰 시련을 안겨준다.

이런 모든 어려움을 극복하고 인류는 발전을 지속할 수 있을까. 우여곡절이야 겪게 되겠지만 종국에는 자크 아탈리의 주장처럼 세계가 파멸할 것이라는 위기감은 새로운 질서를 수립하리라고 본다. 프랜시스 후쿠야마도 사회질서를 회복하는 것은 인간의 타고난 본성이라고 말했다.[5] 앞으로 50년 이상 중국과 인도, 러시아, 브라질의 경제는 중단 없이 성장하게 된다. 현재 세계를 지배하고 있는 초강대국인 미국은 결국 다극체제로의 재편을 받아들일 수밖에 없다. 미국은 오랜 대결을 끝내고 이슬람과도 화해한다. 과학의 비약적인 발전은 에너지 문제와 환경문제를 해결한다. 동아시아 경제공동체가 창설되고 동아시아는 경제의 중심으로 자리잡는다. 미국과 러시아를 포함한 동북아 집단안보체제가 형성되어 동북아시아의 안보불안은 사라진다. 아프리카도 경제발전을 이루게 되고 에이즈를 통제할 수 있게 된다. 기부문화와 자원봉사가 활성화되면서 인간적인 시장경제가 자리잡는다. 빈곤과 양극화는 영원히 추방된다. 꿈 같은 얘기지만 불가능하다는 증거 또한 어디에도 없다.

초강대국시대의 종말, 일극에서 다극으로

냉전시대에 세계는 이데올로기에 의해서 나누어졌다. 자본주의 국가, 사회주의 국가, 그리고 제3세계 국가들로 분류되었다. 미국은 자본주의의 대표였고, 러시아는 사회주의의 리더였다. 두 나라에 의해서 세계는 양분되었다. 냉전이 해체되고 21세기 초입에 들어선 지금 미국은 초강대국으로 세계 위에 군림하고 있다. 그리고 미국 이외에 주요 대륙별로 몇 개의 지역 대국이 존재한다. 미국은 유일한 초강대국으로 경제 군사 외교 이데올로기 테크놀러지 문화 등 어느 영역에서도 세계 최고에 있다. 또 세계 대부분의 지역을 세력권 안에 두고 자국의 이익을 관철시킨다. 미국의 황금시대는 고대에 몇 세기에 걸쳐 존재했던 일극 지배와 비슷하다. 유럽을 지배했던 로마와 동아시아를 지배했던 중국이 그랬다.

미국은 국내로 보아도 황금시대를 구가하고 있다. 프랑스 문명 비평가 기 소르망의 얘기를 들어보자. 50년 전에는 부자들만이 누릴 수 있었던 것을 오늘날엔 거의 대부분의 미국인들이 누리며 살고 있다. 100%의 미국인이 난방시설이 잘 갖추어진 집에서 살고 있고 80%가 냉방이 되는 집에서 살고 있다. 편안함은 보편적인 것이 되었다. 미국에서 빈곤층의 기준이 되는 수입은 다른 나라에서 중산층의 수입과 같다. 빈곤 인구의 비율도 계속 낮아지고 있다. 빈곤층 비율은 미국의 '황금시대' 라고 흔히 간주되었던 1960년대 20%였고 오늘날에는 12%로 대폭 줄었다. 상대적으로 가난한 이러한 인구는 대체로 매년 아무런 자금 없이 도착하는 백만 명의 이민자들을 포함하고 있으며, 이들이 통계수치를 높인다. 미국인들은 도덕적이기까지 하다. 유럽인들이 자선단체에 1년 평균 57달러만을 기부하는데 비해, 미국인들은 2002년에 평균 953달러를 기부했다. 미국인들은 돈의 기부 외에도, 연간 9,000만 명 이상이 규칙적으로 시간을 내서 이윤이 남지 않는 활동에 참여한다.[6]

세계는 냉전시대의 양극 체제에서 1980년대 말 일시적인 일극 체제의 시대를 벗어나, 현재는 수십 년의 일극—다극 체제의 시대를 경험하면서 다극 체제의 미래사회로 진행하고 있다.[7] 이데올로기 대립이 종언을 고한 이후 각국은 경제규모에 걸맞게 군사력을 강화하고 국제적 영향력을 증대시켜왔다. 앞으로도 상당 기간 동안 이러한 경향이 지속된다. 그렇다면 초강대국 미국 시대의 종말은 언제쯤 오게 될까. 아마도 2020년경까지는 미국의 시대가 계속될 것으로 본다. 2020년부터 2040년대까지는 세계 제2위의 경제대국 중국이 아슬아슬하게 초강대국 지위를 유지하는 미국에게 강력히 도전하게 된다. 2040년 이후, 즉 21세기 중반부터 세계는 다극체제를 이루게 될 가능성이 많다. 특히 경제력 면에서 그렇다. 새뮤얼 헌팅턴은 헨리 키신저의 말을 빌어 21세기에는 미국, 유럽, 중국, 일본, 러시아, 인도 등 6개의 대국이 존재할 것이라고 주장했다. 일극체제에서 다극체제로 전환할 것이라는 헌팅턴의 가설은 인구구조의 변화와 경제성장률을 전망해 보면 타당한 측면이 없지 않다.

중국의 경제는 눈부신 속도로 성장하고 있다. 경제성장을 뒷받침하고 있는 것은 단연 인구다. 인구대국 중국은 세계에서 가장 큰 내수시장을 갖고 있다. 풍부한 노동력이 생산하고 있는 값싸고 질 좋은 제품은 세계시장을 석권하고 있다. 세계 어디를 가든 발에 채이는 물건이 'Made in China'이다. 2040년 전세계 GDP 중 중국이 차지하는 비중은 19.6%로 미국의 18.2%를 능가한다. 중국에 이어 인도의 전성기가 도래한다. 인도의 경제는 무섭게 성장하여 2050년이 되면 12.1%로 미국의 14.9%를 바짝 뒤쫓게 된다. 러시아와 브라질이 그 뒤를 잇는다. 미국은 선진국 중 유일하게 인구 유지 수준의 출산율을 달성하고 있는 나라다. 미국은 21세기 중반까지 성장세가 계속되겠지만 중국, 인도 등 신흥 경제대국의 부상을 막지는 못한다.

유럽은 당분간 강대국 지위를 유지하겠지만 힘의 크기는 점점 약화될 가능성이 높다. 인구구조의 고령화와 재정부담, 경제성장 둔화는 지구촌에서 '유럽의 세기'를 지속시키는 데 큰 걸림돌이다. 일본은 새뮤얼 헌팅턴의 주장과 달리 장기 전망은 불투명하다. 일본은 생산가능인구가 1990년대 중반부터 감소하고 있다. 또한 총인구는 2005년부터 감소세로 돌아섰다. 일본의 경제는 성장을 거의 멈췄으며 늘어나는 노인인구 때문에 심각한 재정난을 겪고 있다. 이 때문에 일본은 경제가 회복되더라도 과거의 폭발적인 경제성장을 재현할 수 없다. 전 세계 GDP 중 일본의 비중은 2020년 8.8%로 줄어들게 되고 중국에 추월당한다. 2050년에는 3.7%로 경제대국에서 이탈하게 된다. 이 정도 경제규모로는 국제사회에서 큰 소리를 칠 수 없다. 따라서 일본은 다극체제에서 탈락할 것이 유력하다. 그렇게 되면 일본은 미국과 중

| 표12-1 | | 주요국의 경제력(GDP 비중) 추이 | | | | | | |

(단위 : %)

구분	한국은행						Global Insight	
	2005	2010	2020	2030	2040	2050	2006~ 2010 평균	2016~ 2020 평균
중국	4.6	5.8	9.8	14.8	19.6	19.0	5.0	8.4
미국	30.8	29.0	25.3	21.7	18.2	14.9	26.6	25.7
일본	12.5	11.0	8.8	6.8	5.1	3.7	10.9	9.4
인도	1.9	2.5	4.4	7.0	9.8	12.1	1.8	2.4
한국	1.8	2.0	2.2	2.3	2.0	1.7	1.8	1.9

출처 : 한국은행, 「아시아경제의 장래」, 2005.9.

국 중 어느 한 나라를 선택해야 한다. 초강대국에서 탈락하게 될 미국 편에 서든가, 아니면 신흥 초강대국으로 떠오른 중국의 우산 아래로 편입되든가.

아시아, 세계경제를 지배한다!

많은 미래학자들이 예언하고 있듯이 세계의 중심으로서의 서구문명은 그 수명을 다하고 있다. 새뮤얼 헌팅턴은 장기간에 걸쳐 지배적이었던 서구 문명에서 비서구 문명으로 힘이 옮겨가고 있다고 전망한다. 대영 제국에 대해서도 같은 관점에서 말할 수 있다. 1897년의 영국 중산층은, 역사가 종착역에 이르렀다고 보았다. 그들이 역사의 정점이 자신들에게 행복에 넘치는 불멸의 국가를 선사해주었다며 서로 축하했던 것도 어느 정도 이해할 수 있는 이야기이다. 그러나 자신들의 역사가 절정기에 다다랐다고 생각하는 사회는 대개 몰락기로 접어든 사회이다.[8]

토인비는 어느 문명에 보편적인 국가가 등장하면, '불사(不死)의 환영(幻影)'에 눈이 멀어져 자기들의 사회는 인간 사회의 최종적인 형태라는 착각에 빠지게 된다고 했다. 로마 제국이 그랬고, 아바스 왕조, 무굴 제국, 오스만 제국이 그랬다. 지금 세계를 지배하고 있는 미국과 유럽은 절정기이자 몰락기가 함께 공존하고 있는지도 모른다.

프랑스 국제관계연구소 도미니크 모이시(Dominique Moïsi)는 유럽 헌법의 부결을 예측하면서 세계의 무게중심이 서에서 동으로 움직일 것이라고 전망했다.[9] 세계의 미래는 유럽보다 아시아에 있다는 주장이다. 이를테면 열정의 대륙 '아시아의 세기'가 다가오고 있다고 보았다. 아시아의 세기는 두 가지 이유 때문에 열리게 된다. 하나는 인구가 많기 때문이고 다른 하나는 인구구조가 통계학적으로 젊기 때문이다. 젊음에서 오는 에너지는 열정의 원천이다. 공교롭게도 도미니크 모이시의 칼럼이 게재되고 며칠 후 유럽헌법은 프랑스 국민투표에서 거부됐다. 이 때문에 유럽헌법 비준은 무기한 연기됐으며 유럽통합도 주춤거리고 있다. 물론 아시아는 기회와 성장하는 경제, 거대한 에너지만 존재하는 것은 아니다. 도미니크 모이시의 주장처럼 위험과 고조되는 긴장, 통제되지 않는 열정도 함께 상존한다. 그러나 서구문명은 이미 절정이다. 절정이 곧 몰락을 예비한다면 그 다음은 아시아가 아니겠는가.

아시아는 21세기 중반부터 세계경제를 지배하게 된다. 아시아의 경제규모는 2010년대 후반에는 유럽과, 2020년대 초반에는 북미와 비슷해지고 2040년경에는 세계 GDP에서 차지하는 비중이 42%로 북미 23%나 유럽의 16%를 크게 앞설 것으로 보인다. 2004년 아시아의 1인당 GDP는 2,400달러에 그치고 있다. 북미의 2만9,000달러, 유럽의 2만7,000달러에 비교하면 10분의 1 수준에도 못 미친다. 그러나 2040년경에는 그 격차가 4분의 1로 줄어들게 된다. 중국은 2020년 전후로 일본을 앞서기 시작하고 2040년에는 미국과 경제규모가 대등해진다. 중국의 GDP 비중은 전 세계의 5분의 1 정도로 성장한다. 인도는 2030년 일본을 추월하고 2050년에는 유럽과 비슷한 규모로 성장한다.

아시아의 경제발전을 가능하게 해주는 것은 인구다. 중국과 인도를 중심으로 한 아시아의 총 인구는 전 세계 인구의 50%를 계속 상회한다. 2005년 전 세계 인구 64억6,000만 명 중 아시아 인구는 39억1,000만 명이다. 2050년에는 전 세계 인구 90억7,600만 명 중 아시아 인구는 52억1,700만 명으로 추정된다. 중국의 인구는 2005년 약 13억1,600만 명이며 2030년 14억4,600만 명까지 증가한다. 이후 1가구 1자녀만 낳는 사회 분위기 때문에 점차 감소하지만 2050년에도 14억 명 선을 유지할 전망이다. 인도의 인구는 2005년 11억300만 명이다. 2050년에는 15억9,300만 명으로 중국을 추월한다.[10]

중국과 인도의 막대한 인적자원은 아시아 경제의 가장 강력한 성장 요소이다. 막대한 인구는 양질의 값싼 노동력을 무제한 공급하여 제조업 및 서비스업 발전에 중요한 여건을 형성한다.

풍부한 저임 노동력은 섬유, 의류 등 노동집약적인 경공업뿐만 아니라 전기, 전자, 반도체 등 고기술분야에서도 경쟁력을 높이는 요소로 작용한다. 아시아는 어느 나라나 높은 교육열로 인해 우수한 인적자원을 보유하고 있다. 중국의 경우 2003년을 기준으로 과학·엔지니어링·의료분야 대학생이 약 550만 명이나 된다. 기술교육기관 졸업생이 약 45만 명, 엔지니어를 포함한 과학기술분야 종사자 수가 약 225만 명에 달한다. 연구개발(R&D) 분야에 종사하는 전문 인력의 수는 약 110만 명이다. 인도는 약 80만 명의 석·박사 학위 소지자를 포함하여 300만 명 이상의 과학기술인력을 보유하고 있다. 매년 5만 명이상의 컴퓨터 전문가와 36만 명의 엔지니어가 배출되고 있다. 미국 대학 및 대학원의 외국인학생 등록수 10위 이내에 아시아 국가가 7개나 포함되어 있다. 인도, 중국, 한국, 일본, 대만, 태국, 인도네시아가 그들이다. 2004년 현재 이 국가 출신 미국유학생은 총 28만 명이나 된다.

아시아가 21세기 경제의 중심으로 떠오르기 위해서는 해결해야 할 암초들이 있다. 소득 및 부의 불평등 심화, 에너지 및 원자재 가격의 상승, 금융부분의 부실문제 심화, 산업 및 무역구조 개편 압력 가중 등이 그것이다. 그 중에서 총 부실채권비율을 살펴보기로 한다. 부실채권 비율은 모든 대출자산에서 부실채권이 차지하는 비율을 이른다. 높은 부실채권 비율은 1990대 후반 우리나라를 비롯한 아시아 금융위기의 원인을 제공했다. 아시아 중에서 인도네시아의 부실채권 비율이 60%로 가장 높다. 다음이 태국과 중국으로 40% 이상을 기록하고 있다. 그 뒤는 필리핀, 일본, 말레이시아, 인도, 한국 등의 순서다. 현대 자본주의는 금융자본주의라 불릴 만큼 금융경제가 실물경제를 압도하고 있다. 금융은 지역과 국경을 가리지 않기 때문에 전 세계 경제가 밀접하게 연관되어 있다. 어느 한 나라의 금융위기는 순식간에 아시아를 거쳐 세계로 확산된다. 특히 중국처럼 세계경제에서 차지하는 비중이 높은 나라의 금융위기는 아시아 경제, 나아가 세계경제의 복병이 될 수 있다. 하지만 역설적이게도 금융위기는 찾아오지 않을 수도 있다. 한 국가의, 혹은 한 대륙의 금융위기는 곧 전 세계의 위기이기도 하다는 인식이 널리 퍼져 있기 때문이다.

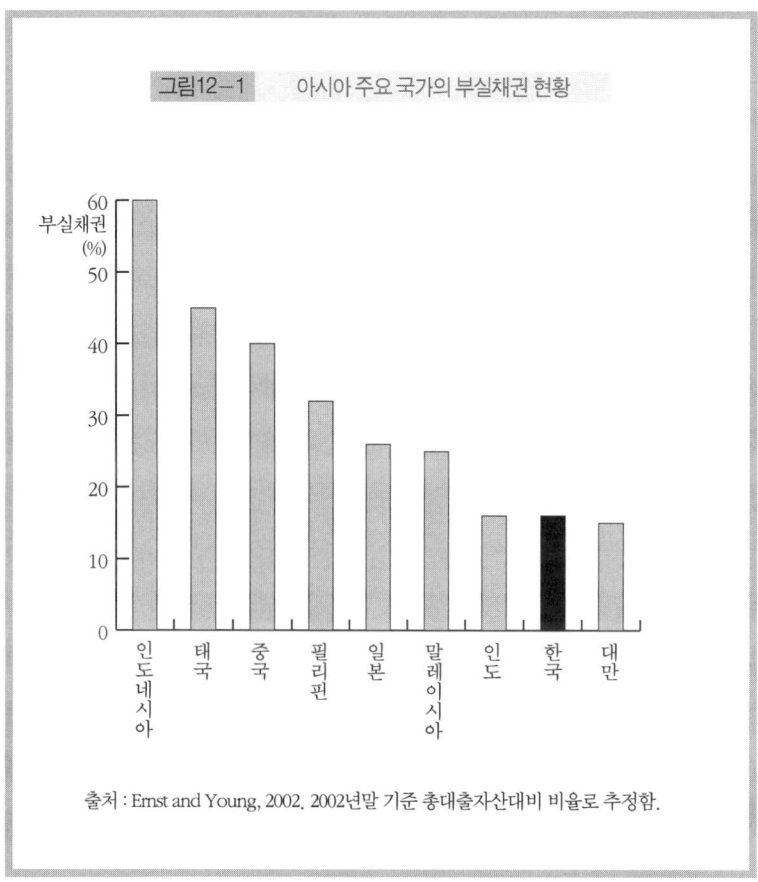

그림12—1   아시아 주요 국가의 부실채권 현황

출처 : Ernst and Young, 2002. 2002년말 기준 총대출자산대비 비율로 추정함.

표12—2   아시아국가의 경제력 장기전망(경상GDP 기준)

(단위 : %)

상대국		BOK		Goldman-Sachs(2004)	Global-Insight(2002)
		수렴가설[11]	결합예측[12]		
중국	〉일본	2019	2020	2016	2016~2020
	〉미국	2039	2041	2041	—
	〉북미	2041	2045	—	—
	〉EU	2035	2037	—	—
인도	〉일본	2030	2028	2032	—
	〉미국	×	2050	×	×
	〉북미	×	×	—	—
	〉EU	2049	2046	—	—
BRICs[*1]	〉일본	2008	2007	2009	2011~2015
	〉미국	2025	2028	2027	—
	〉북미	2027	2031	—	—
	〉EU	2026	2024	—	—
B5[*2]	〉일본	2008	2006	—	2011~2015
	〉미국	2024	2027	—	—
	〉북미	2026	2030	—	—
	〉EU	2026	2023	—	—
Asia[*3]	〉미국	2016	2018	—	2011~2015
	〉북미	2019	2024	—	2016~2020
	〉EU	2015	2012	—	2011~2015
A4[*4]	〉미국	2019	2023	—	—
	〉북미	2024	2030	—	—
	〉EU	2022	2018	—	2016~2020
아시아4龍[*5]	일본	×	×	—	—
ASEAN[*6]	일본	×	×	—	—
	미국	×	×	—	—

출처 : 한국은행, 「아시아 경제의 장래」, 2005.

＊1) 브라질, 러시아, 인도, 중국 등 4개국
＊2) BRICs + 인도네시아
＊3) 중국, 인도, 일본, 아시아 4용(한국, 홍콩, 싱가포르, 대만), ASEAN 5개국(인도네시아, 태국, 필리핀, 베트남, 말레이시아), 파키스탄, 방글라데시 등 14개국
＊4) 일본, 중국, 인도, 한국
＊5) 한국, 홍콩, 싱가포르, 대만
＊6) 말레이시아, 베트남, 싱가포르, 인도네시아, 태국, 필리핀 등 6개국(브루나이, 미얀마, 라오스, 캄보디아 등 4개국 제외)

통일로 저출산 · 고령사회 넘는다

2020년대에 김정일이 세상을 뜬다. 북한은 통곡했지만 그 열기는 김일성에 비하면 현격하게 떨어졌다. 둘째 아들 김정철이 44세의 나이로 국방위원장에 오른다. 그러나 김정철은 권력승계에 실패하고 만다. 김정철은 20여 년 가까이 후계자 학습을 받았지만 북한주민들은 그를 인정하려 들지 않았다. 2년에 걸친 권력투쟁 끝에 결국 김정철을 비롯한 9인 집단지도체제가 북한의 최고 지도부를 구성한다. 중국은 이 과정에 깊숙이 개입한다. 중국은 북한의 현상유지를 최우선의 국익으로 판단했기 때문이다. 중국의 정보당국은 수차례의 군부 쿠데타 기도를 좌절시킨다. 중국은 한국과의 흡수통합을 추진했던 군부 온건파를 일망타진하는데 결정적인 정보를 제공한다. 국방위원회는 폐지되고 내각인 정무원이 실질적인 권력을 행사한다. 정무원은 중국에서 공부하고 돌아온 기술 관료들이 장악한다. 군부와 국내파는 쇠퇴하고 중국계가 중용된다. 이들은 주체사상과 사회주의를 사실상 포기한다. 그 대신 인간적인 얼굴을 한 시장경제를 추구한다. 그리고 시간은 다시 흐른다. 2050년 북한에서도 대통령선거가 치러진다. 집권당인 북한 사회민주당은

통일헌법 제정과 남북통일을 슬로건으로 내건다.

북한체제는 당분간 지속된다. 식량난과 경제난 속에서도 한국과 중국, 일본 등의 지원으로 북한식 사회주의체제가 유지된다. 그토록 위태위태하던 북한이 무너지지 않고 계속 살아남는 이유는 북한사회의 특수성 때문이다. 주민들은 개별적으로 고립되어 있고, 이들 간에 의사소통이 이루어질 수 있는 사회적인 망(網)이 형성되어 있지 않다.[13] 북한 당국에 대해서 제 목소리를 내거나 저항할 수 있는 세력이 없다. 6자회담의 타결도 북한체제가 지속되는데 상당한 기여를 했다. 2007년 북핵 문제가 완전히 해결되고 6자회담은 동북아시아의 안보협력체제로 제도화된다. 낮은 차원이기는 했지만……. 북핵 해결 후 수십조 원에 달하는 한국과 일본의 유동성이 북한에 투자되기 시작하면서 북한경제는 연평균 7% 이상의 고도성장을 지속한다.[14]

북한체제의 끈질긴 생존의 배경에는 주변국들의 지원이 있었다. 중국은 2025년까지 연평균 GDP 성장률 8~9%를 달성했다. 중국은 경제성장을 지속하기 위하여 동북아시아의 안정을 필요로 했고 이를 위해서는 북한의 갑작스러운 변화를 원치 않았다. 중국은 통일 한국이 친미적 성향을 띄게 되지 않을까 걱정했다. 일본은 강력한 통일 한국의 등장을 원하지 않았다. 미국 역시 통일 한국이 중국의 영향권 아래에 놓이게 될 가능성 때문에 북한 체제 붕괴에 대하여 조심스러운 태도를 취했다. 한국도 갑작스러운 통일을 원하지 않았다. 북한의 붕괴가 경제에 결정적인 타격을 미칠 것이라는 우려 때문이었다. 한국은 북한 경제의 재건에 우선순위를 두는 정책을 선호했다.

북한의 인구는 2003년 약 2,250만 명이다. 출산율은 2.0 전후로 상당히 높은 편이지만 수년째 인구가 정체되고 있다. 최근 북한은 경제

위기가 계속되면서 많은 인구학적 변화가 일어나고 있다. 출산율의 정체, 사망률의 증가, 평균수명의 감소……. 이러한 변화는 경제 분야까지 나쁜 영향을 미치고 있다. 북한은 출산장려 정책을 추진하고 있으나 기대만큼 효과를 거두지 못하고 있다. 왜냐하면 결혼연령이 늦어지고 임신 자체를 기피하거나 임신 중 영양부실 등 출산과 보육 과정의 여러 위험 요인이 증가하기 때문이다.

북한은 산모나 갓 태어난 아이의 사망률이 매우 높다. 이렇게 되면 출산율이 높아도 인구 증가로 이어질 수 없다. 북한의 영아사망은 인구 1,000명당 20.6명에 달한다. 모성사망은 10만 명당 87명으로 조사됐다. 북한의 영아 사망률은 한국의 3~4배, 모성 사망률은 5~6배나 높다. 이뿐만 아니다. 유아의 만성 영양실조 발생도 여전히 심각한 수준이다. 생후 71개월까지 어린이 중 저체중 어린이는 23.4%나 된다고 한다. 산모의 건강 상태도 마찬가지다. 24개월 이하의 어린이를 가진 여성 중 32%가 영양실조라고 한다.[15] 전문가들은 일반적으로 3세가 지나면 아무리 음식이 개선되어도 성장 격차를 만회하기 어렵다고 본다.

북한에 대한 식량과 보건의료의 충분한 지원은 두 가지 점에서 꼭 필요하다. 우선 그 자체로서 인도적이다. 다른 하나는 북한 인구를 건강하게 유지하는 것은 저출산·고령사회의 중요한 대책으로 필요하다. 지금처럼 저출산 추세가 계속되면 한국의 인구감소는 앞으로 심각한 사회문제가 된다. 피부색도 다르고 문화도 다르고 말도 통하지 않는 외국인을 수입하느니 문화가 같은 한민족이 조금이라도 낫지 않겠는가. 북한 인구의 건강수준을 향상시키는 일은 통일 이후 경제에

큰 힘이 될 가능성이 크다. 인구문제 해결 외에 다른 효과도 있다. 식
량과 보건의료 같은 인도주의 차원의 지원에 대해서는 대북지원에 소
극적인 국민들도 크게 반대하지 않는다. 인도주의적 교류의 증가는
남북한 이질성 극복에도 도움을 준다.

중국, 잠룡(潛龍)의 등천

아시아의 강대국 중국은 세계를 향해 달리고 있다. 최근 중국은 세
계 최강대국 미국의 유일한 경쟁자로 떠오르고 있다. 중국의 힘은 전
세계 인구의 5분의 1에 달하는 13억 인구에서 나온다. 중국 경제는 풍
부한 노동력과 왕성한 구매력을 바탕으로 눈부시게 성장하고 있다.
중국의 GDP는 2003년 3.9%로 전 세계 7위에 올라 있다. 그러나 구매
력으로 보면 중국은 전 세계 GDP의 12.58%를 차지해 이미 세계 제2
위의 경제 대국이다.[16] 미국의 CIA도 중국의 실질 GDP를 세계 제2위
의 규모로 분석한다.[17] 그뿐만이 아니다. 중국의 교역량은 급속히 확
대되고 있다. 2003년에는 4위(미국-독일-일본-중국)였으며 2004년
에는 3위(미국-독일-중국)로 뛰어올랐다. 새뮤얼 헌팅턴은 중국은 한
국과 일본을 제외한 동아시아 경제를 지배하고 있다고 말했다. 또한
헌팅턴은 중국을 중심으로 한 동아시아 경제통합이 얼마 남지 않았다
고 전망했다.[18] 경제 성장률이 조금 떨어지더라도 중국은 2020년경이
면 GDP에서 일본을 초월하고 2040년경이면 미국과 대등한 수준에
이를 전망이다.

중국은 기회의 땅으로 떠올랐다. 사진은 중국어를 몰라도 생활이 가능한 베이징의 왕징거리. 조선족 보모들이 한국 아이들과 산책하는 모습이 보인다.

중국의 희망은 '일극―다극체제' 또는 '일초다강(一超多强)'[19]이라 불리는 지금의 국제질서를 다극체제로 재편하는 것이다. 아시아 강대 국에서 세계 최강대국 미국과 어깨를 나란히 하는 다극체제야말로 중 국이 꿈꾸는 미래의 국제 질서이다. 다극체제를 향한 중국의 시도는 지금까지는 이루어질 수 없었다. 그 이유는 경제적인 힘이 보잘 것 없 었기 때문이다. 지금은 달라졌다. 경제는 무 자라듯 쑥쑥 자라고 있 다. 남은 것은 시간뿐이다. 중국은 이러한 전략적 목표 때문에 국제사 회에서 자세를 낮추고 경제성장에 매달리고 있다. 중국은 경제 성장 을 바탕으로 한 '중국의 미래'를 열어갈 수 있을까. 이에 대답하기 위 해서 두 가지 큰 문제를 해결해야 한다. 하나는 미국의 견제를 피하는 것이고 다른 하나는 주변국들의 경계심을 해소하는 일이다.

중국의 등장은 냉전 이후 세계 초강대국인 미국에게 새로운 경쟁자가 나타났음을 의미한다. 미국은 당장 중국을 견제하고 나섰다. 미국 국방부는 동북아시아에서 중국과의 패권 대결을 예상하며 중국을 미래의 위험 요인으로 지목했다.[20] 부시 대통령도 취임 직후 중국을 전략적 경쟁국이라고 선언했다. 미국인들에게 전략적 경쟁국은 잠재적인 적국이다. 미국은 일본과 미사일 방어체제인 MD의 공동개발과 배치를 추진하고 있다. MD는 사실상 중국을 겨냥하고 있다. 또한 대만에 대한 방위 의지를 여러 차례 걸쳐서 밝히고 있다. 베트남과의 협력 강화, 중앙아시아에 대한 군사적 진출 등도 추진중이다.[21] 부시 행정부 이후 미국의 대중국 정책은 단순한 개입 수준을 넘어 포위 수준에 이르고 있다.

미국의 포위 전략에 대하여 중국은 국제협력을 강화하고 다자주의를 활용하여 대응하고 있다. 장쩌민 전 총서기는 2002년 중국 공산당 제16차 대회에서 "우리는 다자외교활동에 적극적으로 참여하고 국제 및 지역 조직에서 역할을 할 것"이라고 밝힌 바 있다.[22] 중국은 러시아, 중앙아시아 4국과 함께 2001년 6월 상하이 협력기구(SCO, Shanghai Cooperation Organization)를 발족시켰다.[23] 중국은 2005년 7월 상하이 협력기구를 통해 9.11 테러 이후 키르기스스탄과 우즈베키스탄에 주둔 중인 미군의 철수를 요구하기도 했다. 또한 중국은 북핵 해결을 위해 마련된 6자 회담에 의장국으로 활동하며 적극적인 역할을 수행하고 있다. 쌍무적 군사협력도 중국의 대응방법이다. 중국은 2005년 8월 사상 최초로 러시아와 대규모 군사 훈련을 실시했다. 2004년에는 프랑스와 공동 군사훈련을 실시하기도 했다. 중국은 2006년에도 러시아, 인도와 3국 합동 군사훈련을 실시한다.

부상하는 중국을 바라보는 동아시아 국가들의 시선은 복잡하다. 검증되지 않은 새로운 강대국의 출현은 주변국들로부터 충분한 위협 요인이기 때문이다. 동아시아 국가들과의 관계개선은 중국이 평화적으로 등장하기 위한 1차 관문이다. 이를 통해 주변 국가들의 경계심을 해소하고 국제적인 신뢰를 쌓을 수 있기 때문이다. 중국은 1997년 아시아 외환위기가 찾아왔을 때 위앤화 평가 절하를 하지 않아 아시아 경제의 든든한 버팀목 역할을 했다.[24] 2001년에는 아세안(ASEAN) 국가들에게 자유무역지대 구성을 제안했고 2002년 체결됐다. 2003부터 상하이협력기구와 자유무역지대 건립을 추진하고 있다.

쇠락하는 일본, 중국을 선택한다

2005년 전 세계 GDP에서 일본이 차지하는 비중은 12.5%로 미국(30.5%)에 이은 세계 제2위의 경제대국이다. 일본은 종종 독자적인 문명권으로 분류된다. 일본인과 일본문화에 대한 연구도 세계 어느 문명, 어느 나라보다 많이 이루어지고 있다. 이는 모두 일본이 경제대국이기 때문이다. 일본의 국토는 한반도 크기의 두 배이며 인구는 1억 2,686만 명으로 한국의 세 배 정도이다. 일본은 있는가 없는가, 축소지향의 나라인가 아닌가, 논란이 많지만 일본이 대단한 경제대국인 것만은 사실이다. 그러나 두려움에 떨 일은 아니다. 머지않아 일본은 쇠락의 길을 걷게 된다. 2050년이 되면 전 세계 GDP에서 일본이 차지하는 비중은 고작 3.7%에 머물게 된다. 지금의 3분의 1 수준이다. 중국(19.0%)은 물론 인도(12.1%)의 발끝에도 미치지 못하게 된다. 2050년 일본의 인구는 1억59만 명으로 간신히 1억 명을 유지한다. 65세 이상 노인인구 비율은 36.5%다. 거리에서 만나는 사람 셋 중 하나는 노인이다. 사회는 활력은 잃고 거리는 회색빛으로 물든다.

중국은 경제성장이 지속되면 2020년 일본을 추월하고 2040년 미국과 비슷해진다. 이렇게 되면 미국은 초강대국의 지위를 잃게 되고 세계는 다극체제로 전환된다. 이때의 일본은 더 이상 경제대국이 아니다. 미국이 최종적으로 유일의 초강대국으로서 지배적인 지위를 잃어버릴 것이라는 판단이 서면 일본은 어떤 선택을 하게 될까. 일본에게

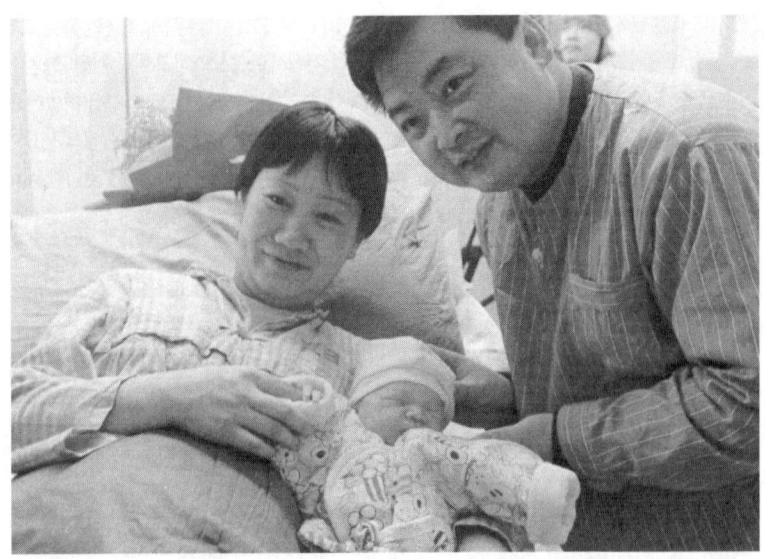

2005년 1월 6일 베이징에서 이 아이가 태어남으로써 중국 인구는 공식적으로 13억 명을 돌파했다.

는 아주 어려운 선택이 될지도 모른다. 어쩌면 최초의 선택은 선택 그 자체를 피하는 것이 될 수도 있다. 그러나 새뮤얼 헌팅턴은 자신 있게 말한다. "일본은 중국과 손을 맞잡을 가능성이 높다."[25] 국제 관계 이론에서 본다면, 신흥 세력에 대해서 다른 국가는 "견제하든가(balancing)", 아니면 그 세력을 "추종하든가(bandwagoning)" 어떤 대응책을 취한다. 지난 세기에 세계무대에 나타난 이래, 일본은 일관되게 추종 전략을 취해 세력 있는 강대국과 동맹을 맺어왔다. 제1차 세계대전 이전에는 영국과, 1920년대와 1930년대에는 파시즘의 강대국과, 그리고 제2차 세계대전 이후에는 미국과 동맹을 맺었다. 현재 중국은 동아시아의 주요 지역 강대국이다. 그러나 미국이 세계 유일 초강대국에서 다극체제의 일극으로 몰락한다면, 그리고 중국이 일극의 일원에서 초강대국 자리를 넘본다면 일본의 고민은 깊어질 수밖에 없다. 일본은 이 두 나라와의 관계를 비교 검토하고 어떤 선택이 더 유리한지를 따져본다. 중국을 선택하는 것이 유리하다면 일본은 미국을 버리게 될 가능성이 높다. 그 시기는 아마도 2040년 전후일 듯싶다.

일본은 세계적인 경제대국이지만 국제적인 위상은 그리 높지 않다. UN 안전보장상임위원회 이사국도 아니며 경제력에 걸맞는 외교적인 영향력을 행사하지도 못한다. 국제적으로 존경받는 나라는 더더욱 아니다. 일본은 서구도 아시아도 아닌 섬으로 남아 있을 뿐이다. 일본은 아시아의 일원이지만 아시아 국가들로부터 경제력에 걸맞는 대접을 받지 못하고 있다. 앞으로도 일본은 '고립된 일본'으로만 남겨질 가능성이 높다. 두 가지 관점에서 그렇다.

우선 일본은 전통적으로 탈아입구(脱亞入歐), 친미입아(親美入亞)를 통해 세계를, 아시아를 해석한다.[26] 일본은 미국의 희망대로 '아시아의 영국' 이기를 자처한다. 일본은 아시아를 떠나 서구의 일원이 됐는가. 일본은 최초로 근대화에 성공한 중요한 비서구의 나라이면서도 서구화하지 않았다. 근대화의 정점에 이르렀지만 기본적인 가치관, 생활양식, 인간관계, 행동규범은 여전히 일본적이다. 일본은 개인주의 대신 집단주의, 평등주의 대신 계급제, 자유 대신 권위, 계약 대신 혈족 관계, 권리와 의무 대신 죄와 수치, 보편주의 대신 배타주의, 경쟁 대신 협조, 이질성 대신 동질성으로 이루어진 사회다. 일본은 서구도 아시아도 아닌 오직 일본이다. 새뮤얼 헌팅턴은 이렇게 말한다. "미국인들은 다른 어떤 나라의 국민보다도 일본 사람과의 관계가 가장 어렵다고 생각한다."

　다른 하나는 일본이 과거 가해자로서의 기억을 거부하기 때문에 발생한다. 누가 보더라도 일본은 한국을 비롯한 아시아 여러 나라를 식민지로 강제 지배했으며 제1, 2차 세계대전의 가해자이다. 일본은 전쟁을 통해 수많은 만행을 저질렀다. 만주대학살, 관동 조선인 학살, 7.31부대 생체실험, 종군위안부……. 떠올리는 것만으로도 소름이 돋는 나라가 일본 제국주의이다. 그러나 일본은 다른 시각으로 전쟁을 본다. 일본에는 야스쿠니와 히로시마, 두 가지 전쟁기억만이 존재한다.[27] 야스쿠니 신사[28]의 전쟁 박물관은 역사로서의 전쟁에 대한 기억을 담담하게 전시한다. 그리고 전쟁의 좋고 나쁨에 대한 판단 없이 전사자를 추도할 뿐이다. 야스쿠니의 숨겨진 의미는 일본이 일으킨 전쟁에 대한 철저한 객관화이며 불가피성의 강조이다. 히로시마 평화공원은 원폭피해를 전시하고 있다. 원폭으로 인한 피해를 적나라하게 그린다. 히로시마의 숨겨진 의미는 전쟁의 피해자로서의 기억이다. 일본은 가해자로서의 전쟁을 기억하지 않고 있다. 일본은 진보적인 지식인들조차도 제2차 세계대전 중 벌어진 아시아에 대한 침략과 지배를 인정하지 않는다. 그들은 일본의 침략전쟁이 서구의 아시아 지배를 방어하려고 했다거나 나아가 아시아를 서구로부터 해방시키기 위한 것이었다고까지 생각한다.[29] 심지어 일본이 제2차 세계대전에서 패배한 것은 서구에 의한 아시아의 좌절이라고 판단하는 경우도 종종 있다.

1) 피터 슈워츠, 『이미 시작된 20년 후』, 필맥, 2005.

2) 자크 아탈리, 『21세기 사전』, 중앙M&B, 2001.

3) 마이클 화이트 · 젠트리 리, 『가상역사 21세기』, 책과함께, 2005.

4) 새뮤얼 헌팅턴, 『문명의 충돌과 21세기 일본의 선택』, 김영사, 2001.

5) 프랜시스 후쿠야마, 『대붕괴 신질서』, 한국경제신문, 2001.

6) 기 소르망, 『Made in USA』, 문학세계사, 2004.

7) 새뮤얼 헌팅턴, 『문명의 충돌과 21세기 일본의 선택』, 김영사, 2001.

8) 새뮤얼 헌팅턴, 같은 책.

9) 「열정의 대륙 아시아」, 중앙일보, 2005.5.26.

10) UN, 「World Population Prospects: The 2004 Revison」, 2005.

11) 1인당 산출량(노동생산성)은 고소득 국가보다 저소득 국가에서 더 크게 증가하여 결국 1인당 산출량의 국가간 차이가 점점 작아지게 된다는 가설이다.

12) 여러 예측방법의 예측치를 최적가중치로 가중평균함으로써 예측력을 개선하는 기법이다.

13) 「노동당 창건 60주년, 북한의 고민」, 조선일보, 2005.10.12.

14) 2004년 기준으로 한국은 부동산 등에 몰려 있는 자금이 약 400조 원(약 4000억 달러), 일본은 우정공사의 적립기금이 약 300조 엔(약 3조 달러)에 달한다고 추정된다.

15) 통계청, 「남북한 경제사회상 비교」, 2004와 UNEPA, 「재생산 건강 보고서」, 2002에서 재구성.

16) IMF 『World Economic Outlook』, 2004.

17) CIA, 『World Factbook 2004』, 2004.

18) 새뮤얼 헌팅턴, 같은 책.

19) 일초다강(一超多强)이란, 미국이라는 초강대국과 그 외 프랑스, 영국, 독일, 러시아, 중국, 일본 등의 강대국을 이른다. 하지만 미국을 초강대국으로 인정함으로써 다른 강대국들은 미국의 영향을 받을 수밖에 없다.

20) 「美 "中國을 관리하라"…첫 고위급회담」, 동아일보, 2005.8.1.

21) 세종연구소, 「동아시아 안보질서 및 경제관계와 다자주의 적용 가능성」, 2005.

22) 김재철, 「중국의 강대국 대외정책」, 『국가전략』, 제11권, 2005.

23) 상하이 협력기구는 1996년 역내 안보 문제에 대한 공조체제를 목적으로 중국, 러시아, 카자흐스탄, 키르기스스탄 그리고 타지키스탄이 상하이에서 모여 만든 다자 기구다. 2000년 우즈베키스탄이 합류하고 난 후 2001년 6월에 상하이 협력기구로 정식 발족했다. 최근에는 인도와 몽골을 가입시키기 위해 노력하고 있다.

24) 당시 중국의 행동은 매우 놀라운 것으로 평가된다. 외환위기가 발생하자 한국을 비롯한 대부분의 동아시아 국가들이 수출 경쟁력을 확보하기 위해 화폐를 평가 절하했다. 하지만 중국은 위앤화 평가 절하를 하지 않아 수출이 전년 동기 대비 6.5%나 감소하는 등 큰 타격을 입었다. 중국은 자국의 수출 경쟁력을 훼손시키면서도 아시아 지역에 외환위기가 더 이상 확대되지 않도록 했다.

25) 새뮤얼 헌팅턴, 같은 책.

26) 박인휘 「동북아 국제관계와 한국의 국가이익」, 『국가전략』 제11권, 2005.

27) 김상준, 「기억의 정치학 : 야스쿠니 vs 히로시마」, 2005.10.

28) 메이지 국왕이 1869년 건립한 것으로 원래 명칭은 '동경 초혼사' 이며 전사자의 추
도시설이다. 메이지 유신 때 전사한 7,751명을 비롯하여, 서남전쟁, 청일전쟁, 대만
정벌, 러일전쟁, 제1차 세계대전, 제남전쟁, 지나사변, 제2차 세계대전 및 외국과의
전쟁에서 전사한 총 2,466,532명이 합사되어 있다. 가장 많은 수를 차지하고 있는 전
사자는 제2차 세계대전 전사자로 2,133,915명이다.

29) 와다 하루끼, 『동북아시아 공동의 집』, 일조각, 2004.

　　2050년 각 나라마다 사람들을 나이 순에 따라 한 줄로 세웠다고 하
자. 신생아가 제일 앞이고 최장수 노인이 맨 뒤다. 한 가운데 있는 사
람의 나이는 몇 살일까. 맨 중간에 선 사람의 나이를 보면 그 나라가
얼마나 젊은, 또는 얼마나 늙은 나라인지 단번에 알 수 있다. 어린이
와 청년이 많은 나라는 가운데 사람의 나이도 어리고, 노인이 많은 나
라는 중간 사람의 나이도 많다. 세계 최강대국인 미국은 한창 왕성하
게 일하는 41.1세인 사람이 한 가운데 서게 된다. 2050년경에는 미국
보다 경제력이 앞서 있을 것으로 예상되는 중국의 경우 44.8세다. 또
다른 인구 대국인 인도는 38.7세로 미국과 비슷하다. 그러나 우리나
라 줄에서 중간에 선 사람의 나이는 무려 53.9세나 된다. 선진국 평균
인 45.5세보다 열 살 이상 많고 최고령국가로 선두를 다투는 일본(52.3
세)이나 이탈리아(52.5세)보다도 더 늙은 나라가 된다는 뜻이다.*)

　　21세기 중반에는 생명과학의 발달로 노인도 지금보다 훨씬 더 건강
하게 오래 산다. 제조업 비중은 축소되고 지식산업 비중은 확대되는
방향으로 산업 구조는 바뀐다. 이렇게 되면 노인이라도 젊은이나 다
름없이 일할 수 있게 된다. 그러나 지식경제는 '두뇌 파워' 즉 창조성

과 상상력이 기반이다. 생존 경쟁이 벌어지고 있는 세계 시장에서 인구의 절반이 54세 이상인 나라가 그보다 스무 살이나 어린 나라보다 더 창조적이며 역동적일 수 있을까. 머리와 손가락으로만 일하는 펀드매니저나 데이트레이더 가운데 30대 중반 이후에는 '잘 나가는' 사람을 찾기 어려운 것이 지금의 현실이다. 이는 지식경제에서도 '젊은 두뇌'는 매우 중요하다는 것을 보여준다. 혹시 전쟁이나 내전이라도 일어난다면, 한국의 안보는 심각한 위험에 직면할 수 있다. 나가 싸울 젊은이도 부족하거니와, 순식간에 진행되는ㅡ마치 컴퓨터 게임처럼ㅡ미래전(戰)에서 노인들이 이길 가능성은 그다지 높아 보이지 않는다. '다이내믹 코리아'(역동적인 한국)라는 국내외의 평가는 한국인이 젊기 때문이기도 하다. 2005년 한국의 중위연령은 35.1세로 일본(42.9세)은 말할 것도 없고 선진국 평균(38.6세)이나 미국(36.1세)보다 낮다. 제12장에서는 동북아시아와 세계 세력 판도의 변화에서도 인구가 결정적인 역할을 한다는 것을 살펴보았다. 2050년 한국의 미래를 인구로 본 이유는 국가의 운명을 뒤흔들 만큼 갑작스럽게 젊은 인구가 감소하기 때문이다. 제2장에서 살펴본 대로, 급격한 인구 변화는 사회적·경제적 부담을 가중시킨다.

21세기에 인류가 다시 '유목민의 시대'로 접어들고 있다는 미래학자들의 진단을 주목하자. 한국인들은 남아서 고통을 받느니 한반도를 떠나기 시작한다. 한국의 미래를 '엑소더스 코리아'로 보는 까닭이

＊) UN, 「World Population Prospect : The 2004 Revision」, 2005. 제8장에 언급된 한국의 중위연령은 통계청의 「장래인구 특별 추계」를 따른 것으로 UN 통계와 차이가 있음.

다. 국제사회로 한국인이 많이 진출하는 것은 좋은 일이다. 그러나 우수한 인력이 떠나기만 하고 외국의 인력이 들어오지 않는 나라는 시간이 흐를수록 국력이 약화될 수밖에 없다. 지금은 인재들이 떠나지만 미래에는 평범한 사람도 엑소더스의 행렬에 합류한다. 젊은 층이 많이 떠날 터이니 탈출은 대한민국을 더 나이들게 한다. 남아 있는 사람들의 어깨는 더 많은 부담이 실린다. 저출산·고령화는 인력 유출을 부추기고, 인력 유출은 고령화 현상을 더 심화시킨다.

젊은 층의 부담을 키우는 요인은 그뿐이 아니다. 정보화로 인해 쓸만한 일자리는 점점 줄어드는 추세다. 앞으로 20년 후에는 지금 노동력의 5%만 있으면 된다는 미래학자의 예측도 나왔다. 노인부양 부담에 높은 실업률까지 겹치면 일하는 사람들의 부담은 끝없이 치솟는다.

엑소더스 코리아의 조짐은 이미 곳곳에서 보이고 있다. 2005년 10월 월드뱅크가 '두뇌 유출' 보고서 「International Migration, Remittance and the Brain Drain」를 발표한 이후 국내 언론에서도 한국의 '엑소더스'를 언급하기 시작했다. 국내에서도 여러 가지 징후가 포착되었다. 2년마다 두 배 이상으로 늘어나는 조기 유학, 2003년의 홈쇼핑 이민 상품 열풍, 원정 출산……. 한국의 심각한 인력 유출에 대해서는 국내에서 관심이 높아지기 2~3년 전부터 OECD 보고서를 통해서 확인할 수 있었다. 그러나 국내에서는 출산 장려말고는 한국의 미래를 위한 별다른 대책을 마련하고 있지 않다. 출산 장려만으로 대탈출을 막기에는 무리다. 늦기 전에 미래에 대해 대비해야 할 때다. 한국이 이미 늙은 후에는 연금을 비롯한 사회보장제도와 조세제도 등 노인들의 표를 잃는 방향으로는 개혁을 하기가 사실상 불가능하다.

한반도 대탈출을 막는 일은 지금부터 시작해도 빠르지 않다. 한국에서 공동화가 일어나지 않게 하려면 내부에서는 출산율을 올리고, 외부에서 젊은 인력을 유치하며, 저출산·고령화 사회에서 생존할 수 있도록 사회보장제도와 은퇴연령 등 제도를 정비하며, 지속적인 경제성장의 동력을 마련해야 한다.

출산율을 높이기 위해서는 무엇보다도 남녀의 성역할 분담 구조를 바꿔야 한다. 여성이 가정과 직장을 동시에 유지할 수 있도록 하면 저출산은 상당 부분 해결된다. 정말이지 여자는 남자의 미래다. 열쇠는 남성들이 쥐고 있다. 세계적으로 선진국이면서도 출산율이 상대적으로 높은 나라에서는 남성들이 양육에서 맡는 역할이 크다는 공통점을 발견할 수 있다. 정부로서는 보육에 대한 투자를 통해 양육비나 교육비 부담을 덜어줄 의무가 있다. 그러나 경쟁이 날로 치열해지는 가운데 교육비는 높아질 수밖에 없으며 정부가 할 수 있는 일에는 한계가 있다. 강남 등 일부 지역이 사교육을 부추기고 전국적으로 확산시키는 것을 막을 도리는 없어 보인다. 사실 설문조사 결과와는 달리 높은 교육비가 저출산 원인을 설명할 수는 없다. 1980년대 이전까지는 소를 팔아서 교육을 시켜야 했지만 출산율이 낮지는 않았다. 핵심은 치열한 경쟁, 성역할 분담 구조, 혼외 출산에 대한 금기를 비롯한 그 사회의 문화다. 속도, 빠름, 선두를 지향하는 우리 문화는 자연히 출산율을 낮춘다. 혁신과 성장을 위해 어쩔 수 없이 경쟁은 불가피한 면이 있으나, 바꿀 수 있는 문화, 예를 들어 미혼모에 대한 사회적 차별 등은 없애는 것이 출산율을 더 떨어지지 않게 하는 길이다.

출산율을 올리려는 노력을 하더라도 결과는 크게 기대하기 어렵다. 지금까지 인위적으로 출산율을 올리려고 했던 국가들이 대개는 실패했다는 경험으로부터 알 수 있는 사실이다. 따라서 출산율을 올리려는 노력과 함께 저출산·고령화 사회에 적합하도록 우리의 사회제도를 지금부터 손질해야 한다. 답은 의외로 간단하다. 노인을 은퇴자, 구경꾼, 부양을 받는 자가 아니라 일하는 자, 참가자, 스스로 부양하는 사람으로 보면 된다. 노인을 '공경의 대상'으로만 인식하면 노인을 부담으로 여기며 젊은이와 분리하려는 '노인 인종주의'를 키운다. 노인에게도 좋은 일이 아니다.

백색혁명, 즉 생명과학 혁명으로 인해 미래에 노인의 정의는 달라질 것이 분명하다. 65세부터 사회의 부담으로 일반화하기에는 일할 수 있고 일할 의지가 있는 사람들이 훨씬 많다. 첫 직장에서 물러나는 50대 초반에는 '제2의 인생'을 살 수 있도록 나이에 따른 여러 가지 제한이 없어져야 한다. 고등교육과 취업에 있어서 특히 그렇다. 이를 위해서는 나이에 따른 급여 체계가 허물어져야 함은 물론이다.

제2의 인생을 사는 노인들이 늘어나면서 한국의 비영리부문이 크게 발전할 것으로 기대된다. 미래학자들은 정치적 성향을 불문하고 시민사회의 비영리 부문이 현대와 미래의 여러 가지 부작용을 해결할 가능성을 가지고 있다고 입을 모은다. 가치 있는 일에 무보수로 참여하는 사람들은 이미 거대한 규모의 경제를 일구어 내고 있다. '가치경제'는 정부나 기업으로서는 할 수 없거나 효율이 떨어지는 분야를 중심으로 구성된다. 노인들은 시민사회 단체에서 무급으로 또는 낮은 보수의 유급 노동자로 일하면서 자신들의 가치를 확산시키기 위해 활발히 활동한다. 미래의 구원 투수는 제3부분이며, 그 주인공은 제2의 인생을 사는 노인들이다.

국내에서 노력만으로는 저출산·고령화와 인력 유출을 막는 데에는 한계가 있다. 새로운 유목민의 시대에는 한국을 떠나려는 하이퍼 노마드가 늘어나는 현상은 자연스럽다. 떠나는 인력을 보충하기 위해서 외부로부터 젊은 피의 수혈이 필요하다. 단기간에 매력있는 나라가 되기는 어렵지만 한국으로 온 외국인들을 통해 한국에 대한 좋은 소문이 퍼져 나가게 할 수는 있다. 한국인들은 오랫동안 동질성이 높은 공동체를 구성해온 탓인지 이주민들에 대한 차별이 심하고 혼혈에 대한 거부감이 크다. 그러나 우리는 이미 '혼혈 한국'으로 가고 있다. 신부 수입이 지난 10년간 10배나 늘었다. 지금은 혈통이 같은 조선족이나 외모가 비슷한 베트남 신부가 대세이지만 앞으로 10년 안에 신부들의 피부색은 더 다양하게 변한다. 중국의 경제가 급격히 성장하면서 조선족 신부는 더 귀해진다. 고령화 진전에 따라 외국 인력 수입이 늘어나면 한국인과 이주 노동자간에 불화가 생기고 이는 사회의 안정을 심각하게 해칠지도 모른다. 한국은 열린 민족주의로 이주민을 우리 사회에 동화시키는 과제를 안고 있다.

사람들이 떠나지 않게 하는 방법은 결국 경제에 있다. 한국이 고령화되더라도 노인이든 여자이든 누구나 직업을 갖고 충분한 수입을 올릴 수 있다면 대탈출은 일어나지 않는다. 고령화를 걱정하는 이유는 한 마디로 성장 동력이 약해지기 때문이다. 경제의 성장이 지속되고 일자리가 충분하다면 저출산·고령화의 문제는 대부분 해결된다. 선진국들의 저성장 기조가 계속되는 가운데 한국이 성장의 탄력을 받을 수 있는 길을 찾기는 쉽지 않다. 그러나 제조업이 쇠락하는 가운데서도 성장하고 있으며 성장의 가능성을 보여줄 수 있는 분야는 신(新)산업인 정보통신(IT)과 생명과학(BT)이다. 한국이 극심한 내수부진 가운데서도 경제가 굴러가는 데에는 IT 수출이 크게 기여하고 있다. 한국이 단기간에 세계 선두로 나설 수 있었던 것도 이 산업의 역사가 길지 않기 때문이다. 황우석 박사의 복제연구를 둘러싼 윤리문제와 결과의 의혹 속에서도 국민들이 황박사에 대한 절대적인 지지를 보여준 것은 새로운 산업에 대한 국민들의 기대를 드러낸다. 우리는 새로운 시장에서 경쟁력을 갖출 수 있을지 기로에 놓여 있다. 이 시장에서 선두를 차지하면 엑소더스 코리아를 우려할 일은 없다.

통일은 한국의 미래를 예측하는 데 결정적인 변수다. 서서히 그리고 안정적인 통합이 가능하다면 인구와 경제력에서 도약의 계기를 마련할 수 있다. 동북아시아와 주변 열강의 세력 판도를 정확히 예측하는 것도 중요하다. 중국이 미국의 경쟁국으로 부상한 지금, 통일이 당장은 불가능해 보인다. 북한 핵문제가 해결되고 나아가 동북아 경제공동체가 구성된다면, 남북경제가 먼저 통합되는 셈이다. 통일 실현이 눈앞에 다가오게 된다.

지금까지 저출산·고령화에 따른 '대탈출'의 위기를 막기 위한 몇 가지 대안을 제시했다. 이상을 정리하면 다음과 같다.

첫째는 우선 여성을 일하게 해야 한다. 여성의 경제활동 참가율이 높은 나라일수록 출산율이 높다. 결혼이 자아실현을 방해하면 출산율이 낮아질 수밖에 없다. 가정과 직장을 병행하도록 하기 위해서 정부가 육아 인프라와 비용을 지원하는 것은 기본이다. 무엇보다 '가사는 여자의 일'이라는 고정관념이 깨져야 한다. 아무리 좋은 육아시설과 정부의 지원이 있더라도 배우자의 협력이 없으면 가사와 육아는 무거운 부담이다.

둘째, 일할 수 있는 한 은퇴는 없어야 한다. 50대 이후에는 '제2의 인생'을 살 수 있도록 정년이나 나이에 따른 차별을 없애야 한다. 노인 공경이라는 '미덕'을 너무 강조하지 않는 것이 좋다. 노인이라도 젊은이를 보조하는 일을 할 수 있고, 일한 만큼의 급여를 주면 그만이다. 노인이 많아서 사회에 부담이 된다지만 노인도 일을 하면 문제가 안 된다.

셋째, 무보수 자원 활동과 제3부문의 확대다. 점점 더 많은 사람들이 가치있는 일을 하고자 한다. 특히 제2의 인생을 사는 노인들이 늘어나면서 제3부문이 더 활성화된다. 국내외 사회·문명비평가들은 세계화 시대에 대안을 자발적인 참여로 구성된 제3부문에서 찾는다. 시민사회의 자원 활동은 저출산·고령사회의 여러 가지 문제, 즉 육아, 노인요양, 실업, 공동체 해체 등을 해결하기 위한 열쇠다.

넷째, 해외로부터 인재가 몰려들면 고령화로 인한 문제를 극복하는 데 큰 도움이 된다. 세계 각국은 고급 노동력에 대해서는 이민의 문호를 확대하는 정책을 잇따라 도입했다. 한국 역시 상당량의 외국인 노동력을 필요로 한다. 세계인을 불러들이려면 외국인 배타주의나 폐쇄적인 민족주의로는 곤란하다. 외국인 기피는 갈등과 혼란을 부르고 성장의 발목을 잡는다.

다섯째, 새로운 산업에서 경쟁우위를 확보하는 일이다. 저출산·고령화를 걱정하는 이유는 사회의 부담을 키우고 경제성장을 방해하기 때문이다. 그러나 한국이 새로운 산업에서 국제 경쟁력을 확보하고 충분한 일자리를 공급한다면 부양에 대한 부담은 상대적으로 줄어든다. IT와 BT 등에서 기술을 선점하지 못하면 생산가능인구가 많아도 일자리를 만들 기업이 생존할 수 없다.

여섯째, 북한에 대한 인도주의 차원의 지원이다. 북한인구는 장래에 통일 한국의 인구다. 통일까지는 아니더라도 경제공동체를 이룬다면 저출산·고령화에 따른 노동력 부족 문제는 해결이 된다. 북한의 출산율은 한국만큼 낮지 않지만 영양·보건상의 문제로 영유아 사망률이 매우 높으며, 성장과 발달 면에서 남한과 차이가 크다. 북한에 대한 식량과 보건의료 지원은 통일비용을 줄이고, 미래에 강한 한국을 만들기 위한 투자다.

2005년 말 투자은행 골드만삭스는 2020년 한국의 GDP가 이탈리아를 앞서고, 2050년엔 1인당 GDP가 미국에 이어 세계 제2위로 올라선다고 예측했다. 한국은 남다른 에너지를 가지고 있다. 그러나 한국이 중국이나 일본과 견줄 만한 나라가 되려면 저출산·고령화라는 도전을 이기는 것이 먼저다. 그렇지 못하면 한반도를 떠나는 행렬은 멈추지 않는다.

미래예측은, '미친 짓'이다. 미래는 단순히 알 수 없을 뿐 아니라, 예측 그 자체로 인해 진로가 바뀌기 때문이기도 하다. 1970년대에 가장 유명한 과학자들이 21세기가 이르기 전에 석유가 고갈된다고 내다봤다. 세계는 아직도 석유에 의존하고 있고 앞으로 150년 정도 쓸 수 있는 양이 매장되어 있다고 한다. 더 유명해서 언급할 필요도 없는 예언—칼 막스는 자본주의가 스스로의 모순 때문에 자멸한다고 결론지었다. 결과는 반대로 나타났다. 그러나 토머스 모어(Thomas More)가 '유토피아' 라는 이름을 붙여 묘사한 세계는 약 400년 후 대부분 현실이 되었다. 유토피아의 문자적 의미는 '세상에 존재하지 않는 곳' 이었는데도 말이다. 막스의 예언이 실현되지 않았던 이유도 그가 당시 자본주의의 약점을 정확하게 통찰한 결과 사회가 자본주의의 부작용을 수정해 나갔기 때문으로 볼 수 있다.

젊은이가 미래서를 펴내는 것은, 더 미친 짓이다. 미래를 얘기할 경험이 부족한 것은 당연하거니와 살아가는 동안 자신의 예측이 빗나가는 결과를 무수히 목격할 것이기 때문이다. 그럼에도 불구하고 저자들이 이 책을 내놓는 이유는 예견되는 불행을 막자는 뜻이다. 엑소더스 코리아는 저출산·고령화의 분석 틀로 본 한국의 미래서이다. 45년 후 저자들은 아마도 살아 있을 가능성이 크다. 그때 저자들은 2005년 자신들의 어리석음을 돌아보며 웃게 되기를 기대한다.

엑소더스 코리아

초판 1쇄 인쇄일 | 2006년 1월 15일
초판 1쇄 발행일 | 2006년 1월 20일

지은이 | 엄경영 · 이효석 · 정현진 · 하채림
발행인 | 유창언
발행처 | 집사재
출판등록 | 1994년 6월 9일
등록번호 | 제10-991호

주소 | 서울시 마포구 서교동 377-13 성은빌딩 301호
전화 | 335-7353~4
팩스 | 325-4305
e-mail | pub95@hanmail.net / pub95@naver.com

ISBN 89-5775-101-7 03330

값 15,000원

※ 잘못 만들어진 책은 교환해 드립니다.